Bildverarbeitung in der Praxis

von
Dr. Rainer Steinbrecher

R. Oldenbourg Verlag München Wien 1993

Die Deutsche Bibliothek — CIP-Einheitsaufnahme

Steinbrecher, Rainer:
Bildverarbeitung in der Praxis / von Rainer Steinbrecher. —
München ; Wien : Oldenbourg, 1993
  ISBN 3-486-22372-0

Gesamtherstellung: R. Oldenbourg Graphische Betriebe GmbH, München

ISBN 3-489-22372-0

Inhaltsverzeichnis

Inhaltsverzeichnis

Vorwort

Die Verfahren der Digitalen Bildverarbeitung erschließen aufgrund der immer leistungfähiger werdenden Rechner immer neue Einsatzgebiete. Im Alltag sind Filterungen in modernen Fernsehgeräten oder automatische Histogrammanipulationen in Video-Kameras nur einige der schon selbstverständlichen Beispiele.

Dieses Buch gibt einen umfassenden Einblick in die Möglichkeiten der Digitalen Bildverarbeitung und beschreibt die Grundlagen für dieses interessante Gebiet. Als optimales Bildverarbeitungssystem wird das menschliche Sehsystem eingangs erörtert. Es wird als Referenz verwendet und dadurch die Defizite bei der Bildaufnahme und Bildwiedergabe aufgezeigt. Dabei wird zwangsläufig auch das Gebiet der graphischen Datenverarbeitung gestreift. Für die Vertiefung dieses an die Bildverarbeitung angrenzenden Bereiches werden zum Beispiel die Bücher "Computer Graphics" [ES87] oder [FvD*90] empfohlen.

Nach dieser gerätetechnischen Einführung werden die einzelnen Routinen der Bildverarbeitung in der Reihenfolge angesprochen, wie sie im menschlichen Sehsystem vorkommen und im Zusammenhang mit einem Mustererkennungsystem eingesetzt werden können.

Filterungen im Ortsbereich und auch im Frequenzbereich stehen neben den Histogrammanipulationen am Anfang dieser Reihe. Speziell das umfangreiche Thema "Fourier-Transformation" kann in diesem Zusammenhang nur auf die in bezug der Bildverarbeitung interessanten Teile angesprochen werden. Eine gut verständliche theoretische Abhandlung der Fourier-Transformation ist unter anderem in [Bri89] zu finden und wird dem interessierten Leser zur Vertiefung empfohlen.

Die Kantendetektion als wichtige Methode zur Bildsegmentierung wird als zentrales Thema der Bildverarbeitung umfassend behandelt. Die weiteren Möglichkeiten der Bildsegmentierung werden in einem getrennten Kapitel noch einmal angesprochen.

Da Bilder immer eine große Datenmenge darstellen und somit viel Platz bei der Speicherung belegen, darf in diesem Zusammenhang ein Kapitel über Datenkompression nicht fehlen. Aktuelle Verfahren wie JPEG oder MPEG werden dabei neben den klassischen Methoden erläutert.

Die Verwendung der Bildinformationen und ein Ausblick in das Gebiet der Mustererkennung bilden den Abschluß des Buchs. Der Einsatz aller dieser Verfahren wird im Anhang in einem konkreten Beispiel für ein Mustererkennungssystem noch einmal angesprochen.

Durch eine Liste der Fachbegriffe aus dem Gebiet der Digitalen Bildverarbeitung mit der jeweiligen Definition sowie durch das umfangreiche Stichwortverzeichnis eignet sich dieses Buch auch als Nachschlagewerk.

Die Grundlage zu diesem Buch bilden die mehrjährigen Erfahrungen aus einem zweisemestrigen Vorlesungszyklus Bildverarbeitung–Mustererkennung an der Fakultät für Informatik der Universität Tübingen.

Der Dank gilt daher allen Mitarbeitern und Studenten des Wilhelm-Schickard-Instituts, Graphisch-Interaktive-System (WSI/GRIS) der Universität Tübingen sowie allen Freunden, die mit kreativer Kritik, Hinweisen und Korrekturlesen an der Gestaltung dieses Buches mitgewirkt haben.

Mit der Portierung der Verfahren auf einen Standard-PC soll jedem Interessenten die Möglichkeit gegeben werden, die einzelnen Routinen selbst zu testen. Die abgedruckten Programme sowie die verfügbare Diskette mit dem kompletten Programm-Kode bilden die Grundlage dazu. Praktische Beispiele aus den unterschiedlichsten Fachgebieten illustrieren die Wirkungsweise der einzelnen Bildverarbeitungsroutinen und sollen Anregungen für den Entwurf eines eigenen Bildverarbeitungs-/Mustererkennungssystems geben. Mit diesen Beispielen soll der Leser gleichzeitig ein Gespür für die Auswirkungen der einzelnen Verfahren bekommen und somit die Notwendigkeit des Einsatzes der unterschiedlichen Bildverarbeitungsroutinen erkennen.

Aufgrund des systematischen Aufbaus eignet sich dieses Buch auch sehr gut zum Selbststudium. Die Aufgaben am Schluß der einzelnen Kapitel sollen die wichtigsten Punkte noch einmal vertiefen und zur Selbstkontrolle dienen.

Damit dieses Buch und das zugehörige Programmpaket auch in Zukunft praxisnah und interessant bleibt, bin ich für Anregungen, Hinweise und Wünsche jederzeit dankbar.

Romrod, im Frühjahr 1993   R. Steinbrecher

1. Einführung

Fast in allen Bereichen des täglichen Lebens werden wir direkt oder indirekt mit Verfahren oder Ergebnissen der Digitalen Bildverarbeitung konfrontiert. Dies reicht von dem schon selbstverständlichen Fernsehgerät mit immer mehr eingebauten Bildverarbeitungsfunktionen (digitale Filter, Farb-/Grauwertkorrekturen, Bild im Bild, Zoom usw.), über die aufbereitete Wetterkarte von Satelliten oder der optischen Überwachung von Szenen und der Analyse von Aufnahmen bis hin zu "sehenden" Robotern.

Oft ist erst auf den zweiten Blick ersichtlich, wieviele Verfahren aus der Bildverarbeitung bei der Lösung einer bestimmten Aufgabe eine Rolle spielen. Die Komponenten einer Bildverarbeitungsanlage, wie in Abbildung 1.1 dargestellt, lassen sich aber in diesen Systemen immer wiederfinden. Über ein *Aufnahmegerät* (Kamera, Scanner, Frame-Grabber usw.) wird das Ausgangsbild/-signal in digitale Form überführt. Diese Daten werden in der Regel in einer Matrix gespeichert. Jedes Matrixelement repräsentiert den Grau- oder Farbwert eines bestimmten Bildpunktes. Eine *Verarbeitung* dieser digitalen Signale erfolgt danach in Rechnern, deren Leistungsfähigkeit und Aufbau sich nach der jeweiligen Aufgabe richtet. Auf dem *Ausgabegerät* (Bildschirm, Drucker u.ä.) wird dem Benutzer dann das Resultat präsentiert.

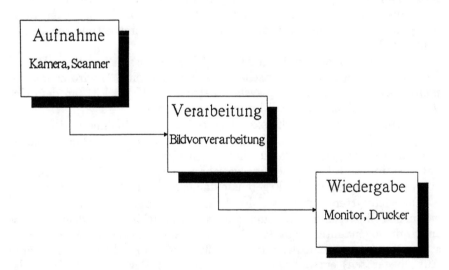

Abbildung 1.1: Der Aufbau eines Bildverarbeitungssystems bestehend aus dem Aufnahmeteil, dem Verarbeitungsteil und dem Wiedergabeteil.

Die Bildverarbeitungsroutinen in einem solchen einfachen System dienen in der Regel dazu, Fehler bei der Aufnahme oder Wiedergabe zu beseitigen

11

oder derart zu vermindern, daß sie vom Betrachter nicht mehr wahrgenommen werden. Fehler dieser Art können Rauschen, Farb-/Grauwertfehler, geometrische Verzerrungen usw. sein. In einem weitergehenden Schritt werden bestimmte Eigenschaften oder Strukturen in den Bildern hervorgehoben, um sie dem Betrachter deutlicher sichtbar zu machen. Beispiele dafür sind Kontraständerung, Kantenverstärkung, Kantendetektion und Segmentierung.

Die so kondensierten Merkmale einer Aufnahme werden nicht nur vom Anwender ausgewertet, sondern auch von *Mustererkennungssystemen* interpretiert. Solche Systeme greifen in der Regel auf große Datenbanken zu, mit Informationen über die in Frage kommenden Objekte wie z.B. heuristischen Erfahrungswerten und Regeln, wie und mit welcher Gewichtung die einzelnen gewonnenen Daten (Merkmale) in die Gesamtinterpretation eingehen sollen.

Der Übergang zwischen der reinen Bildverarbeitung und der Bildinterpretation/Mustererkennung ist fließend. Immer muß das Gesamtsystem mit allen Komponenten betrachtet werden, da alle Teile einen Beitrag zum gewünschten Ergebnis leisten. Durch eine direkte Verwertung (Rückkopplung) der Ergebnisse im Aufnahmeteil oder für die Verfahren der Bildverarbeitung kann ein System direkt reagieren, um z.B. bei unsicheren Ergebnissen weitere Aufnahmen aus anderen Ansichten anzufertigen oder Bildverarbeitungsalgorithmen mit neuen Parametern anzuwenden.

Die Konstruktion eines "sehenden" Roboters, der sich selbständig durch Fabrikhallen bewegt, Hindernisse umgeht und die gewünschten Maschinenteile aufgrund ihrer Form, Farbe oder bestimmter charakteristischer Merkmale findet, stellt mit den Möglichkeiten der Bildverarbeitung theoretisch kein Problem mehr da.

Mit dieser kurzen Einführung ist zugleich der rote Faden dieses Buches festgelegt. Nach einem historischen Überblick (Kapitel 2) wird zuerst das menschliche Bildverarbeitungssystem betrachtet (Kapitel 3), an dem sich die meisten technischen Realisierungen orientieren.

Danach werden die wichtigsten Geräte zur Bildaufnahme und Bildwiedergabe aufgelistet (Kapitel 4 und 5) und deren Möglichkeiten, Grenzen und Defizite dargelegt. Damit wird gleichzeitig deutlich, wann und weshalb bestimmte Bildverarbeitungsverfahren anzuwenden sind, um Defizite zu vermindern und welche Ergebnisse danach bestenfalls zu erhalten sind.

Die wichtigsten Ergebnisse, also die mit den vorgestellten Verfahren gewonnenen Bilder, sind in diesem Buch als Grauwertbilder abgedruckt. Diese sind mit sogenannten digitalen Halbtonverfahren (Simulation von Graustufen durch unterschiedliche Punktgrößen oder Punktdichten auf binären Ausgabegeräten) erzeugt worden. Zur besseren Bewertung dieser Bilder werden die wichtigsten Halbtonverfahren in Kapitel 6 erläutert.

Sind die Störquellen genau bekannt und lassen sich diese mathematisch beschreiben, kann eine entsprechende Beseitigung der Störungen mit den Verfahren der Bildrestaurierung aus Kapitel 7 erfolgen.

Verfahren, die ein Bildsignal in Signale unterschiedlicher Frequenz und

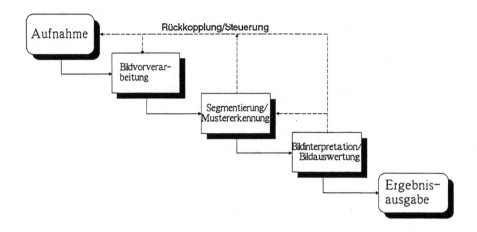

Abbildung 1.2: Der Übergang zwischen der reinen Bildverarbeitung und Mustererkennung bzw. Bildinterpretation ist fließend. Besteht eine Rückkopplung von dem Erkennungs-/Interpretationsteil auf die Aufnahme oder auf die Bildverarbeitung, so kann ein System auf das Ergebnis "intelligent" reagieren.

Amplitude zerlegen, bilden einen zentralen Teil der Bildverarbeitung. Mit Hilfe dieser anderen Darstellungsart für ein Bild lassen sich viele Berechnungen und Filterungen einfacher und schneller durchführen. Die Fourier-Transformation aus Kapitel 8 ist der wohl bekannteste Vertreter dieser Verfahren. Weitere Verfahren werden in Kapitel 9 beschrieben.

Im Gegensatz zur Bildrestaurierung dienen die unterschiedlichen Methoden aus Kapitel 10 nur der subjektiven Bildverbesserung. Oft stellen diese aber schon einen wichtigen Schritt zur Mustererkennung dar.

Durch die Kantendetektion (Kapitel 11) mit der in der Regel sich anschließenden Skelettierung (Kapitel 12) wird die große Informationsmenge eines Bildes auf die je nach Anwendung wichtigsten Bestandteile reduziert. Eine Bildinterpretation und Mustererkennung wird damit vereinfacht.

Eine Bildinterpretation wird ebenfalls erleichtert, wenn die Daten nicht nur in Form von einzelnen Bildpunkten, sondern in geometrisch höheren Strukturen vorliegen. Die Vektorisierung (Kapitel 13) ist dabei ein grundlegender Schritt.

Eine Bildsegmentierung kann natürlich auch auf anderem Wege als über die Kantendetektion erfolgen. Die gängigsten Verfahren werden daher in Kapitel 14 erläutert.

Bilder stellen eine enorme Datenmenge dar. Eine einfache Speicherung ist aus Speicherplatzgründen in der Regel nicht möglich. Verfahren der

1. Einführung

Bildkodierung (Kapitel 15) führen eine Komprimierung durch, die verlustfrei ist oder deren Verluste nicht vom Anwender wahrgenommen werden. Gerade bei der Übertragung von Bilddaten über langsame Medien (Bildtelefon) oder bei Multimedia-Anwendungen ist die Verwendung solcher Verfahren unumgänglich.

Als Abschluß und als eine Art Ausblick wird im Kapitel 16 das Thema Mustererkennung noch einmal detaillierter angespochen.

Im Anhang sind neben Begriffsdefinitionen die Beschreibung eines einfachen Bildverarbeitungssystems, die Musterlösungen zu den Aufgaben sowie einige Anmerkungen zur Portierung der vorgestellten Algorithmen zu finden.

2. Historie

Solange der Mensch Bilder erstellt, erfolgt auch nachträglich eine Bearbeitung dieser Werke. Dies kann ein Nachzeichnen von Strukturen in Gemälden, ein Retouchieren von Photographien usw. sein. Sinn und Zweck dieser *Bildbearbeitung* ist in der Regel eine Betonung einzelner Bildteile oder die Beseitigung von Aufnahmefehlern.

Erst die Umwandlung von Bildinformation in elektrische Signale ermöglichte die (digitale) *Bildverarbeitung*, d.h. die Verarbeitung der gesamten Information aufgrund von mathematischen Vorschriften in Computern. Dabei liegt das Ergebnisbild oft in einer anderen Darstellungform als die Ausgangsinformation vor, die es erlaubt, bestimmte Bildmerkmale besser sichtbar zu machen.

Mit der Entwicklung des Telegraphen Anfang des 19. Jahrhunderts und der Entdeckung der Photographie durch N. Niepce und L. J. M. Daguerre 1839 kam neben der Textübertragung immer mehr der Wunsch nach der schnellen Bildübermittlung auf. Schon 1866 wurde nach Ideen des italienischen Physikprofessors Giovanni Caselli die erste Maschine gebaut, die Texte und Bilder durch eine zeilenweise Abtastung in elektrische Signale umwandelte und diese über Draht zum Empfänger sendete. Der Absender mußte dafür seine Mitteilung in nichtleitender Tinte auf eine dünne Zinnplatte schreiben bzw. malen. Diese wurde danach auf eine rotierende Trommel gespannt und mittels einer dünnen Nadel mit einer Auflösung von ca. 3 Zeilen pro Millimeter abgetastet. Beim Abtasten des Zinn-Untergrundes wurde ein elektrischer Impuls erzeugt, an den mit Tinte beschriebenen Stellen gab es keinen Impuls. Diese Impulse wurden über Draht dem Empfänger zugeleitet. Die baugleiche Maschine wandelte dort die Impulse wieder in Bilder zurück, indem sie nur bei fehlenden Impulsen auf Papier schrieb. Dieser "Pantelegraph" übermittelte schon im ersten Betriebsjahr über 5000 Unterlagen zwischen Paris und Lyon. Dieses frühe binäre Fax-Gerät enthielt schon alle Merkmale moderner Bildaufnahmegeräte.

Der nach R. Hell benannte "Hellschreiber" stellt eine Weiterentwicklung dar. Dieses Gerät überträgt die Information nicht mehr über Draht, sondern über Funk. Um dabei eine möglichst hohe Fehlersicherheit zu erreichen, wird jedes zu übertragende Zeichen in 7×7 Rasterpunkte zerlegt, diese als Stromimpulse nacheinander übertragen und beim Empfänger durch punktweisen Druck auf Papier wieder in lesbare Zeichen zurückverwandelt.

Eine weitere technische Errungenschaft begünstigte die Entwicklung der Digitalen Bildverarbeitung, nämlich die Verbindung von Europa und Amerika durch das transatlantische Unterwasserkabel Anfang der 20er Jahre dieses Jahrhunderts. Neben dem regen Nachrichtenaustausch in Form von Texten kam dabei auch der Wunsch nach der Übertragung von Bildinformation (nicht nur binärer Art) auf. Dafür wurden die Bilder in Zahlenmatrizen transformiert, wobei die einzelnen Zahlen die Grauwerte einzelner

Bildpunkte repräsentierten. Die Übertragung dieser Zahlen und die Rückwandlung in Bilder stellte keine Schwierigkeit dar.

Nach diesen ersten wichtigen Schritten gelang der Digitalen Bildverarbeitung der große Durchbruch zur eigenständigen Fachdisziplin durch die Entwicklung von Großrechenanlagen Anfang der 60er Jahre. Beschränkte sich bisher die Bildverarbeitung mangels Speichermöglichkeiten auf die Bearbeitung des gerade abgetasteten Bildpunktes, so konnte nun ein komplettes Bild in digitaler Form gespeichert und bearbeitet werden. Jedes Bild wird dabei als Matrix bestehend aus $M \times N$ Bildpunkten aufgefaßt.

Die Digitale Bildverarbeitung verwendet Verfahren aus anderen Gebieten wie der Optik, der Elektrotechnik, der Nachrichten- und Signaltheorie und der Mustererkennung. Eine rasche Verbreitung dieser Fachdisziplin erfolgte durch die schnelle Entwicklung der Rechnertechnologie und der damit möglichen Problemlösungen in der Medizin, der Astronomie und der Raumfahrt. Mit der Entwicklung von Luftaufnahme-Satelliten erschloß die Raumfahrt digitale Bilddaten einer breiten Anwendung in den zivilen Bereichen von Bodenschatsuche, Ernteüberwachung, Raumplanung, Umweltschutz und vor allen Dingen der Wettervorhersage.

Für spezielle Anwendungen werden heutzutage immer wieder neue Digitale Signalprozessoren (DSP) zur schnellen Filterung entwickelt. Damit wird eine Bildverarbeitung und Bildanalyse selbst größerer Bilder in Echtzeit, d.h. in der Geschwindigkeit der Bildaufnahme ermöglicht.

3. Das menschliche Bildverarbeitungssystem

Das beste bisher bekannte Bildverarbeitungs- und Mustererkennungssystem ist immer noch das menschliche Auge in Verbindung mit der Bildauswertung durch das Gehirn. Viele technische Systeme orientieren sich am Aufbau und der Funktionsweise des Auges. Als Fernziel von Bildverarbeitungssystemen wird immer wieder die Leistung des biologischen Vorbildes anvisiert.

Zum besseren Verständnis der einzelnen Verfahren in der Bildverarbeitung soll zuerst das Auge, sein Aufbau und die prinzipielle Funktion näher erklärt werden. In vielen Fällen werden die Ergebnisse dieser Verfahren im letzten Schritt durch den Menschen ausgewertet. Dazu müssen die Ausgabedaten der Bildverarbeitungsroutinen in einer dem Menschen verständlichen Form dargestellt werden. Die Randbedingungen dafür sind wieder durch die technischen Daten des menschlichen Bildverarbeitungssystems gegeben.

Unter diesem Aspekt werden bestimmte Vorgehensweisen in der Bildverarbeitung einleuchtend, Vereinfachungen verständlich und die Aussagekraft von Ergebnissen relativiert.

3.1 Der Aufbau des Auges

Bildaufnahme und Bildverarbeitung lassen sich beim menschlichen Sehsystem nicht strikt trennen, da bereits direkt bei der Bildaufnahme verschiedene Verarbeitungsschritte (Filterungen) stattfinden.

Beim Menschen haben die Augen einen Durchmesser von ca. 20 mm und bestehen aus dem Augapfel und seinen Anhangsgebilden (Augenlider, Tränendrüsen, Bindehaut usw.), die der Bewegung, dem Schutz und der Versorgung des Auges dienen.

Der Augapfel liegt, in Fettpolster eingebettet, in der Augenhöhle. Der Sehnerv bildet die Verbindung zum Gehirn. Die Hülle des Augapfels besteht aus drei Schichten. Die äußere Hülle des Auges ist die Lederhaut (*Sclera*), die vorne in die durchsichtige Hornhaut (*Cornea*) übergeht. Darunter liegt die gut durchblutete Aderhaut (*Chorioidea*), an die sich innen die Netzhaut (*Retina*) mit den Stäbchen (Hell-Dunkel-Sehen) und den Zapfen (farbiges Sehen) anschließt. Die Netzhaut nimmt die einfallenden Lichtreize auf. Der Sehnerv leitet die entsprechenden Erregungen zum Gehirn weiter [MBM81].

Die vordere Augenkammer wird hinten durch die ringförmige Regenbogenhaut (*Iris*) begrenzt, die sowohl aus Teilen der Aderhaut als auch der Netzhaut gebildet wird. Die Pupille ist eine größenveränderliche Öffnung (2-8 mm) in der Iris, durch die unter anderem die Lichteintrittsmenge reguliert wird. Hinter der Pupille liegen Linse und Glaskörper. Die Linse besteht aus konzentrischen Lagen von faserartigen Zellen und enthält ca. 60-70% Wasser, 6% Fett, Proteine usw. Die Linse ist durch eine gelbe Pigmentation leicht eingefärbt. Diese Einfärbung nimmt mit steigendem Alter zu. Infrarotes und ultraviolettes Licht werden durch Proteine in der Linse absorbiert. Eine intensive Strahlung aus diesem Bereich kann das Auge schädigen.

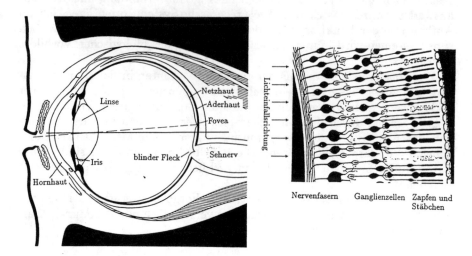

Abbildung 3.1: Der Aufbau des menschlichen Auges. Links: Querschnitt durch den Augapfel. Rechts: Querschnitt durch die Netzhaut.

Auf der Netzhaut entsteht ein umgekehrtes, reelles Bild, das durch den Sehnerv und die Sehbahnen zum Sehzentrum des Großhirns geleitet wird. Räumliches Sehen wird durch Vermischen, der von beiden Augen gelieferten Bilder ermöglicht.

Die Eintrittsstelle des Sehnervs in den Augapfel ist nicht lichtempfindlich (*blinder Fleck*). Schläfenwärts davon liegt der gelbe Fleck (*Fovea*), die Stelle des schärfsten Sehens, da hier die Dichte von Zapfen am größten ist. Das Nah- und Fernsehen geschieht durch Änderung der Linsenform durch den Ziliarmuskel, der sich rund um die Linse befindet. Kontrahiert sich der Ziliarmuskel, nimmt die Linse Kugelform an, die Brechkraft erhöht sich und nahe Gegenstände werden scharf abgebildet.

3.2 Die lichtempfindlichen Teile des Auges

Die lichtempfindlichen Sinneszellen (Zapfen und Stäbchen) befinden sich in der äußersten, an das Pigmentepithel angrenzenden Schicht der Netzhaut. Das Licht muß also, außer in der Fovea, alle übrigen Schichten durchdringen, ehe es auf die eigentlichen Rezeptoren trifft.

Pro Auge besitzt der Mensch ca. 6-7 Millionen farbempfindliche Sensoren, die Zapfen. Diese sind in der Hauptsache in und um die Fovea verteilt. Die Dichte beträgt hier ca. 160 000 Zapfen pro mm² (beim Bussard sogar über 1 000 000) und fällt zum Netzhautrand hin bis auf 5 000 ab. Die Zapfen kann man noch einmal in drei Gruppen mit unterschiedlicher spektraler Empfindlichkeit einteilen: rote, grüne und blaue Zapfen. Jede dieser Rezeptorengruppe und auch die Stäbchen werden in ihrer Empfindlichkeit getrennt geregelt. Dabei kann die Intensität einer Gruppe bis auf ein 1/1 000 reduziert werden. Die maximale Empfindlichkeit liegt bei einer Wellenlänge von etwas 555 nm. Da jeder dieser Zapfen in der Fovea mit bis zu drei Nervenfasern verbunden ist, kann der Mensch sehr feine Details mit diesen Sinneszellen erfassen. Auge und Kopf werden dabei automatisch so ausgerichtet, daß die Objekte des Interesses auf diesen gelben Fleck abgebildet werden.

Die kleinsten Zapfen haben einen Durchmesser von 1 μm. Zum Rand hin sind die Rezeptoren zunehmend zusammengeschaltet, um die Empfindlichkeit auf Kosten der Auflösung zu erhöhen.

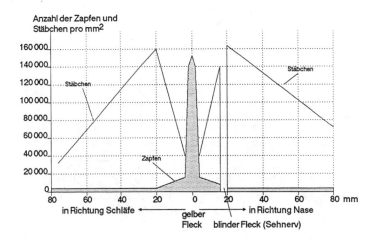

Abbildung 3.2: Dichte der Zapfen und Stäbchen auf der Netzhaut. Die Dichte der Zapfen ist am gelben Fleck am größten und nimmt zum Rand hin stark ab.

Die Stäbchen dagegen sind, bis auf die Fovea-Fläche, über die ganze Retina verteilt. Ihre Anzahl beträgt ca. 75-150 Millionen. Dabei sind immer mehrere dieser hell-/dunkel-empfindlichen Stäbchen (im Durchschnitt 130) mit einem Nerv verbunden.

3.2.1 Signalauswertung und Weiterleitung

Die lichtempfindlichen Zellen in der Netzhaut setzen die optischen Reize

3. Das menschliche Bildverarbeitungssystem

in Nervensignale um und leiten die Impulse zu den Ganglienzellen (= Ansammlung von Nervenzellen) der Netzhaut weiter.

Stäbchen und Zapfen reagieren auf Licht mit Spannungs- und Stromänderungen. Die Spannung kann dabei um bis zu 25 mV pro Sinneszelle, der Strom um bis zu 30 pA schwanken. Chemisch sind daran Membrane beteiligt, die ihre Durchlässigkeit für Natrium-/Kaliumionen in Abhängigkeit des Lichtes ändern. Die Stäbchen haben beim Menschen eine Ansprechzeit von ca. 300 msec. Zapfen hingegen reagieren auf einen Lichtimpuls schon nach 80 - 90 msec.

Experimente haben gezeigt, daß das Auge nur Informationen über Lichtänderungen an Grenzlinien an das Gehirn weiterleitet. Bereiche für die keine Änderungen gemeldet werden, ergänzt das Gehirn als gleichförmig (vergleiche Kapitel 15). Um solche Änderungen an Grenzlinien entdecken zu können, führen die Augen ständig kleine Zitterbewegungen (Sakkadische Augenbewegung; saccade frz. = Ruck) aus und lassen somit das Bild des Gegenstandes auf der Netzhaut hin und her wandern. Bis zu diesem Punkt sind die Signale also bereits bis zu einem gewissen Grad analysiert und vorverarbeitet worden.

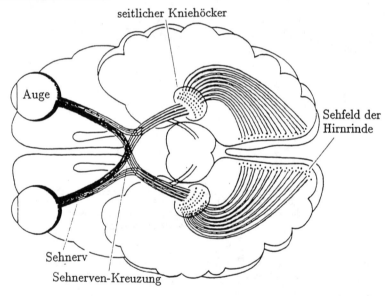

Abbildung 3.3: Der Verlauf der Sehnerven von den Augen zum Sehfeld der Hirnrinde. In den einzelnen Verarbeitungsstufen von der Netzhaut bis zum Sehfeld erfolgt eine unterschiedliche Verarbeitung/Abstraktion und Reaktion auf die Signale. So reagieren bestimmte Nervenzelle im Sehfeld der Hirnrinde zum Beispiel vorzugsweise auf die Bewegung des Bildes auf der Netzhaut in einer bestimmten Richtung.

Die Nervenfasern der Ganglienzellen (etwa eine Million pro Netzhaut) bilden zusammen den Sehnerv. Ein großer Teil der Fasern zieht ohne Un-

terbrechung zu zwei Zellanhäufungen tief ins Gehirn, den äußeren Knie-
höckern, in denen wahrscheinlich die räumlichen Unterschiede empfindlicher als auf der Netzhaut registriert werden, und bilden dort Synapsen,
also Kontaktstellen zwischen ableitenden und aufnehmenden Nerven. Die
Zellen der Kniehöcker sind durch ihre Nervenfasern umittelbar mit dem
primären Sehfeld verbunden. Hier findet eine Punkt-für-Punkt-Abbildung
der von der Netzhaut weitergeleiteten Signale statt. Vom primären Sehfeld aus werden die Informationen über mehrere Synapsen zu benachbarten
Rindengebieten und an tief im Gehirn gelegene Stellen weitergeleitet. Einige Nervenfasern ziehen sogar vom primären Sehfeld zurück zu den Knie-
höckern. Welche Funktion diese Rückkopplung hat, ist noch unbekannt.
Das primäre Sehfeld ist also keineswegs das Ende sondern nur eine Stufe in
der Verarbeitung der visuellen Information.

Besonders auffällig ist die teilweise Überkreuzung der Sehnerven. Dadurch wird der rechte Teil des Gesichtsfeldes, also dasjenige Gebiet, welches das ruhende Auge von der Außenwelt erfaßt, auf das linke Sehfeld
abgebildet. Kniehöcker und Sehfeld der linken Hirnhälfte empfangen Informationen von den beiden linken Netzhauthälften, die ihrerseits die rechte
Hälfte des Gesichtsfeldes erfassen. Entsprechend übernehmen der rechte
Kniehöcker und das rechte Sehfeld die linke Hälfte des Gesichtsfeldes. Erst
durch diese Überkreuzungen und das Vermischen der Information beider
Augen ist räumliches Sehen möglich.

3.2.2   Technische Daten des menschlichen Sehsystems

Das menschliche Auge enthält rund 6-7 Millionen Zapfen zum Farb-
Sehen und etwa 75-150 Millionen Stäbchen zum Schwarzweiß-Sehen. Zapfen reagieren auf Informationsänderungen in etwa 80-90 ms, Stäbchen in
rund 300 ms.

Je nach Lage im Auge, werden die Signale einer verschiedenen Anzahl
von Zapfen bzw. Stäbchen zusammengefaßt und schon in einer gewissen
Weise vorverarbeitet. Die Reize werden dann über den Sehnerv, der selbst
rund 1 Million Nervenfasern besitzt, zum Gehirn weitergeleitet.

Durch Veränderung der Pupille kann die auf das Auge fallende Lichtmenge um das 16fache vermindert werden. Durch Änderung der Empfindlichkeit der Rezeptoren, kann sich das Auge an einen Helligkeitsbereich von
$1 : 10^{10}$ anpassen. Die subjektive Helligkeit ist dabei eine logarithmische
Funktion der Lichtintensität.

Der maximale räumliche Sehwinkel bei ruhendem Auge beträgt ca. +/-
30 Grad zur Augenachse, wobei nur in der Nähe von 0 Grad scharf und deutlich gesehen wird. Dieses wahrnehmbare Gebiet wird auch als *Gesichtsfeld*
bezeichnet. Am Rand erkennt man Objekte und Bewegungen nur schemen-
haft. Durch Bewegen der Augen bei ruhiggestelltem Kopf kann man einen
Bereich von mehr als 180 Grad überstreichen (*Blickfeld*).

Das Auflösungsvermögen ist zum einen durch die Größe der Zapfen und
Stäbchen, zum anderen durch den Kontrast bestimmt. Bei optimalem Kon-

3. Das menschliche Bildverarbeitungssystem

trast kann man noch eine Raumfrequenz von 50 Perioden pro Sehwinkelgrad unterscheiden. Das Optimum für die Kontrastempfindlichkeit liegt bei etwa 3 Perioden pro Sehwinkelgrad. Dies entspricht etwa der Auflösung eines 12 DIN-Films.

Da die Zapfen und Stäbchen nicht mit binären Werten sondern mit kontinuierlichen, analogen Werten auf Reize reagieren, können auch Objekte registriert werden, die in der Größe unter der theoretischen Auflösung der lichtempfindlichen Zellen liegen. Dieser Effekt wird als *Überauflösung* bezeichnet.

Horizontale und vertikale Strukturen werden durch das Auge bevorzugt. Diagonale Verläufe registriert das Auge mit einer um ca. 10% verminderten Intensität [CM87].

Das gesunde menschliche Auge ist in der Lage, etwa 160 Farben voneinander zu unterscheiden. Werden Grautöne, Sättigung und Helligkeiten mitberücksichtigt, so lassen sich etwa 7 Millionen Farbtöne differenzieren [Bö87]. Bei reinen schwarzweiß-Bildern vermag das Auge auch nur ca. 30 Grautöne zu unterscheiden [Nie82].

Die Signalauswertung erfolgt nicht an einer Stelle allein. Die Information wird stufenweise zerlegt (Zapfen, Stäbchen, Sehnerven, Sehnerven-Kreuzung, Kniehöcker, Sehfeld usw.) und dabei abstrahiert. Dieser Aufbau gibt schon erste Hinweise darauf, wie ein technisches Bildverarbeitungssystem aufgebaut sein sollte.

Aufgaben

Aufgabe 1

Die Zapfen der Retina beim menschlichen Auge (Durchmesser ≈ 20 mm) haben einen Durchmesser von ≈ 5 μm. Berechnen Sie den Sehwinkel, der damit theoretisch maximal durch das Auge aufgelöst werden kann.

Wie erklären Sie sich, daß sich bei Versuchen herausgestellt hat, daß der Mensch noch räumliche Verschiebungen von 10″ (Winkelsekunden) auflösen kann. Begründen Sie den Unterschied dieser beiden Ergebnisse.

Aufgabe 2

Das menschliche Auge kann nur eine bestimmte Anzahl Farben und Grautöne unterscheiden. Wie groß ist die jeweilige Anzahl etwa? Welche Konsequenzen hat dies für die Bildverarbeitung sowie für die Bildwiedergabe?

Aufgabe 3

Die etwa kreisförmige Fovea hat einen Radius von 400 μm. An diesem Fleck des schärfsten Sehens befinden sich rund 160 000 Zapfen pro mm². Ein runder Textausschnitt, der aus einem Betrachtungsabstand von 50 cm angeschaut wird, wird komplett auf die Fovea abgebildet.

1. Wie groß ist der Originaltext (Augendurchmesser 20 mm)?

2. Mit welcher Auflösung (Punkte/Inch; dpi) wird der Text vom Auge wahrgenommen?

3. Vergleichen Sie dieses Ergebnis mit der Auflösung normaler Laserdrucker (300 dpi).

4. Geräte zur Bildaufnahme

Die Umwandlung der Helligkeits- und Farbwerte einer Szene in elektrische Impulse geschieht mit Hilfe einer Kamera, eines Scanners o.ä. Das Bild wird bei allen Verfahren in ein feines Raster zerlegt (*Diskretisierung*) und die einzelnen, in Stufen zerlegten (*Quantisierung*) elektrischen Werte dieser Rasterpunkte zur Verarbeitung weitergeleitet (siehe Abschnitt 4.3 und Abschnitt 4.4.3). Je nach Aufbau besitzen die einzelnen Systeme zur Bildaufnahme verschiedene Vor- und Nachteile.

4.1 Die Kameraröhre

Der bekannteste Kameratyp ist der der Fernsehkamera in der Ausführung der Aufnahmeröhre als *Vidicon*. Über ein photographisches Objektiv (Linsensystem) mit geeigneter Brennweite wird das Bild auf die Frontplatte (*Photokathode*) der Aufnahmeröhre abgebildet. In der photoleitenden Schicht auf der Frontplatte erfolgt die Umsetzung des optischen Bildes in ein elektrisches Ladungsbild. Mittels eines feinen Elektronenstrahls wird das Ladungsbild zeilenweise abgetastet. Die Strahlführung erfolgt dabei durch die Magnetfelder zweier senkrecht zueinander stehender Spulenpaare, die von sägezahnförmigen Ablenkströmen durchflossen werden.

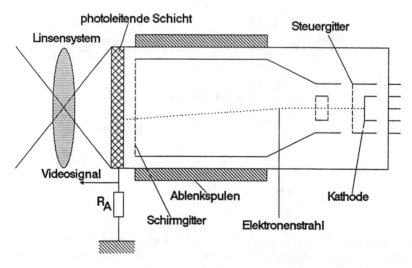

Abbildung 4.1: Schematisierte Querschnittsdarstellung des Aufbaus einer Kameraröhre.

Von außen gesehen besteht eine Kameraröhre hinter dem Linsensystem aus einem optisch planen Glasfenster, auf dessen Innenseite eine transparente, leitende Schicht aufgebracht ist. Auf dieser leitenden Schicht befindet

4. Geräte zur Bildaufnahme

sich als eigentliches Speicherelement eine dünne, photoelektrisch leitende Schicht (siehe Abbildung 4.2). Diese Schicht besitzt bei Dunkelheit einen hohen spezifischen Widerstand, der aber mit steigender Beleuchtungsstärke abnimmt. Die Speicherschicht kann man sich in viele einzelne, voneinander unabhängige Speicherelemente, die jeweils aus einer Parallelschaltung einer Kapazität C_P und eines Photowiderstandes R_P bestehen, vorstellen. Legt man an die Photokathode eine Spannung an und tastet die Speicherschicht bei Dunkelheit mit einem Elektronenstrahl ab (*Dunkelstrom*), so werden die Kondensatoren C_P aufgeladen. Wenn nun ein Bild auf die Speicherplatte abgebildet wird, wird infolge der Beleuchtung das Material der Speicherschicht photoelektrisch leitend, und die einzelnen Speicherelemente werden entsprechend der vorhandenen Beleuchtungsstärke teilweise über die zugehörigen Widerstände R_P entladen. Auf der gesamten Speicherplatte entsteht also eine Ladungsverteilung, die der Helligkeitsverteilung des Bildes entspricht. Durch den abtastenden Elektronenstrahl werden die Speicherelemente wieder auf Kathodenpotential aufgeladen. Der daraus resultierende kapazitive Strom über die Signalelektrode verursacht einen Spannungsabfall am Arbeitswiderstand R_A. Diese Spannung geht als Videosignal zum Vorverstärker.

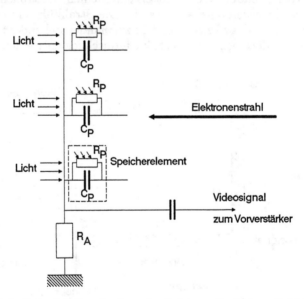

Abbildung 4.2: Prinzipieller Aufbau der lichtempfindlichen Schicht der Kameraröhre. Jeder Bildpunkt kann als eine Parallelschaltung einer kleinen Kapazität und eines Photowiderstandes angesehen werden.

Je nach verwendeter Speicherschicht unterscheidet man verschiedene Arten von Kameraröhren, deren Unterschiede in der Hauptsache in der spektralen Empfindlichkeit liegen. Die jeweils hervorstechendsten Eigenschaften zeigt die folgende Auflistung:

- **Vidicon-Röhren** sind universelle Bildaufnahmeröhren. Die Speicherschicht besteht aus Antimontrisulfid (Sb_2S_3) und gewährleistet einen Dynamikbereich bis 1:10 000.

- **Silizium-Vidicon-Röhren** weisen eine Spektralempfindlichkeit bis in den nahen Infrarotbereich auf.

- **Plumbicon-Röhren** haben Bleioxyd (PbO) als Speicherschicht und zeichnen sich durch ein besonders geringes Trägheitsverhalten (Nachzieheffekt) aus.

- **Newvicon-Röhren** sind sehr lichtempfindlich. Die spektrale Empfindlichkeit des Photoleiters Zink-Selenid/Zink-Cadmium-Tellurid (ZnSe/ ZnCdTe) reicht bis in den nahen Infrarotbereich.

- **Pasecon-Röhren** mit einer Cadmiumselenid-Beschichtung (CdSe), sind hochempfindliche Kameraröhren mit einer hohen Signalgleichmäßigkeit und Auflösung.

- **Saticon-Röhren** zeichnen sich durch geringe Trägheit, hohe Auflösung und Signalgleichmäßigkeit aus. Die Speicherschicht besteht in der Hauptsache aus Selen (Se-As-Te).

- **Pyroton-Röhren** sind für Wärmebilder im Infrarotbereich von 2 - 40 μm einsetzbar.

- **SIT- und EIC-Röhren** mit integriertem Bildverstärker sind für den Einsatz bei geringen Beleuchtungsstärken bis 10^{-4} lx geeignet.

Arbeitete man bei den ersten Fernsehversuchen in den 30er Jahren noch mit Auflösungen von 30, 48, 60, 90 und 180 Zeilen, so haben moderne Kameras eine theoretische Auflösung von über 1 000 Zeilen und Spalten.

Die zukünftige Fernsehnorm *HDTV* (High-definition Television) sieht eine Auflösung von 1 280×720 bis zu 1 920×1 250 Bildpunkten vor.

Farbkameras gibt es seit Anfang der 50er Jahre. Sie arbeiten genauso wie die hier beschriebene Monochromkamera. Das farbige Bild wird dabei in der Kamera optisch in die drei Farbauszüge der Primärfarben Rot, Grün und Blau zerlegt, drei Aufnahmeröhren zugeführt und dort, wie oben beschrieben, weiterverarbeitet.

4.2 Die CCD-Kamera

Die ersten Versuche mit *CCD-Kameras* wurden Anfang der 70er Jahre in den Forschungslabors gemacht. Aufgrund der kleineren Abmessungen im Vergleich zu der normalen Kameraröhre sowie der robusteren und leichteren Handhabung hat diese Kameraart eine schnelle Verbreitung gefunden.

Die CCD-Kamera besteht bis auf die Speicherschicht aus denselben Komponenten wie die normale Kameraröhre. CCD steht für *Charge Coupled Device* und erklärt die Art, wie die Lichtintensität in eine elektrische

Größe umgewandelt wird. Die Funktionsweise hat große Ähnlichkeit mit der eines dynamischen Speicherchips. Man stelle sich die Speicherzellen homogen auf der Chipebene verteilt vor. Die Speicherkondensatoren C_P werden durch den Photostrom kleiner Siliziumphotodioden D_P geladen, welche an der Chipoberfläche sitzen und durch ein Fenster geschützt sind. Das "Auslesen" der Zellen (beleuchtetes Feld) geschieht zyklisch, wobei in der Zeit des vertikalen Austastimpulses (bei der Fernsehnorm die Zeit des Strahlrücklaufs von der rechten unteren zur linken oberen Ecke) ein Transfer der bis dahin gesammelten Ladung in ein zweites Feld von Kondensatoren erfolgt (*Frametransfer*). Solange nun die einzelnen Zellen ausgelesen werden, kann die Ladung für das nächste Bild bei anderen Zellen bereits wieder integriert werden.

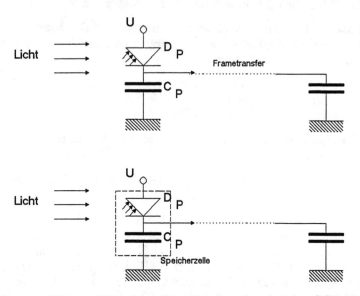

Abbildung 4.3: Die einzelnen Speicherzellen bestehen bei der CCD-Kamera aus einem Kondensator und einer Photodiode, über die der Kondensator bei Lichteinfall aufgeladen wird. Während des vertikalen Strahlrücklaufs wird das komplette Bild ausgelesen und in ein zweites Feld mit Speicherelementen übertragen (Frametransfer).

Man unterscheidet zwei Typen von CCD-Kameras. Die *Zeilenkamera* enthält nur eine Linie mit Speicherzellen auf der Chipoberfläche. Ein Bild entsteht erst durch eine relative Bewegung der Kamera zum Objekt (siehe Abschnitt 4.3). Aufgrund der kleineren Fläche einer solchen Zeilenkamera ist die Wahrscheinlichkeit, daß Verschmutzungen beim Herstellungsprozeß die lichtempfindlichen Zellen beeinträchtigt haben, geringer. Dadurch lassen sich fehlerfreie CCD-Zeilen mit über 8 192 Bildpunkten herstellen.

Die *Matrixkamera* besitzt eine rechtwinklige Matrix von Speicherzellen. Die Pixelanzahl über die gesamte Chipfläche beträgt zwischen 30×30 und über 800×600. Die Spitze der Entwicklung stellen derzeit Chips mit 2 048×2 048 Pixel (= 4.2 Millionen Bildpunkte) dar. Jedes dieser quadratischen lichtempfindlichen Pixel hat dabei eine Kantenlänge von 9 μm, die Chipfläche beträgt 18.4 mm². Die Schwierigkeit bei der Herstellung solcher hochauflösenden CCD-Sensoren besteht darin, die Sauberkeit des Herstellungsprozesses zu gewährleisten. Schon kleinste Staubkörner können zum Ausfall von Bildpunkten führen. Im Gegensatz zu Speicherchips kann keine andere Zelle die Aufgabe einer defekten übernehmen.

Mit einem technischen Trick kann jedoch die Auflösung noch erhöht werden. Dabei werden die CCD-Zellen immer um einige Nanometer hin- und herbewegt, um lichtempfindliche Zellen zwischen den eigentlichen CCD-Zellen zu simulieren. Als Stellglieder dienen hier Piezo-Quarze. Durch entsprechende Differenzbildung der einzelnen Signale erhält man so eine theoretische Auflösung von bis zu 21 Millionen (Farb-) Punkten (2 994×2 320 Punkte pro Farbkanal). Dies entspricht der Qualität eines Farb-Diapositivs. Eine Aufnahme bei dieser hohen Auflösung benötigt allerdings bis zu 8 Sekunden [Len89].

4.3 Der Scanner

Unter einem *Scanner* wird ein Gerät verstanden, das Bilder oder Bildvorlagen zeilenweise bzw. punktweise abtastet. Diese einzelnen Meßwerte werden dann im Rechner durch geeignete Hard- oder Software zu einem kompletten Bild zusammengesetzt. Generell gibt es zwei unterschiedliche Funktionsweisen von Scannern:

- **Scantable, Flachbettscanner**
  Das Objekt wird durch einen sich relativ zum Objekt bewegenden lichtempfindlichen Sensor abgetastet.
  Diese Art von Scannern wird in der Regel für die Abtastung von 2D-Objekten (Zeichnungen, Photographieen, Texte usw.) verwendet. Eine CCD-Zeilenkamera mit hoher Auflösung (bis zu 800 Punkte pro Inch; per Software bis zu 1 600 Punkte) tastet die Vorlage zeilenweise ab, in der Regel mit einer Grauwert-/Farbtiefe von 8-Bit (256 Stufen). Werden drei CCD-Zeilen mit unterschiedlicher spektraler Empfindlichkeit verwendet (für Rot, Grün und Blau), so können Farbbilder mit über 16 Millionen Farbtönen digitalisiert werden.

- **Laserscanner, Flying-Spot**
  Das gesamte Objekt wird durch eine Optik auf einen Detektor abgebildet. Die Abtastung erfolgt dann durch punktweise Beleuchtung des Objektes.
  3D-Objekte und räumliche Szenen werden mit solchen Scannern abgetastet. Meist wird in diesen Fällen nur ein monochromes Bild gewonnen, dann jedoch zusätzlich mit Tiefeninformation (z-Koordinate).

4. Geräte zur Bildaufnahme

Eine weitere Art der Bilddigitalisierung kann mit sogenannten *Frame-Grabbern* erfolgen. Sie sind als Zusatzkarten für verschiedene Rechner oder auch als eigenständige Geräte verfügbar und tasten das analoge Signal einer Videoquelle (Kamera, Rekorder o.ä.) in konstanten Zeitschritten ab (*Diskretisierung*). Der analoge Wert des Signals zu den entsprechenden Abtastzeiten wird durch einen Analog/Digital-Konverter in ein digitales Signal umgewandelt (*Quantisierung*).

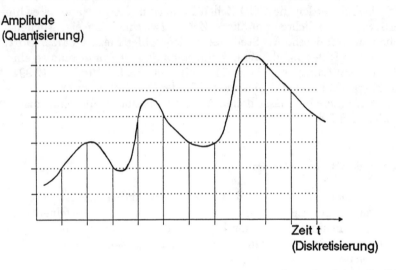

Abbildung 4.4: Bei einem analogen, zeitabhängigen Signal erfolgt die Diskretisierung durch Abtastung des Signals in festen Zeitabständen. Der gehörige analoge Signalwert wird einer beschränkten Menge von diskreten Signalwerten zugeordnet (Quantisierung).

4.4 Fehler bei der Bildaufnahme

Die Darstellung eines realen Bildes im Rechner geschieht prinzipiell in drei Schritten:

- **Abbildung auf den Sensor:** das Bild wird durch das optische System (Linsen) auf den Sensor abgebildet.

- **Ortsdigitalisierung:** es erfolgt eine Diskretisierung des Ortes.

- **Quantisierung:** die ortsdiskretisierten Intensitäten werden in Abhängigkeit der Quantisierungsstufen eingeteilt.

Erst nach Beendigung der letzten Stufe hat man ein im Rechner verwertbares "Zahlenbild" zur Verfügung. Leider haben alle an diesen Stufen

beteiligten Bauteile und Verfahren Mängel, die sich in "falschen" Zahlenwerten im resultierenden Bild wiederspiegeln.
Die folgende Tabelle zeigt die häufigsten Fehler und ihre Ursachen.

Fehlerquelle	Fehlerarten
Optik	geometrische Verzerrung
	optische Dispersion
	Farbfehler
	Unschärfe
Sensor	Inhomogenität
	Farbfehler
	Übertragungsfunktion
	Unschärfe
	Aliasing
A/D-Wandler	Quantisierung
	Aliasing
Verstärker	Rauschen

Tabelle 4.1: Mögliche Fehlerquellen und Fehlerarten bei der Bildaufnahme.

Auch das Auge zeigt Abbildungsfehler (Bild wird auf dem Kopf aufgenommen; ortsabhängige Farb- und Hell/Dunkel-Empfindlichkeit; Verzerrungen usw.), die durch die Weiterverarbeitung noch im Auge oder in den einzelnen Teilen des Gehirns kompensiert und korrigiert werden.

Im nachfolgenden werden die einzelnen Fehlerquellen mit ihren möglichen Fehlerarten am Beispiel der CCD-Kamera näher untersucht. Für die anderen Bildaufnahmegeräte gilt ähnliches.

4.4.1 Geometrische Fehler

Das reale, zu erfassende Bild muß mit Hilfe geeigneter Transformationen (Skalierung, ggf. Spiegelung und Translation) auf die aktive Fläche des Sensors (wird als homogen angenommen) abgebildet werden. Dies geschieht über ein Linsen- oder Spiegelsystem. Da es bedingt durch Fertigungsverfahren und Materialeigenschaften keine perfekten Linsen gibt, treten bei der Abbildung Fehler auf. Am bekanntesten sind dabei die *geometrischen Verzerrungen*, die man bis zu einem gewissen Grad mit Hilfe anderer optischer Linsen wieder ausgleichen kann.

Verzerrungen können aber auch durch entsprechende geometrische Transformationen (Skalierung, Translation, Rotation usw.) beseitigt werden. Faktoren für die einzelnen Geräte sind anhand von Testbildern zu ermitteln. Die Transformationsgleichungen lauten (in homogenen Koordinaten):

$$[x', y', 1] = [x, y, 1] \begin{bmatrix} 1 & 0 & 0 \\ 0 & 1 & 0 \\ D_x & D_y & 1 \end{bmatrix} \quad \text{Translation}$$

mit D_x, D_y als Translationsgröße in horizontaler bzw. vertikaler Richtung,

$$[x', y', 1] = [x, y, 1] \begin{bmatrix} S_x & 0 & 0 \\ 0 & S_y & 0 \\ 0 & 0 & 1 \end{bmatrix} \quad \text{Skalierung}$$

mit S_x, S_y als Skalierungsfaktor in horizontaler bzw. vertikaler Richtung und

$$[x', y', 1] = [x, y, 1] \begin{bmatrix} cos\,\alpha & sin\,\alpha & 0 \\ -sin\,\alpha & cos\,\alpha & 0 \\ 0 & 0 & 1 \end{bmatrix} \quad \text{Rotation}$$

wobei α der Rotationswinkel in mathematisch positiver Richtung um den Ursprung ist [ES87].

4.4.2 Farb- und Intensitätsfehler

Optische Linsen sind nicht für alle spektralen Bereiche gleich durchlässig. Zusätzlich besitzt die lichtempfindliche Schicht einer Kamera noch unterschiedliche Empfindlichkeiten für die einzelnen Farben (daher gibt es unterschiedliche Einsatzgebiete von Kameraröhren, vergleiche Abschnitt 4.1). CCD-Sensoren sind im allgemeinen im roten und infraroten Bereich empfindlicher (wie die Unterschiede in der spektralen Empfindlichkeit des menschlichen Auges, vergleiche Abschnitt 3.2). Wird dies nicht berücksichtigt, so entstehen *Farbfehler* in Form von unrealistischen Abschwächungen bzw. Betonungen einzelner Farbtöne.

Mit Hilfe von Testbildern kann jedoch die Übertragungskurve einer Kamera für den gewünschten spektralen Bereich gemessen und durch entsprechende Gewichtungsfaktoren im Rechner korrigiert werden.

4.4.3 Diskretisierungs- und Quantisierungsfehler

Normalerweise wird die Dichte der lichtempfindlichen Elemente in der Kamera als homogen angenommen. Aus fertigungstechnischen Gründen muß dies jedoch nicht immer der Fall sein. Berücksichtigt man diese unterschiedlichen Bildpunkt-Dichten, so entstehen unterschiedliche Auflösungen (Schärfe) im Bild. Dies führt zu geometrischen Verzerrungen, wenn bei den folgenden Schritten die Punkt-Dichte als gleichmäßig angenommen wird.

Speziell beim CCD-Sensor kommt noch der Nachteil hinzu, daß bei den derzeit verfügbaren Elementen der lichtempfindliche Teil kleiner als die zu

einem Bildpunkt gehörende Matrixfläche ist. Daraus resultiert eine Tiefpaßfilterung (siehe Abschnitt 10.5), d.h. Details zwischen den lichtempfindlichen Teilen werden nicht erfaßt. Dies kann teilweise durch eine Defokus-
sierung (Unschärfe) im Linsensystem kompensiert werden. Der Verlust an
Schärfe muß aber wieder herausgerechnet werden.

Übersteigen die Feinheiten und Details des Originalsbildes das Auflösungsvermögen der Kamera, so entstehen durch die *Diskretisierung* Unter-
abtastungseffekte (*Aliasing*, vergleiche Abschnitt 5.5.2).

Unschärfen treten ebenfalls auf, wenn das Linsensystem (mit Blendenöff-
nung) nicht korrekt auf die Entfernung zum Objekt eingestellt ist. Auch
durch die bei unterschiedlichen Wellenlängen variirende Brechung können
Unschärfen bei nicht monochromen Objekten entstehen (*optische Dispersion*).

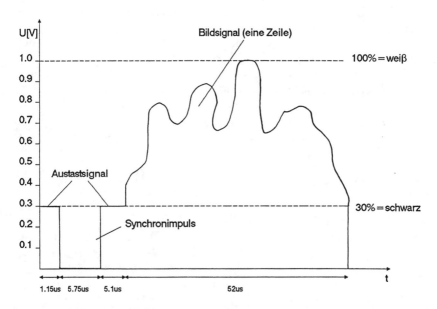

Abbildung 4.5: Prinzipieller Aufbau des Bild-Analogsignals (Videosignal).
Die Ortsinformation steckt nur in der seit dem Synchronsignal vergangenen
Zeit.

Ein weiterer Fehler bei der Bildwandlung in der Kamera ist bedingt
durch die Querleitfähigkeit der Speicherelemente. Die Isolation zu den
Nachbarpixeln ist nicht hoch genug, um ein "Zerfließen" der Ladung in die
Umgebung zu verhindern. Dadurch entstehen Intensitätsverminderungen
und Unschärfen.

Die Umwandlung der unterschiedlichen Lichtintensitäten in elektrische
Signale geschieht bedingt durch die verwendeten Bauteile nicht immer linear. Auch hier muß dies durch eine geeignete Übertragungsfunktion oder

eine entsprechende *Quantisierung* wieder korrigiert werden.

Die Forderung, Bilder in Echtzeit, d.h. im Zeittakt der Aufnahme zu digitalisieren, bedingt eine hohe Verarbeitungsgeschwindigkeit in der Quantisierungsstufe. Je feiner ein analoges Signal quantisiert werden soll, desto länger dauert dieser Vorgang. Daher wurde bis vor wenigen Jahren die Quantisierung nur mit 4 Bit, entsprechend 16 Stufen betrieben. Heute sind jedoch bei normalen Video-Signalen bis zu 12 Bit Genauigkeit entsprechend 4096 Stufen möglich. Trotzdem können prinzipiell quantisierte Signale die analogen Werte nur annähern.

In der Kamera wird das zweidimensionale, diskrete Ladungsfeld in ein serielles Analogsignal umgewandelt. Dazu erfolgt eine pixel- und zeilenweise Abtastung des Bildes. Die einzelnen Punkte werden zeitlich hintereinander zum Verstärker gesendet. Die Information des Ortes steckt nunmehr ausschließlich im zeitlichen Abstand der Intensität zu einem Synchronimpuls. Eventuelle Störungen des Zeitgebers zerstören somit die Ortsinformation. Kurze Störungen im Signal verändern die Intensität des entsprechenden Pixels und führen zu *Rauschen*.

Ist es nicht notwendig, ein Bild in Echtzeit aufzunehmen, so können mehrere Bilder des gleichen Objektes/Szene aufgenommen und über die einzelnen Signale gemittelt werden. Im wesentlichen wird dabei der Signal-Rausch-Abstand erhöht und die Empfindlichkeit eventuell verbessert.

Aufgaben

Aufgabe 1

Eine CCD-Kamera mit einer Auflösung von 512×512 Bildpunkten nimmt eine Szene der Größe 30×30 m² auf. Welche kleinsten Objekte können dabei theoretisch noch aufgelöst werden? Weshalb ist in der Praxis die Ortsauflösung geringer?

Aufgabe 2

Ein CCD-Chip mit einer Auflösung von 2 048×2 048 Pixel besitzt eine Chipfläche von 18.4 mm². Jeder der quadratischen Bildpunkte besitzt eine Kantenlänge von 9 μm. Wie groß ist die reale aktive Fläche im Verhältnis zur Gesamtfläche? Welche Auswirkung hat dies bei der Bildaufnahme?

Aufgabe 3

Erklären Sie den Unterschied zwischen

- optischer Dispersion und

- Farbfehlern.

Wodurch entstehen diese Fehler und wie kann man sie korrigieren?

Aufgabe 4

Ein Diapositiv der Größe 24×36 mm² wird mit 25 μm Rasterflächengröße und drei Farbauszügen digitalisiert. Es ergibt sich ein Bild, bei dem sich jeder Bildpunkt aus den drei Farben Rot, Grün und Blau zusammensetzt. Die Intensität jeder einzelnen Farbe kann Werte von 0 bis 255 annehmen.

1. Wieviele Bildzeilen und Bildspalten hat das digitalisierte Bild?

2. Aus wieviel Bildpunkten besteht das Bild insgesamt?

3. Wieviele Bytes werden zur Speicherung eines Bildpunktes benötigt?

4. Wieviele Bytes werden zur Speicherung des gesamten Bildes benötigt?

5. Geräte zur Bildwiedergabe

Die mit Hilfe von Kamera oder Scanner aufgenommenen Bilder sollten durch geeignete Wiedergabegeräte möglichst originalgetreu dargestellt werden. Eine Ausgabe kann über entsprechende Bildschirme oder auch Drucker erfolgen. Je nach Anwendungsgebiet haben diese unterschiedlichen Geräte mit ihren verschiedenen technischen Leistungsmerkmalen unterschiedliche Vor- und Nachteile. Der Aufbau der wichtigsten Geräte zur Bildwiedergabe sowie ihre Eigenschaften werden in den nachfolgenden Abschnitten erläutert.

5.1 Die Kathodenstrahlröhre

Die Elektronenstrahlröhre, auch *Kathodenstrahlröhre* oder englisch CRT (*Cathode Ray Tube*) genannt, ähnelt im Aufbau der Kameraröhre (siehe Abschnitt 4.1). Hier werden jedoch keine lichtempfindlichen Punkte mit einem Elektronenstrahl abgetastet, sondern der Elektronenstrahl schreibt das Bild auf eine Leuchtschicht. Zur Steuerung des Strahls werden elektronische Linsen in Form von Plattenkondensatoren oder Magnetspulen verwendet.

Eine Kathodenstrahlröhre zur monochromen Bildwiedergabe besteht aus den in Abbildung 5.1 dargestellten Komponenten. Die Vakuumröhre besitzt auf der einen Seite den eigentlichen Bildschirm, eine Mattscheibe, die mit einer speziellen Schicht einer Phosphorverbindung belegt ist. Diese Schicht hat die Eigenschaft, auftreffende Elektronen zu absorbieren und statt dessen Licht zu emittieren. Je nach Phosphorverbindung entstehen unterschiedliche Wellenlängen bzw. Lichtfarben. Die Helligkeit des ausgesandten Lichtes ist dabei proportional zur Intensität des Elektronenstrahls, jedoch nicht linear abhängig (vergleiche Abschnitt 5.5.1).

Auf der gegenüberliegenden Seite der Mattscheibe befindet sich die beheizte Kathode, um die sich während der Heizung eine Elektronenwolke bildet. Um daraus einen Elektronenstrahl zu erzeugen wird ein starkes elektrisches Feld benötigt. Dies wird durch Anlegen einer hohen Spannung zwischen Kathode und Anode erzeugt. Das elektrische Feld ist in der Lage, aus der Elektronenwolke um die beheizte Kathode Elektronen "herauszusaugen" und in Richtung auf den Bildschirm zu beschleunigen.

Einige Zusatzeinrichtungen sorgen dafür, daß der Elektronenstrahl gebündelt wird und man seine Intensität regeln kann. Das Bündeln (*Fokussierung*) geschieht durch Lochblenden, die Regelung der Intensität durch ein Steuergitter.

Zum Erzeugen eines Bildes auf dem Bildschirm muß dafür gesorgt werden, daß sich der Elektronenstrahl genügend schnell über jede Stelle des

5. Geräte zur Bildwiedergabe

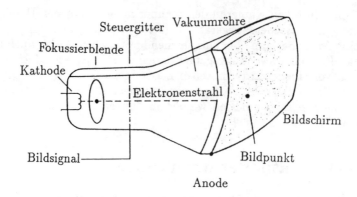

Abbildung 5.1: Schematisierter Aufbau der Kathodenstrahlröhre. Die Kathode emittiert Elektronen, die über entsprechende Einrichtungen zu einem Elektronenstrahl gebündelt werden. Dieser Strahl wird durch unterschiedliche Ablenkeinheiten auf die gewünschte Stelle des Bildschirms positioniert, wo je nach Intensität ein mehr oder minder heller Lichtpunkt entsteht.

Bildschirmes bewegt. Diesen Vorgang nennt man *Ablenkung*, die dafür benötigte Vorrichtung *Ablenkteil*. Es gibt zwei verschiedene Prinzipien der Ablenkung:

Elektrostatische Ablenkung:
Der Elektronenstrahl wird durch einen Kondensator quer zur Strahlrichtung geschickt. Durch das elektrische Feld im Kondensator kann der Strahl abgelenkt werden; mit zwei um 90 Grad gedrehte Kondensatoren läßt sich jeder Bildpunkt erreichen. Wegen der geringen Ablenkleistung der Kondensatoren ergeben sich Probleme mit der Tiefe der Bildröhre bei größeren Bildschirmen. Allerdings arbeitet dieses Verfahren relativ genau und wird daher bei Meßgeräten (Oszillographen) eingesetzt.

Magnetische Ablenkung:
Bei diesem Verfahren wird der Elektronenstrahl durch Magnetfelder abgelenkt. Dabei werden zwei um 90 Grad gedrehte Elektromagnete (Spulen) verwendet. Vorteil dieses Verfahrens ist die große Ablenkleistung. Große Ablenkleistung bedeutet einen großen Ablenkwinkel und ermöglicht damit den Bau relativ kompakter Bildröhren. Die Positioniergenauigkeit ist aber nicht so hoch wie bei der elektrostatischen Ablenkung.

5.1.1 Der Phosphor

Die Innenwand des Bildschirms ist mit einer Phosphorverbindung belegt, die beim Auftreffen des Elektronenstrahls Licht emittiert (*Fluoreszenz*). Nach dem Abschalten des Elektronenstrahls wird einige Zeit weiter Licht mit abnehmender Helligkeit ausgesendet (*Phosphoreszenz*). Die Nachleuchtdauer (*Persistenz*) ist bei der Auswahl einer Bildröhre neben der Farbe und der Helligkeit von größter Wichtigkeit. Sie bestimmt, wie oft das Bild regeneriert, d.h. wiederholt erzeugt werden muß, damit der Benutzer den Eindruck eines stehenden, flimmerfreien Bildes gewinnt. Bei schnell bewegten Bildern mit hoher Bildwiederholrate darf die Persistenz nicht zu groß sein, da ansonsten noch die Schemen voriger Bilder auf dem Bildschirm neben dem aktuellen Bild sichtbar sind [ES87].

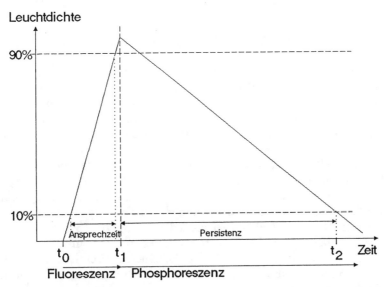

Abbildung 5.2: Die Lichtemission in Abhängigkeit von der Zeit. Zum Zeitpunkt t_0 wird der Elektronenstrahl an der Bildschirmposition eingeschaltet und zum Zeitpunkt t_1 wieder ausgeschaltet.

Aufgrund der unterschiedlichen Persistenz der einzelnen Phosphorverbindungen ergeben sich unterschiedliche Einsatzgebiete.

5.1.2 Vektorsichtgerät

Bisher wurde nur der prinzipielle Aufbau der Kathodenstrahlröhre beschrieben, nicht jedoch der Vorgang der Bilderzeugung auf der Mattscheibe. Es werden hier zwei Arten von Sichtgeräten unterschieden: das Vektorsichtgerät und das Rastersichtgerät.

Beim *Vektorsichtgerät* besteht das zu erzeugende Bild aus einer Vielzahl von Vektoren. Die Anfangs- und Endkoordinaten dieser Vektoren sind im

5. Geräte zur Bildwiedergabe

Phosphor	Fluoreszenz Phosphoreszenz	Persistenz	Anwendung
P_1	gelblich-grün	22 msec	Monitor u.ä.
P_4	weiß	20 μsec blaue Komp.	Fernsehen
		60 μsec gelbe Komp.	
P_7	gelb-grün	50 μsec blaue Komp.	Radar
		350 μsec gelbe Komp.	
P_{12}	orange	200 msec	Radar
P_{16}	bläulich-violett	0.12 μsec	Flying Spot

Tabelle 5.1: Die Leuchtfarbe und die Persistenz einiger wichtiger Phosphorverbindungen.

Bildspeicher abgelegt. Aufgrund dieser Daten werden dann die Vektoren auf die Mattscheibe geschrieben.

Der Elektronenstrahl ist bei Vektorsichtgeräten frei positionierbar. Ist die Liste der darzustellenden Vektoren abgearbeitet, so kann das Bild neu aufgebaut werden. Die Bildwiederholrate ist somit abhängig von der Anzahl zu zeichnender Vektoren und deren Länge, also von der Komplexität des Bildes. Bei sehr umfangreichen Bildern kann die Bildwiederholrate soweit absinken, daß das dargestellte Bild deutlich flimmert oder sogar flackert.

Zur Darstellung von einigen wenigen Farben werden bei Vektorsichtgeräten sogenannte *Penetron-Röhren* verwendet [SS87]. Auf der Mattscheibe sind hier zwei Schichten von unterschiedlichen Phosphorverbindungen (üblicherweise Rot und Grün) aufgebracht. Je nach Energie des auftreffenden Elektronenstrahls wird entweder nur die rote Schicht (ca. 6 kV), die grüne Schicht (ca. 12 kV) angeregt oder es entsteht eine Mischfarbe (ca. 9 kV). Die Umschaltzeit zwischen den einzelnen Farben ist relativ lang, so daß der Umfang der flimmerfrei darstellbaren Bildinformation nicht durch die Komplexität des Bildes, sondern durch diese Umschaltzeit bestimmt wird.

5.1.3 Rastersichtgerät

Die *Rastersichtgeräte* sind die heutzutage am häufigsten verwendeten Sichtgeräte. Die darzustellende Bildinformation wird dazu in einzelne Bildpunkte, Zeilen und Spalten aufgeteilt. Die Speicherung der Bildpunkte geschieht im Bildschirmspeicher, einer Matrix mit einer Speicherposition für jeden darzustellenden Bildpunkt.

Der Elektronenstrahl der Kathodenstrahlröhre beschreibt in einem festen Zeitschema die Mattscheibe zeilenweise von links nach rechts und von oben nach unten. An den einzelnen Stellen wird der korrespondierende Bildpunkt aus dem Bildschirmspeicher ausgelesen und der Elektronenstrahl in seiner Intensität nach dem Helligkeitswert des Bildpunktes geregelt.

Die Bildwiederholfrequenz ist somit unabhängig von der Komplexität des Bildes und nur durch technische Faktoren, wie die Zeit zum Auslesen eines Bildpunktes aus dem Bildschirmspeicher sowie der Zeit zur Positionierung und Regelung des Elektronenstrahls, begrenzt. Die Auflösung wird durch die Auflösung des Bildschirmspeichers bestimmt.

Damit die Auswirkung des Elektronenstrahls lokal eng begrenzt bleibt und es zu (fast) keinem Übersprechen zwischen benachbarten Bildpunkten kommt, wird der Durchmesser des Strahl durch eine sogenannte Lochmaske begrenzt (siehe Abbildung 5.3).

Zur farbigen Darstellung werden drei Elektronenstrahlsysteme verwendet, die unterschiedliche Phosphorleuchtpunkte oder -streifen in den drei Grundfarben ansprechen. Der Bildspeicher ist entweder auch in drei Ebenen aufgeteilt oder die Intensitätsinformation der Grundfarben wird über Farbtabellen bestimmt.

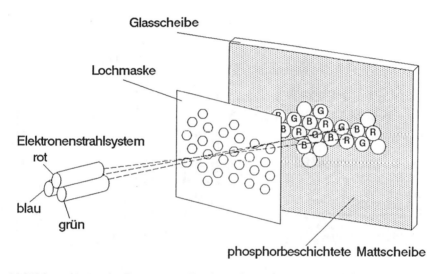

Abbildung 5.3: Aufbau einer Lochmaskenröhre zur Farbdarstellung mit Delta-Anordnung der Elektronenstrahlsysteme und der Farbpunkte.

Bei der Lochmaskenröhre mit *Delta-Anordnung* sind sowohl die drei Elektronenstrahlsysteme für Rot, Grün und Blau als auch die Phosphorfarbpunkte deltaförmig angeordnet. Je drei benachbarte Punkte auf der Leuchtschicht mit den Grundfarben ergeben einen farbigen Bildpunkt. Eine Lochmaske wird verwendet, um sicherzustellen, daß jeder Strahl nur den für ihn vorgesehenen Farbpunkt anspricht. Die Strahlen für die roten, grünen und blauen Punkte müssen die Maskenöffnung im richtigen Winkel passieren, um ihre zugehörigen Phosphorpunkte zu treffen (*Konvergenz*). Bei entsprechendem Betrachtungsabstand verschmelzen die drei einzelnen monochromen Punkte für den Betrachter zu einem einzigen Farbpunkt. Der

5. Geräte zur Bildwiedergabe

Mindestabstand berechnet sich aus dem Verhältnis von Sehwinkel zur maximalen Sehschärfe. Der Sehwinkel beträgt bei ruhendem Auge ca. 10 Bogengrad, die maximale Sehschärfe ca. 1' (Bogenminute), woraus sich ein Verhältnis von 600 : 1 ergibt. Für eine Auflösung von 600 Zeilen ist somit ein Betrachtungsabstand von etwa der 6fachen Bildhöhe sinnvoll, da das Auge dann die einzelnen Zeilen und Punkte noch nicht getrennt wahrnehmen kann.

Bei der *Inline-Anordnung* werden, wie der Name schon sagt, die Elektronenstrahlsysteme in einer Zeile angeordnet. Daraus ergibt sich, daß die Farbtripel nicht aus drei Punkten, sondern aus drei Zeilen bestehen (siehe Abbildung 5.4). Es wird auch keine Lochmaske sondern eine Schlitzmaske verwendet. Damit die drei Farbstreifen für den Betrachter zu einem Farbpunkt verschmelzen, müssen diese entsprechend dünn sein und eng beieinanderliegen. Der Vorteil dieses Systems liegt in der einfacheren Ablenkung und der besseren Konvergenz.

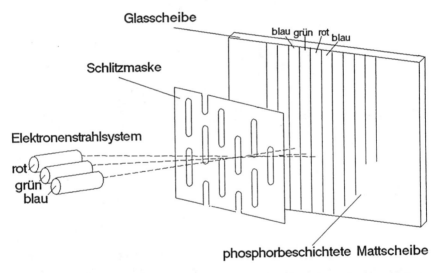

Abbildung 5.4: Bei der Schlitzmaskenröhre mit Inline-Anordnung wird ein Farbpunkt aus drei nebeneinanderliegenden Farbstreifen gebildet.

Die maximale Auflösung von Rastersichtgeräten ist durch die Geschwindigkeit, mit der die einzelnen Bildpunkte auszulesen sind, und durch die Bandbreite des Systems beschränkt. Auflösungen von Farbgeräten mit 1 280×1 024 Bildpunkten sind Standard. Geräte mit über 1 700×1 500 Bildpunkten sind ebenfalls schon erhältlich. Bei schwarzweiß-Monitoren sind Ausfertigungen in 19 Zoll mit 4 096×3 300 Bildpunkten erhältlich. Das entspricht mit einer Punktdichte von 300 dpi (Dots per Inch) genau der Auflösung gängiger Laserdrucker.

5.2 Das LC-Display

Das Prinzip der Flüssigkristall-Anzeige (*LCD=Liquid-Cristal-Display*) beruht auf der Streuung des Lichtes, d.h. passive Effekte spielen hierbei eine Rolle, im Gegensatz zur Kathodenstrahlröhre, die Licht emittiert. Die Streuung des Lichtes ist bei den LCD-Zellen abhängig von der Höhe der angelegten Spannung, wodurch sich unterschiedliche Graustufen realisieren lassen.

Ein LC-Display besteht im Prinzip aus zwei parallelen, sandwichartigen Glasplatten, die sich im Abstand von weniger als 100 μm voneinander befinden. Die Innenseiten dieser Platten sind mit einem Muster transparenter Elektroden versehen, während an der Außenseite zwei rechtwinklig zueinander orientierte Polarisationsfilter angebracht sind. Der Zwischenraum zwischen den Glasplatten ist mit einer Flüssigkeit gefüllt, die unter anderem aus Verbindungen wie aromatische Ester oder Schiffsche Basen besteht. In bestimmten Temperaturbereichen tritt bei diesen Verbindungen das Phänomen auf, daß sich fadenförmige (nematische) Moleküle bilden, die in ihren optischen Eigenschaften Kristallen gleichen. Daher die Bezeichnung Flüssigkristall. Die Moleküle können sich zwischen den Glasplatten frei bewegen. Diese Eigenschaft der Flüssigkristalle wurde Ende der 60er Jahre entdeckt. Befindet sich ein solches Flüssigkristall in einem elektrischen Feld, so wirkt auf die Moleküle wegen der asymmetrischen Ladungsverteilung ein Drehmoment. Das hat zur Folge, daß sich die Moleküle bei ausreichend hoher Feldstärke parallel zur Feldrichtung orientieren. Dazu ist jedem "Bildpunkt" ein Speicherelement zugeordnet. Als Speicherelement wird ein Kondensator benutzt, der über einen entsprechend angesteuerten MOS-Transistor aufgeladen wird. Eine derartige Anordnung ist erforderlich, da die Zustandsänderungen der Flüssigkristalle wegen der hohen Viskosität der organischen Flüssigkeit nur sehr träge erfolgt, die Spannung also für eine gewisse Zeit an der Flüssigkristall-Zelle anliegen muß.

Legt man nun ein äußeres Feld an, orientieren sich die Moleküle so, daß sie die Polarisationsachse des durchgehenden Lichtes drehen, so daß sich im Zusammenwirken mit den beiden rechtwinklig zueinander orientierten Polarisationsfiltern entsprechend der Form der Elektroden dunkle Bildzonen durch Ausfiltern allen Lichtes schaffen lassen. Zur Verbesserung des Kontrastes wird nicht das von außen auftreffende Licht für die Reflexion benutzt, sondern es wird eine Hintergrundbeleuchtung, eine Lichtquelle, verwendet. Um mit einer möglichst geringen elektrischen Spannung eine möglichst proportional große Richtungsänderung der Moleküle und damit wiederum einen höheren Kontrast zu erreichen, werden die Moleküle mechanisch unter Spannung gesetzt. Man spricht dann von "Supertwisted LCD".

Der große Vorteil der LC-Bildschirme ist die flache Bauweise und der niedrige Stromverbrauch (ca. 0.15 mW pro cm^2). Daher eignen sie sich besonders für tragbare Rechner und für Anzeigen, für die nur wenig Platz vorhanden ist. Ein Nachteil für die Bewegtbilddarstellung ist die relativ

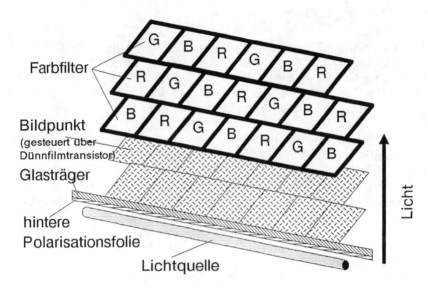

Abbildung 5.5: Querschnitt durch einen Farb-LC-Bildschirm. Die Abstände und Größen der einzelnen Schichten sind zur besseren Darstellung übertrieben dargestellt. Je drei Punkte in den Grundfarben Rot, Grün und Blau bilden einen Farb-LCD-Bildpunkt.

lange Erholzeit (Umschaltzeit) dieser nematischen Zellen, die bis zu 50 ms betragen kann. Da zu jedem Bildpunkt ein aktives Element in Form eines Transistors gehört, muß die Qualität der LC-Bildschirme sehr groß sein. Ein Ausfall eines Transistors führt zum Ausfall eines Bildpunktes, ein sichtbarer Defekt. Negativ fällt auch die geringe Leuchtdichte von etwa 5 - 10 cd/m² ins Gewicht. Bei der Kathodenstrahlröhre werden normalerweise Werte von 300 cd/m² mit Spitzenwerten bis zu 1 500 cd/m² erreicht.

Im Farbdisplay werden für jeden darzustellenden Farbpunkt drei auf der Rückseite des Displays aufgebrachte Transistoren für das Farbtripel Rot/Grün/Blau benötigt. Die eigentliche Farbe entsteht durch jeweils drei Filter in den Grundfarben. Dabei bilden die Grundfarben miteinander jeweils ein Dreieck. Mit 0.2 mm bis 0.4 mm liegt der Bildpunktabstand in der Größe der Kathodenstrahlröhre.

5.3 Das Plasma-Display

Ein *Plasma-Display* besteht aus zwei durchsichtigen und gasdichten Platten, die in einem geringen Abstand voneinander parallel angeordnet und deren Ränder gasdicht verbunden sind. Zwischen den Platten befindet sich eine gläserne Lochmaske, die den Raum in ein Raster von kleinen Zellen (Zylinder) aufteilt. Diese sind mit einem Gas (vorzugsweise Neon und Argon) gefüllt. Der Gasdruck liegt deutlich unter Atmosphärendruck. Jede der Platten trägt an der Seite zum Gasraum parallele Leiterbahnen (Kathode und Anode) in Übereinstimmung mit der Rastermaske und ist so angeordnet, daß die Leiterbahnen rechtwinklig zueinander stehen. Kleine Zuleitungen führen von den Leiterbahnen zu den einzelnen Entladungszellen (siehe Abbildung 5.6).

Wird eine Zündspannung in geeigneter Höhe zwischen Kathode und Anode angelegt, so wird das Gas (bei monochromen Displays Neon) in der dazwischenliegenden Zelle ionisiert (es entsteht ein *Plasma*) und beginnt zu leuchten. Nach dem Zünden einer Zelle kann die angelegte Spannung von der Zündspannung auf die wesentlich niedrigere Brennspannung verringert werden. Das Plasma bleibt dabei weiter bis zur Erreichung der Löschspannung bestehen.

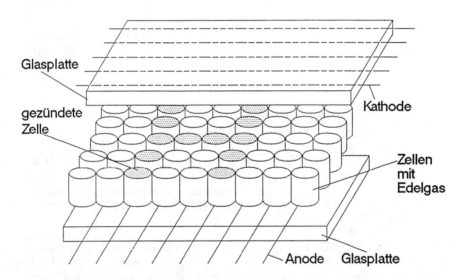

Abbildung 5.6: Der sandwichartige Aufbau des Plasma-Displays. In den einzelnen Zellen befindet sich ein Edelgas, das nach dem Anlegen einer relativ hohen Zündspannung ionisiert wird. Dieses entstehende Plasma sendet Licht entweder im sichtbaren oder im ultravioletten Bereich aus. Das UV-Licht wird durch eine Leuchtschicht an den Wänden der Zellen in sichtbares Licht umgewandelt.

Für andersfarbige Displays findet ein Gas Verwendung, das zu ultravioletter Lichtstrahlung (UV-Licht) angeregt wird. Das UV-Licht trifft auf den phosphoreszierenden Leuchtstoff, der sich an der Innenwand der Zylinder befindet. Dadurch wird der Leuchtstoff angeregt und wandelt unsichtbares UV-Licht in sichtbares Licht um.

Die Farbe des Lichtes hängt von der chemischen Zusammensetzung des Leuchtstoffes ab (vergleiche Abschnitt 5.1). Farb-Plasma-Displays sind somit auch realisierbar. Leider kann man nicht den gleichen Leuchtstoff wie bei der Kathodenstrahlröhre verwenden. Auch ist es momentan noch nicht möglich, ein Blau mit entsprechender Leuchtkraft zu erzeugen.

Neben der flachen Bauweise und dem flimmerfreien Bild sind der wesentlich bessere Kontrast im Vergleich zu den LC-Bildschirmen sowie die höhere Leuchtdichte von bis zu 150 cd/m^2 die großen Vorteile des Plasma-Displays. Die Bildpunktabstände liegen mit 0.3 mm bis 0.4 mm in den gewohnten Größen. Negativ machen sich die hohe Spannung zum Erzeugen des Plasmas, der hohe Stromverbrauch und die relativ lange Abschaltzeit angesteuerter Bildpunkte bemerkbar.

Durch Ausnutzung des "Townsend-Effektes" sind Leuchtdichten bis zu 680 cd/m^2 und höhere Schaltgeschwindigkeiten realisierbar. Der irische Physiker Townsend entdeckte Anfang dieses Jahrhunderts, daß die Intensität der UV-Strahlung bei einer Gasentladung etwa 200 psec nach dem Anschalten ein Maximum durchläuft. Sie fällt dann nach etwa 500 psec auf die stabilere Glimmentladung mit wesentlich geringerer Intensität ab. Diese Glimmentladung wird bei den bisherigen Plasma-Displays verwendet. Nutzt man den Townsend-Effekt aus und steuert die einzelnen Bildpunkte bis zu 100 000 Mal pro Sekunde an, so führt dies zu einer bis zu 20fach höheren Lichtausbeute.

5.4 Sonstige Wiedergabegeräte

Die oben vorgestellten drei Bildschirmarten repräsentieren in ihrer Reihenfolge die Bedeutung für den täglichen Einsatz. In Spezialgebieten gibt es noch weitere Displayarten. Einige interessante Entwicklungen sollen der Vollständigkeit halber hier noch einmal angesprochen werden.

Projektionsdisplays

Das *Projektionsdisplay* besteht aus einem durchsichtigen LC-Display. Es können dabei bis zu 2 048×2 048 Bildpunkte aufgelöst werden. Ein schneller Laserstrahl schreibt auf dem Flüssigkristall-Display das Bild, welches anschließend von einer Xenonlampe durch die Flüssigkristalle hindurch über Linsen und Spiegel entsprechend vergrößert auf eine Projektionswand geworfen wird. Ein Vergrößern/Verkleinern des Bildes ist aufgrund der Linsen und Spiegel einfach möglich. Der Vorteil eines solches Displays ist neben der Größe auch der gute Kontrast.

Ferroelektrisches LC-Display

Eine interessante Sonderheit unter den Flüssigkristallanzeigen sind die *ferroelektrischen LCDs*. Sie unterscheiden sich von normalen Displays neben der höheren Schaltgeschwindigkeit und dem höheren Kontrast vor allem durch eine automatische Speicherfähigkeit. Einmal eingeschriebene Daten können ohne angelegte Hilfsspannung "eingefroren" werden. Leider ist die Speicherung nicht gegen mechanische Erschütterungen resistent. Durch solche Störungen kann die Anzeige gelöscht werden. Bisher gibt es auch nur ferroelektrische schwarzweiß-Displays.

Elektrolumineszenz-Display

Das *Elektrolumineszenz-Display* beruht auf dem 1936 von Georges Destriau entdeckten Effekt, daß bestimmte Verbindungen bei Anlegen eines elektrischen Feldes Licht emittieren. Die Treiberspannung muß je nach Verbindung zwischen 70 und 90 Volt oder 240 und 400 Volt liegen. Das Pixelraster bei diesen Bildschirmen wird durch eine netzförmige transparente Frontelektrode und einen Zinksulfid-Leuchtschirm gebildet. Damit wird eine Auflösungen bis zu 1 280×1 280 Pixel und ein viermal höherer Kontrast als bei normalen LCDs erreicht. Die Auflösung ist mit denen der anderen Displayarten vergleichbar.

Bisher sind nur Displays mit zwei Intensitätsstufen verfügbar. Graustufen werden daher mit unterschiedlichen Punktdichten oder Halbtonverfahren simuliert (vergleiche Kapitel 6). Erste Versuche mit Farbdisplays sind mit einer streifenförmigen Anordnung der Farben gemacht worden. Jedoch fehlt die Farbe Blau noch fast vollständig, das RGB-Verhältnis stimmt nicht.

5.5 Fehler bei der Bildwiedergabe und deren Beseitigung

Einige der bei der Bildaufnahme beobachteten Fehler sind auch bei der Bildwiedergabe auf dem Monitor zu bemerken. Bedingt durch die physikalischen Grenzen der Ablenkeinheiten bei Kathodenstrahlröhren entstehen zum Bildrand hin Verzerrungen, die durch Vergleich mit verschiedenen Testbildern ermittelt und mit Hilfe entsprechender Schaltungen zum Teil kompensiert werden können.

Auch die falsche Wiedergabe von Farben (mangelnde Farbtreue) ist häufig anzutreffen. Durch unterschiedliche Gewichtung der einzelnen Farbkomponenten oder über Farbtabellen (Look-Up-Tabellen, LUT) sind diese Fehler korrigierbar. Jedoch spielt der subjektive Eindruck des einzelnen Betrachters hier eine große Rolle.

5.5.1 Helligskeitsfehler - Die Gamma-Korrektur

Wie schon in Abschnitt 5.1 beschrieben, ist die ausgesendete Lichtmenge bei Kathodenstrahlröhren zwar proportional jedoch nicht linear zur Intensität des Elektronenstrahls. Mit den normalerweise am Bildschirm angebrachten Reglern für Helligkeit (Faktor α) und Kontrast (Faktor γ) kann die Intensität in Abhängigkeit der Spannung V (normalisiert auf den Bereich 0-1) des Elektronenstrahls in gewissen Grenzen geregelt werden [Bli89a].

$$\text{Intensität} = \alpha V^{\gamma}$$

Es ist weiterhin zu berücksichtigen, daß der menschliche Gesichtssinn relative und nicht absolute Helligkeiten bewertet (siehe Kapitel 3). Die

5. Geräte zur Bildwiedergabe

subjektive Helligkeitsfunktion hat einen logarithmischen Verlauf. Deshalb müssen die Grauwerte bzw. Farbwerte zwischen Schwarz und Weiß logarithmisch gestuft sein. Bei der Darstellung auf dem Sichtgerät müssen zusätzlich die Nichtlinearitäten des eingesetzten Leuchtstoffs kompensiert werden. In vielen Systemen werden beide Effekte mit der sogenannten *Gamma-Korrektur* (γ-Korrektur) weitgehend beseitigt. Dazu wird in Meßreihen die Kennlinie des Leuchtstoffs bestimmt und bei der Darstellung von Objekten über eine Grau-/Farbwerttafel (*Look-Up-Table, LUT*) kompensiert. Die Nichtlinearität des Monitors wird in der Größe γ angegeben. Der Wert liegt im allgemeinen im Bereich von 2.0 bis 3.0. Die LUT berechnet sich nach der Formel (Intensität und LUT normiert auf den Bereich 0-255):

$$\text{LUT-Eintrag} = \text{INT}(((\text{Intensität}/255.0)^{1.0/\gamma}) * 255.0 + 0.5)$$

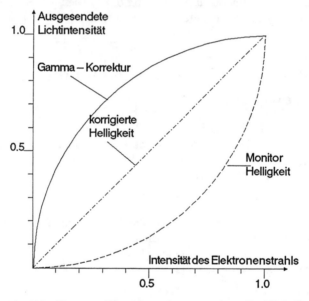

Abbildung 5.7: Die Gamma-Korrektur kompensiert die Nichtlinearität des eingesetzten Leuchtstoffs. Geringere Intensitäten werden daher stärker angehoben, was insgesamt zu einem Verlust von darstellbaren Intensitätsstufen führen kann.

Nach erfolgter Gamma-Korrektur mit dem richtigen Faktor γ wirken die betrachteten Bilder in ihrer Helligkeit und im Kontrast natürlicher. Jedoch sollte man beachten, daß nach dieser LUT-Transformation Graustufen verlorengegangen sind! Es sind weniger unterschiedliche Grautöne vorhanden, Schwarz wird aber noch auf Schwarz, Weiß auf Weiß abgebildet.

(Anmerkung: Das nachfolgende kleine Programm soll zur Einführung dienen. Der Aufbau entspricht dem in den später verwendeten Programmen. Den Prozeduren und Funktionen wird dabei die Nummer des Originalbildes BildNr und ggf. des Zielbildes übergeben. Die einzelnen Bilder sind in der Struktur Picture[BildNr] abgelegt. Diese ist im Anhang B ausführlich beschrieben. Die Prozeduren ClearTextWindow und WriteText dienen zum Löschen eines Bildschirmbereiches bzw. zur Ausgabe eines Textes an einer gewünschten Stelle. Über die Funktion Read_Float kann fehlertolerant eine Gleitkommazahl mit der Vorgabe eines Default-Wertes eingelesen werden.)

```
void Gamma_Korrektur(int BildNr)
/* BildNr  = Nummer des zu bearbeitenden Bildes              */
{
  int z,s;                /* Laufvariablen fuer Zeilen/Spalten */
  Grauwert[MAX_COLOR];    /* LUT fuer die Gamma-Korrektur      */
  float Gamma;            /* Einzulesender Gamma-Wert          */


  ClearTextWindow(35,18,80,25);
  WriteText(35,18,"* Gamma-Korrektur *");


  /* Gamma-Wert einlesen und Wert 2.3 als Default-Wert vorgeben  */
  Gamma=Read_Float("Welchen Wert fuer Gamma", 2.3, ':');


  /* Neue, geaenderte LUT ueber die Gamma-Korrektur berechnen   */
  for (i=0; i<MAX_COLOR; i++)
      Grauwert[i] = int( pow(double(i), double (1.0/Gamma) );


  /* Grauwerte transformieren und im Ausgangsbild speichern     */
  for (z=0; z<Picture[BildNr].Zeilen; z++)
      for (s=0; s<Picture[BildNr].Spalten; s++)
          Picture[BildNr].Bild[z][s] =
                      Grauwert[ Picture[BildNr].Bild[z][s] ];
}
```

5.5.2 Alias-Effekte

Die bei der Bildaufnahme erwähnten *Alias-Effekte* sind bei der Bildwiedergabe auf Rastergeräten ebenfalls zu beobachten. Der Begriff "Alias" stammt aus der Signaltheorie. Um eine Funktion fehlerfrei aus den abgetasteten Werten zurückgewinnen zu können, muß die Abtastfrequenz (*Nyquist-Frequenz*) mindestens doppelt so groß wie die höchste in der Funktion enthaltene Frequenz sein (Abtasttheorem von Shannon [Jer77]). Ansonsten überlappen sich die Spektren im Frequenzbereich (siehe Kapitel 8), das Bild wird unterabgetastet und es treten Alias-Effekte auf. Die Abtastung eines hochfrequenten Signals kann dann die gleichen Werte wie die eines niederfrequenten Signals liefern. Man sagt dann, daß das niederfrequente Signal ein *Alias* des hochfrequenten Signals ist [Bli89b], [Bli89c]. Solche Phänomene können immer dann auftreten, wenn analoge Daten digitalisiert werden.

5. Geräte zur Bildwiedergabe

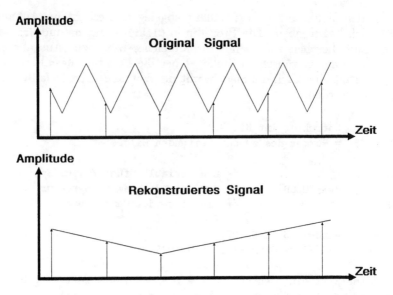

Abbildung 5.8: Wird ein Signal nicht mit genügend hoher Frequenz (Abtastrate) abgetastet, so können die Meßwerte dieselben sein wie bei der Abtastung eines niederfrequenten Signals. Ein "Alias" entsteht.

Eine Darstellung eines Objektes auf dem Rasterbildschirm, bei dem sich die Intensität entlang einer Linie plötzlich ändert, ist somit nicht fehlerfrei möglich. Diese plötzliche Änderung entspricht einer unendlich hohen Frequenz im Frequenzbereich (siehe Kapitel 8). Läßt sich die Bildschirmauflösung nicht erhöhen (entspricht der Erhöhung der Abtastfrequenz), so können durch Mittelung der Helligkeits-/Farbwerte über Nachbarbereiche bei Kanten diese störenden Effekte für den Betrachter etwas gemindert werden (*Anti-Aliasing*).

Je nach Art des Alias-Effektes unterscheidet man zwischen *Stairstepping* (stufenförmige Intensitätsänderungen entlang einer Linie, "Treppenstufen"), *Linebreakup* (Unterbrechungen entlang von Linien), *Crawling* (Erscheinen/Nicht-Erscheinen von dünnen Linien) und *Scintillation* (Größenveränderung bei der Bewegung von Objekten).

Möglichkeiten, diese störenden räumlichen Alias-Effekte zu beseitigen, bestehen in

- Erhöhung der Abtastrate,

- Präfilterung,

- Postfilterung.

Eine Erhöhung der Abtastrate ist in der Praxis aus technischen Gründen meist nicht möglich. Eine Präfilterung scheidet wegen des frühen Informationsverlustes (Filterung) und fehlender Kenntnis über die Geometrie der Szene aus. Daher wird in der Regel eine Postfilterung verwendet.

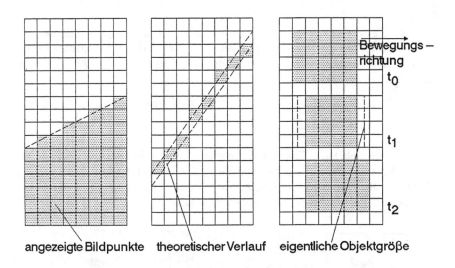

Abbildung 5.9: Beispiele für Alias-Effekte. Links: Bei schräg verlaufenden Linien entstehen aufgrund des diskreten Rasters Abstufungen (Stairstepping); Mitte: Wird ein Pixel nicht genügend durch eine Linie überdeckt, so können Lücken entstehen (Linebreakup); Rechts: Bei der Bewegung von Objekten kann durch die unterschiedliche Bedeckung der Pixel der Eindruck einer Größenveränderung entstehen (Scintillation). Durch entsprechende Filterungen können diese Effekte vermindert werden.

Eine Filterung bedeutet in dem Zusammenhang (vergleiche Kapitel 8 und Kapitel 10) eine Interpolation zwischen den diskreten Abtastwerten des Bildes. Die einfachste Lösung wäre dabei die Mittelung in einem Rechteckbereich (Box-Filter). Wie aber in Kapitel 8 deutlich wird, werden hierbei immer noch die hohen Frequenzen, teilweise etwas abgeschwächt, durchgelassen. Günstiger ist eine gewichtete Mittelung mit einem Filter in der Form einer Gaußkurve und ideal ein Filter in Form der *sinc*-Funktion:

$$sinc(x) = \frac{sin(\pi x)}{\pi x}$$

Leider ist diese Filterfunktion unendlich weit. Eine räumliche Begrenzung führt wieder zu Fehlern und somit zu Alias-Effekten. Bei dieser Art von Filterung können auch negative Helligkeitswerte berechnet werden. Eine Begrenzung auf Null führt dann unter Umständen ebenfalls zu sichtbaren Fehlern. Bei Filterfunktionen, die über die Größe eines Bildpunktes

5. Geräte zur Bildwiedergabe

hinausgehen, muß das Originalbild über die eigentliche Größe hinaus erweitert werden. Die außerhalb des Originalbildes verwendeten Werte führen in jedem Fall ebenfalls zu mehr oder minder deutlichen Fehlern [Bli89b].

Zur einfachen und schnellen Filterung wird daher in der Praxis mit einer theoretisch erhöhten Auflösung in Form von Subpixel-Bedeckungsmasken (meist 2×2, ..., 8×8) gerechnet. Über diese Bedeckungsmasken kann die Fläche, die ein Objekt einen Bildpunkt überdeckt, approximiert werden [RW89]. Ein Subpixel wird als komplett bedeckt angesehen, falls der Subpixel-Mittelpunkt bedeckt ist. Der Intensitätswert des Bildpunktes berechnet sich dann aus der Berücksichtigung aller den Bildpunkt sichtbar überdeckenden Objektteile.

$$I'_{Pixel} = \sum_{i=1}^{AnzahlObjekte} A_i I_i + (1 - \sum_{i=1}^{AnzahlObjekte} A_i I_i) I_{Pixel}$$

wobei A_i die sichtbare Fläche ist, die das Objekt i den gerade betrachteten Bildpunkt bedeckt, I_i die Intensität bzw. Farbe des Objekts i und I_{Pixel} die Intensität des Bildpunktes (Hintergrund) sind. Der zweite Teil der Formel stellt somit die Fläche des Hintergrundes dar.

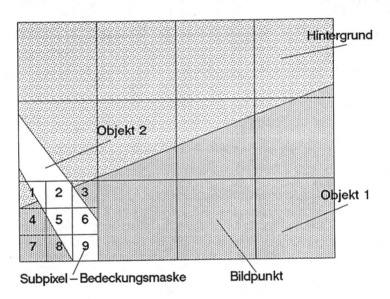

Abbildung 5.10: Die Gesamtintensität des Bildpunktes wird aus der Intensität der einzelnen Objekte, die diesen Bildpunkt teilweise überdecken, gewichtet mit der Überdeckungsfläche berechnet. Der Hintergrund zählt dabei auch dazu. Die einzelnen Flächen werden durch die Subpixel-Bedeckungsmaske approximiert.

Einen weiteren Ansatz zur Verminderung von Alias-Fehlern bieten auch die stochastischen Abtastverfahren, bei denen die Abtastpunkte nicht äquidistant, sondern stochastisch verteilt sind [Coo86]. Der Vorteil, ein vermindertes Aliasing im diskreten Bild zu haben, wird hier durch Rauschen, bedingt durch die zufällige Abtastung, im abgetasteten Bild erkauft, was der Betrachter aber als angenehmer empfindet, ebenso wie die Unschärfe, die durch die Filterung mit den Subpixel-Bedeckungsmasken entsteht.

Aufgaben

Aufgabe 1

Wie lange darf die Persistenz bei einem Monitor mit einer Bildwiederholfrequenz von 70 Hz maximal sein, damit das vorherige Bild nicht mehr erkennbar ist?

Aufgabe 2

Ein schwarzweiß-Monitor hat bei einer Auflösung von $4\,096 \times 3\,300$ Pixel eine Bildwiederholfrequenz von 25 Hz. Wie groß ist die Bandbreite des Systems? Wie lang darf das Auslesen eines Bildpunktes aus dem Bildschirmspeicher maximal dauern?

Aufgabe 3

Ein 14"-Monitor (Seitenverhältnis 4:3) hat einen Lochmaskenabstand (Dot-Pitch) von 0.28 mm. Welche Auflösung kann damit maximal sinnvoll dargestellt werden?

Aufgabe 4

Berechnen Sie die Gamma-korrigierte Grauwerttabelle (LUT) für den Faktor $\gamma = 2.4$. Wieviel unterschiedliche Graustufen kann das System nach der Korrektur noch darstellen?

Aufgabe 5

Im folgenden Bild ist eine Gerade dargestellt (Breite 1 Pixel), die auf einem Rasterbildschirm ausgegeben werden soll.

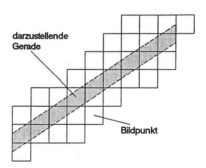

darzustellende Gerade

Bildpunkt

Von welchen Faktoren hängt der jeweilige Grauwert eines Bildpunktes ab? Geben Sie allgemein an, wie sich der Grauwert der einzelnen Bildpunkte berechnet, wenn man Alias-Effekte möglichst vermeiden will.

6. Digitale Halbtonverfahren

Unter *digitalen Halbtonverfahren* werden Algorithmen verstanden, die Graustufen von Grauwertbildern durch Variation von Punktgröße oder Punktdichte in Binärbildern (nur die zwei Graustufen schwarz und weiß) umwandeln. Dies macht Sinn, da die vom menschlichen Auge noch wahrnehmbaren hell/dunkel-Wechsel bei starkem Kontrast ca. 100 Übergänge pro Sehwinkelgrad [CM87] betragen. Wird dieser Wert überschritten, so verschwimmen die Übergänge und der Eindruck von Grautönen entsteht. Diese Eigenart des menschlichen Sehsystems wird bei den Halbtonverfahren verwendet, wie sie in Zeitungen, Zeitschriften, Büchern usw. zur Wiedergabe von Grauton- und Farbbildern zu finden sind.

Bei einer Auflösung von 300 Punkten/Inch (üblich bei Laserdruckern) ergibt sich damit als geeigneter Betrachtungsabstand die Entfernung von mindestens 48.5 cm. Ist der Betrachtungsabstand fest, so läßt sich die maximal sinnvolle Auflösung berechnen. Eine Steigerung der Auflösung bringt in diesen Fällen keine subjektive Bildverbesserung.

Analog wird bei Farbbildern versucht, die Anzahl von Farbtönen ohne allzugroßen Qualitätsverlust zu reduzieren. Durch geeignete Verfahren werden die am häufigsten im Bild vorkommenden Farben oder die zur Darstellung von Farbverläufen wichtigsten Farbtöne berechnet.

Insgesamt werden diese Verfahren bei der Ausgabe von Bildern auf Geräten mit niedrigerer Farb-/Grauwerttiefe angewandt, so zum Beispiel auf Monochrom-Monitoren, Druckern, aber auch zur Reduktion des Speicherbedarfs bei der Archivierung von Bildern. Alle hier im Buch abgedruckten Bilder sind mit solchen digitalen Halbtonverfahren aus Grauwertbildern erzeugt worden. Durch die Beschreibung der Halbtonverfahren wird die Aussagekraft der Abbildungen relativiert und einzelne Effekte werden besser verständlich.

6.1 Verfahren mit festem Schwellwert

Die einfachste Methode zur Überführung eines Grautonbildes in ein Halbtonbild (Binärbild) ist der bildpunktweise Vergleich mit einer konstanten Grauwertschwelle. Dieses einfache Verfahren kann man variieren, so daß als Ergebnis teilweise optisch schon recht ansprechende Bilder entstehen. Im folgenden wird o.B.d.A. davon ausgegangen, daß für den Grauwert I gilt:

$$0 \leq I \leq 255, \text{ mit } 0=\text{Schwarz und } 255=\text{Weiß};$$

dies gilt auch beim Binärbild.

6. Digitale Halbtonverfahren

6.1.1 Konstanter und angepaßter Schwellwert

Ist I_{max} der maximale im Bild vorkommende Grauwert, so gilt für die Grauwertschwelle T

$$T = I_{max}/2$$

Wird in dem Bild nicht der gesamte Helligkeitsbereich von 0 bis 255 ausgenutzt, so ist es günstiger, die Schwelle T an die aktuell im Bild verwendeten Helligkeitswerte anzupassen

$$T = (\max_{x,y}\{I(x,y)\} + \min_{x,y}\{I(x,y)\})/2$$

Diese Vorgehensweise liefert dasselbe Ergebnis wie eine Spreizung der im Originalbild verkommenden Grauwerte auf den ganzen zur Verfügung stehenden Grauwertbereich von 0 bis 255 (siehe Abschnitt 10.1). Hierbei wird wieder ausgenutzt, daß das menschliche Auge relative und nicht absolute Helligkeiten bewertet.

Nach Festlegung des Schwellwertes T berechnet sich das Binärbild $P(x,y)$ aus dem Grauwertbild $I(x,y)$ sehr einfach als

$$P(x,y) = \begin{cases} 255 & \text{falls } I(x,y) > T \\ 0 & \text{sonst.} \end{cases}$$

Das Ergebnis dieser denkbar einfachsten Methode ist aber in den meisten Fällen sehr unbefriedigend, wie man an der Abbildung 6.1 erkennen kann. Viele Details gehen verloren und ein Eindruck von Graustufen ist nicht gegeben. Dieses einfache Verfahren eignet sich daher nur für eine Wiedergabe von Bildern, die ohnehin schon einen starken Kontrast bzw. binären Charakter aufweisen (Texte, Strichzeichnungen usw.).

```
void Schwellwert(int BildNr)
{
    int z,s;                  /* Laufvariablen fuer Zeilen/Spalten */
    int Minimum, Maximum;     /* minimaler/maximaler Grauwert      */
    int Schwelle;             /* ermittelte Schwelle               */

    ClearTextWindow(35,18,80,25);
    WriteText(35,18,"* Schwellwertverfahren *");

    /* Zuerst minimaler und maximaler vorkommender Grauwert best. */
    Minimum=WEISS;
    Maximum=SCHWARZ;
    for (z=0; z<Picture[BildNr].Zeilen; z++)
        for (s=0; s<Picture[BildNr].Spalten; s++) {
            if (Picture[BildNr].Bild[z][s]<Minimum)
                Minimum=Picture[BildNr].Bild[z][s];
            else if (Picture[BildNr].Bild[z][s]>Minimum)
```

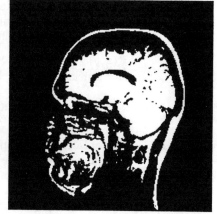

Abbildung 6.1: Bei dem einfachen Schwellwertverfahren wird jeder Bildpunkt mit einer festen Schwelle verglichen. Liegt der Grauwert unter der
Schwelle, erscheint der Bildpunkt schwarz, ansonsten weiß. Dieses Verfahren eignet sich nur bei Vorlagen mit starkem Kontrast.

```
            Maximum=Picture[BildNr].Bild[z][s];
    }


    /* Jetzt die angepasste Schwelle nach der Formel berechnen    */
    Schwelle = (Maximum + Minimum) / 2;

    /* die Berechnung des Binaerbildes erfolgt mit dieser Schwelle */
    for (z=0; z<Picture[BildNr].Zeilen; z++)
        for (s=0; s<Picture[BildNr].Spalten; s++) {
            Picture[BildNr].Bild[z][s] =
             (Picture[BildNr].Bild[z][s]<Schwelle) ? SCHWARZ : WEISS;
        }
}
```

6.1.2 Error-Diffusion

Durch das Setzen eines Bildpunktes auf schwarz oder weiß beim konstanten und festen Schwellwert wird pro Bildpunkt ein Fehler bezüglich des
Grauwertes gemacht. Berücksichtigt man bei der Erzeugung eines Binärbildes diesen Fehler $E(x,y) = I(x,y) - P(x,y)$ und verteilt ihn auf die Nachbarpunkte, so kann man diesen Fehler kompensieren. Derartige Verfahren werden als *Error-Diffusion* bezeichnet. Zuerst wird dazu der erste Bildpunkt
mit dem festen Schwellwert T verglichen. Danach wird der aufgetretene
Fehler (Grauwertdifferenz) berechnet und auf die Nachbarpunkte verteilt.

6. Digitale Halbtonverfahren

Diese Verteilung kann eine unterschiedliche Anzahl von Nachbarn betreffen [Stu81], [ES87].

Die Verteilung des Fehlers auf die m zu berücksichtigenden Nachbarn geschieht mit unterschiedlicher Gewichtung. Der neue Grauwert $I'_n(x,y)$ berechnet sich nach folgender Formel:

$$I'_n(x,y) = I_n(x,y) + \frac{\text{Gewicht von Nachbar } n}{\sum_{k=0}^{\text{alle zu berücksichtigende Nachbarn}} \text{Gewicht}(k) E(x,y)}$$

Für diese Formel und die nachfolgenden Ausführungen gilt:

n	n-ter Nachbarpunkt, auf den der Fehler verteilt wird
x	horizontaler Index (Spalte)
y	vertikaler Index (Zeile)
$I_n(x,y)$	Original-Grauwert des n-ten Nachbarn
$I'_n(x,y)$	neuer Grauwert des n-ten Nachbarn
$E(x,y)$	an der Stelle (x,y) gemachter Fehler
X	bereits bearbeiteter Punkt
P	aktueller Punkt

Die Error-Diffusion liefert optisch recht ansprechende Ergebnisse, jedoch treten häufig Schatten ("Geisterbilder", "Echos") von im Originalbild enthaltenen Strukturen auf. Diese "Geisterbilder" entstehen dadurch, daß über viele Punkte hinweg ein Fehler weitergereicht wird, bis man schließlich den Schwellwert T überschreitet. Dieser störende Effekt kann gemindert werden, wenn die Summe der Gewichte kleiner als 1 ist (z.B. 0.9).

Aufwendiger aber wirkungsvoller ist eine von Floyd [Knu87] vorgeschlagene Reskalierung des Originalbildes. Der neue Grauwert $I'(i,j)$ berechnet sich dabei aus dem ursprünglichen Grauwert $I(i,j)$ nach der Formel

$$I'(i,j) = 25 + INT(0.8\ I(i,j))$$

Wiederum wird dabei ausgenutzt, daß das menschliche Auge empfindlicher auf Kontraständerungen als auf Schwankungen im absoluten Grauwert reagiert.

Bei der Verteilung des gemachten Fehlers werden die horizontalen und vertikalen Nachbarn stärker berücksichtigt, um dort den Schwellwert schneller zu überschreiten und somit durchgehende orthogonale Strukturen zu vermeiden. Dadurch wird auch wieder eine der Eigenschaften des menschlichen Sehsystems berücksichtigt, horizontale und vertikale Strukturen zu bevorzugen, diagonale Verläufe dagegen mit einer um ca. 10% verminderten Intensität wahrzunehmen. Es erfolgt also keine gleichmäßige Verteilung des Fehlers auf die Nachbarn oder eine in Abhängigkeit des Abstandes zu dem gerade betrachteten Punkt.

Die Verteilung auf 4 Nachbarn erfolgt z.B. nach der vorgeschlagenen Gewichtung von Floyd und Steinberg [ES87]:

X	P	7
3	5	1

1/16   Error-Diffusion – 4 Nachbarn

```
void Error_Diff(int BildNr)
{
    int z,s;                    /* Laufvariablen fuer Zeilen/Spalten */
    int Grauwert;               /* Hilfsvariable fuer die Error-Diff. */
    float Error;                /* gemachter Fehler bei der Error-D.  */
    int Schwelle;               /* Verwendete Schwelle                */

    ClearTextWindow(35,18,80,25);
    WriteText(35,18,"* Error-Diffusion *");

    /* Initalisierung der Schwelle. Ggf. angepasster Schwellwert    */
    Schwelle=GRAU;

    /* Error-Diffusion ueber das ganze Bild durchfuehren            */
    for (z=0; z<Picture[BildNr].Zeilen; z++)
        for (s=0; s<Picture[BildNr].Spalten; s++) {
            Grauwert =
                (Picture[BildNr].Bild[z][s]<Schwelle) ? SCHWARZ:WEISS;
            /* Fehler berechnen                                     */
            Error = Picture[BildNr].Bild[z][s] - Grauwert;
            /* aktuellen Bildpunkt auf den Binaer-Wert setzen       */
            Picture[BildNr].Bild[z][s]=Grauwert;

            /* Fehler jetzt gewichtet auf die 4 Nachbarn verteilen */
            if ((s+1) < Picture[BildNr].Spalten) {/* Rand beachten */
                Picture[BildNr].Bild[z][s+1] += Error * 7.0/16.0;
                if ((z+1) < Picture[BildNr].Zeilen) /* Rand beachten */
                    Picture[BildNr].Bild[z+1][s+1] += Error * 1.0/16.0;
            }
            if ((z+1) < Picture[BildNr].Zeilen) {
                Picture[BildNr].Bild[z+1][s] += Error * 5.0/16.0;
                if (0 < s)
                    Picture[BildNr].Bild[z+1][s-1] += Error * 3.0/16.0;
            }
            /* Anmerkung: Falls die Bilder vom Typ "unsigned char" */
            /*            sind, kann die Berechnung so nicht erfol-*/
            /*            gen. Bei der Fehlerverteilung entstehen   */
            /*            Werte ausserhalb des Wertebereiches.      */
            /*            Die Fehlerverteilung muss dann in einem   */
            /*            zweizeiligen Hilfsarray vom Typ "int"     */
            /*            durchgefuehrt werden!                     */
        }
}
```

Zur leichteren Berechnung wurden die unterschiedlichen Gewichte als Zweierpotenzen realisiert [Stu81]. Man erhält dann folgende Verteilung auf 6 Nachbarn:

6. Digitale Halbtonverfahren

X	P	8	2
2	8	2	
	2		

1/24   Error-Diffusion – 6 Nachbarn

Abbildung 6.2: Error-Diffusion mit 4 Nachbarn (links) und mit 12 Nachbarn (rechts). Bei der Verteilung des Fehlers auf noch mehr Nachbarpunkte treten weniger störende Texturen bei Gebieten mit kontinuierlicher Grauwertänderung ("Graukeil") oder konstantem Grauwert ("Himmel") auf.

Werden 12 Nachbarn berücksichtigt, auf die der Fehler verteilt wird, erhöht sich zwar der Rechenaufwand, dafür verschwinden die störenden Texturen fast vollständig, wie Abbildung 6.2 zeigt. Die Verteilung erfolgt nach:

X	X	P	8	4
2	4	8	4	2
1	2	4	2	1

1/42   Error-Diffusion – 12 Nachbarn

Eine Verteilung auf noch mehr Nachbarn bringt optisch keine Verbesserung mehr [Stu81].

6.2 Verfahren mit variablem Schwellwert

Bei Verfahren mit variablem Schwellwert T (*Dither-Verfahren*) wird T von Bildpunkt zu Bildpunkt geändert. Es existieren hier verschiedene Varianten, die sich darin unterscheiden, wie der Schwellwert pro Bildpunkt berechnet wird.

Eine denkbare Möglichkeit besteht darin, den Schwellwert T pro Bildpunkt mit einem Zufallszahlengenerator zu erzeugen. Solche Bilder beinhalten aber sehr viel Rauschen. Die Detailauflösung ist ebenfalls gering. Aus diesem Grunde werden feste Matrizen mit Schwellwerten verwendet. Durch den speziellen Aufbau dieser Matrizen läßt sich die räumliche Auflösung u.ä. beeinflussen.

6.2.1 Ordered-Dither

Beim *Ordered-Dither* handelt es sich bei T nicht mehr um einen einzelnen Zahlenwert sondern um eine Matrix $T(i,j)$. Der Schwellwert für jeden Bildpunkt wird dann durch den Wert an der korrespondierenden Stelle in der Matrix $T(i,j)$ bestimmt [ES87].

Der Grauwert $I(x,y)$ wird mit dem Schwellwert $T(i,j)$ verglichen, wobei

$$i = x \bmod N$$
$$j = y \bmod N$$

ist und die Dithermatrix $T(i,j)$ die Größe $N \times N$ besitzt. Die in dieser Dithermatrix vorkommenden Schwellwerte sind die Zahlen von 0 bis $N^2 - 1$. Diese Werte müssen dann noch an die aktuelle Grauwertskala angepaßt werden (z.B. bei einer 8×8-Matrix mit 64 Werten und 256 Graustufen müssen die Einträge mit 4 multipliziert werden).

In den Dithermatrizen müssen die Elemente so angeordnet werden, daß störende Texturen weitgehend vermieden werden. Ein gutes Schema zur rekursiven Erzeugung solcher Matrizen wurde von Bayer vorgeschlagen [ES87].

$$T_{2N}(i,j) = \begin{bmatrix} 4T_N & 4T_N + 2U_N \\ 4T_N + 3U_N & 4T_N + U_N \end{bmatrix}$$

Mit dieser Formel lassen sich Matrizen der Größe 2, 4 ,8, ... erzeugen. Dabei ist U_N eine $N \times N$-Matrix, deren Elemente alle 1 sind. Für $N = 2$ hat die resultierende Matrix folgende Gestalt:

$$T_4(i,j) = \begin{bmatrix} 0 & 8 & 2 & 10 \\ 12 & 4 & 14 & 6 \\ 3 & 11 & 1 & 9 \\ 15 & 7 & 13 & 5 \end{bmatrix}$$

Eine 8×8 Dithermatrix mit optimiertem Aufbau bezüglich der räumlichen Auflösung (abwechselnd große und kleine Zahlenwerte in der Matrix) ist in [Stu81] vorgestellt worden und hat folgende Gestalt:

$$T(i,j) = \begin{bmatrix} 22 & 6 & 18 & 2 & 21 & 5 & 17 & 1 \\ 14 & 30 & 10 & 26 & 13 & 29 & 9 & 25 \\ 20 & 4 & 24 & 8 & 19 & 3 & 23 & 7 \\ 12 & 28 & 16 & 32 & 11 & 27 & 15 & 31 \\ 21 & 5 & 17 & 1 & 22 & 6 & 18 & 2 \\ 13 & 29 & 9 & 25 & 14 & 30 & 10 & 26 \\ 19 & 3 & 23 & 7 & 20 & 4 & 24 & 8 \\ 11 & 27 & 15 & 31 & 12 & 28 & 16 & 32 \end{bmatrix}$$

6. Digitale Halbtonverfahren

Um Details besser hervorzuheben, empfiehlt sich in vielen Fällen eine Kantenverstärkung (siehe Abschnitt 10.8). Der Kontrast wird bei möglichen Kanten erhöht, was eine Erhöhung der Detailauflösung durch das Auge mit sich bringt [CM87]. Eine zu starke Betonung von Kanten kann aber zu störendem Rauschen im Bild führen. Für die Kantenverstärkung kann prinzipiell jeder Kantenfilter (siehe Abschnitt 10.8 und Kapitel 11) eingesetzt werden.

Bedingt durch die Punktform und die Anforderung, auch komplett schwarze Flächen beim Ausdruck erzeugen zu müssen, überlappen sich bei der Ausgabe auf einem Drucker die einzelnen Punkte leider etwas. Diese Überlappung führt dazu, daß der Schwärzungsgrad nicht konstant mit zunehmender Helligkeit abnimmt. Die auf solchen Geräten ausgegebenen Bilder wirken daher dunkler.

Die obige 8×8 Dithermatrix berücksichtigt die Überlappung von nebeneinanderliegenden Punkten nicht. Beachtet man diese Überlappungen und versucht, die Reihenfolge der Schwellen in kleinen Gruppen anzuordnen, so hat die diesbezüglich optimierte Matrix folgende Gestalt [Stu81]:

$$T(i,j) = \begin{bmatrix} 19 & 25 & 23 & 17 & 14 & 8 & 10 & 16 \\ 21 & 31 & 29 & 27 & 12 & 2 & 4 & 6 \\ 28 & 30 & 32 & 22 & 5 & 3 & 1 & 11 \\ 18 & 24 & 26 & 20 & 15 & 9 & 7 & 13 \\ 14 & 8 & 10 & 16 & 19 & 25 & 23 & 17 \\ 12 & 2 & 4 & 6 & 21 & 31 & 29 & 27 \\ 5 & 3 & 1 & 11 & 28 & 30 & 32 & 22 \\ 15 & 9 & 7 & 13 & 18 & 24 & 26 & 20 \end{bmatrix}$$

Die Reihenfolge der einzelnen Schwellen und die der Gruppen ist auch hier wieder in einer diagonalen Struktur angeordnet, um den Eigenschaften des menschlichen Sehsystems Rechnung zu tragen.

```
void Ordered_Dither(int BildNr)
{
  int z,s;                 /* Laufvariablen fuer Zeilen/Spalten  */
  int Matrix_Groesse;      /* Groesse der Dither-Matrix          */
  int Klasse;              /* Hilfsvariablen fuer die Klassen     */
  /* 8x8-Matrix - Optimiert bezueglich der Aufloesung. Diese     */
  /* Matrix ist eine Alternative zu der im Text vorgestellten.   */
  unsigned char Muster[8][8]={ {  0, 32,  8, 40,  2, 43, 10, 42},
                               { 48, 16, 56, 24, 50, 18, 58, 26},
                               { 12, 44,  4, 36, 14, 46,  6, 38},
                               { 60, 28, 52, 20, 62, 30, 54, 22},
                               {  3, 35, 11, 43,  1, 33,  9, 41},
                               { 51, 19, 59, 27, 49, 17, 57, 25},
                               { 15, 47,  7, 39, 13, 45,  5, 37},
                               { 63, 31, 55, 23, 61, 29, 53, 21} };
```

Abbildung 6.3: Beispiel für das Ergebnis des Ordered-Dither Verfahrens mit der grauwertoptimierten zweiten 8×8 Dithermatrix. Deutlich ist der Verlust an Detailauflösung zu erkennen.

```
ClearTextWindow(35,18,80,25);
WriteText(35,18,"* Ordered-Dither *");

/* Initialisierung der Variablen. Anpassung an Grauwertbereich */
Matrix_Groesse = 8;
for (z=0; z<M_Groesse; z++)
    for (s=0; s<M_Groesse; s++)
        Muster[z][s] *= 4;

/* Den Ordered-Dither-Vorgang mit Vergleich der Klassen starten*/
for (z=0; z<Picture[BildNr].Zeilen; z++)
    for (s=0; s<Picture[BildNr].Spalten; s++) {
        /* Berechnung der Klasse durch Modulo-Rechnung        */
        Klasse = Muster[z % Matrix_Groesse][s % Matrix_Groesse];
        Picture[BildNr].Bild[z][s] =
            (Picture[BildNr].Bild[z][s]>Klasse) ? WEISS:SCHWARZ;
    }
}
```

6.2.2 Lokaler Schwellwert

In [JR76] wurde ein Verfahren vorgestellt, das den aktuellen Schwell-

6. Digitale Halbtonverfahren

wert für jeden Bildpunkt in Abhängigkeit der Grauwerte der 8 Nachbarn berechnet.

$$T = \gamma + \overline{I(i,j)} * (1 - \frac{2\gamma}{I_{max}})$$

wobei gilt

T	Schwellwert
γ	Konstante
$\overline{I(i,j)}$	Mittlerer Grauwert im 3×3-Feld
I_{max}	Maximaler im Bild vorkommender Grauwert

Der Faktor γ bestimmt das Rauschen und den Kontrast. Bei $\gamma = 0$ wirkt das Ergebnis stark verrauscht. Für $\gamma = I_{max}/2$ erhält man das normale Schwellwertverfahren. Versuche haben gezeigt, daß Werte zwischen 4 und 6 für γ die besten Ergebnisse liefern. Kleinere Werte verrauschen das Bild stärker, größere liefern zwar ein kontrastreicheres Bild, Details gehen aber verloren.

6.3 Grautonmuster

Werden Ausgabegeräte verwendet, bei denen die Punktauflösung wesentlich besser ist als die des menschlichen Auges, können die Graustufen durch unterschiedliche Punktgrößen realisiert werden. Unter anderem beim Zeitungsdruck wird dieses Verfahren verwendet. Die Auflösung beträgt dort etwa 60-80 Punkte/Inch. Für Zeitschriften und Bücher werden bis zu 150 Punkte/Inch verwendet, bei Fotosatzqualität erreicht man durchaus Auflösungen bis zu 2 400 Punkte/Inch.

Bei den üblicherweise zur Verfügung stehenden Druckern und Sichtgeräten ist die Punktgröße innerhalb einer gewissen Toleranz konstant [Stu81]. Man muß dort daher die Größenvariationen durch eine unterschiedliche Anzahl und Dichte von Punkten simulieren [FvD84]. Ein Feld von $N \times N$ Punkten bildet dann den neuen, in der Größe veränderbaren "Bildpunkt". Abbildung 6.4 und 6.5 zeigen solche *Grautonmuster* mit 5 bzw. 10 Grauwerten.

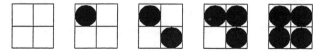

Abbildung 6.4: Zur Simulation von 5 Graustufen ist eine 2×2-Matrix je Bildpunkt notwendig. Zur Vermeidung von Artefakten werden die diagonalen Strukturen auch hier bevorzugt.

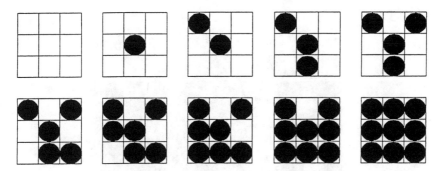

Abbildung 6.5: Die spezielle Anordnung der einzelnen Punkte verhindert bei diesem Grautonmuster mit 10 Graustufen ebenfalls unerwünschte Strukturen im Ausgabebild.

Denkbar sind noch andere Verteilungen der einzelnen Punkte in einem solchen $N \times N$-Feld, jedoch sollten die Punkte immer ein zusammenhängendes Gebiet darstellen, um die Punktgrößenmodulation zu simulieren und dabei keine Richtung besonders zu bevorzugen. Mit einem $N \times N$-Feld können $N^2 + 1$ Graustufen repräsentiert werden. Durch die regelmäßigen Muster entstehen aber im Bild unerwünschte Strukturen. Diese kann man zu Lasten der Ortsauflösung durch Grautonmuster mit mehr Graustufen etwas mindern. Es bleibt dabei immer der Zwiespalt zwischen wachsender Anzahl darstellbarer Graustufen und Verlust an räumlicher Auflösung. Die Qualität der variablen Punktgrößenmodulation wird mit diesen Methoden nicht erreicht.

```
void Grauton_Muster(int BildNr)
{
    int z,s;                 /* Laufvariablen fuer Zeilen/Spalten    */
    int i,j;                 /* Indexvariablen fuer Grauton-Muster   */
    unsigned char Grauwert;  /* Pixel-Grauwert                       */
    int GrautonMuster;       /* zur Graustufe zugehoeriges Muster    */
    unsigned char OutputPic[3*ZEILEN][3*SPALTEN]; /* Ausgabebild     */
    /* 3x3-Matrix fuer die Grauton-Muster der 10 Graustufen.         */
    /* Matrix ist eine Alternative zu der im Text vorgestellten.     */
    unsigned char Muster[10][3][3]={ { {SCHWARZ,SCHWARZ,SCHWARZ},
                                       {SCHWARZ,SCHWARZ,SCHWARZ},
                                       {SCHWARZ,SCHWARZ,SCHWARZ}, },
                                     { {SCHWARZ,SCHWARZ,SCHWARZ},
                                       {SCHWARZ,WEISS  ,SCHWARZ},
                                       {SCHWARZ,SCHWARZ,SCHWARZ}, },

                                       ...
                                     { {WEISS  ,SCHWARZ,WEISS  },
                                       {WEISS  ,WEISS  ,WEISS  },
                                       {WEISS  ,WEISS  ,WEISS  }, },
```

6. Digitale Halbtonverfahren

Abbildung 6.6: Dieses Binärbild wurde mit einem Grautonmuster mit 10 Stufen erzeugt. Die Abstufung ist deutlich im Graukeil zu erkennen.

```
                                     { {WEISS  ,WEISS  ,WEISS  },
                                       {WEISS  ,WEISS  ,WEISS  },
                                       {WEISS  ,WEISS  ,WEISS  } } }

ClearTextWindow(35,18,80,25);
WriteText(35,18,"* Grauton-Muster *");

for (z=0; z<Picture[BildNr].Zeilen; z++)
    for (s=0; s<Picture[BildNr].Spalten; s++) {
        Grauwert = Picture[BildNr].Bild[z][s];
        /* Index des zugehoerigen Musters ermitteln           */
        GrautonMuster = (int)( (float)Grauwert / 25.5 );

        /* Nun Muster in 3x so grosses Ausgabebild uebertragen */
        for (i=0; i<3; i++)
            for (j=0; j<3; j++)
                OutputPic[3*z+i][3*s+j] =
                                      Muster[GrautonMuster][i][j];
    }
/* Ergebnisbild nun nach Belieben anzeigen, ausdrucken usw. ...*/
}
```

6.4 Kombinierte Verfahren

Neben der Möglichkeit, die einzelnen Halbtonverfahren mit den unterschiedlichen Vorverarbeitungsschritten zu kombinieren, ist es auch möglich, die Halbtonalgorithmen an sich zu kombinieren. Es ist z.B. denkbar eine Error-Diffusion nicht mit zwei Stufen (schwarz oder weiß), sondern mit fünf Stufen anzuwenden. Diese fünf Graustufen kann man dann mit Grautonmuster in einem 2×2-Feld repräsentieren.

Abbildung 6.7: Dieses Bild wurde mit Error-Diffusion auf 4 Nachbarn unter Berücksichtigung von 10 Graustufen erzeugt. Die 10 Graustufen sind danach über Grautonmuster erzeugt und gedruckt worden.

6.5 Dot-Diffusion

Das Verfahren des Ordered-Dither läßt sich leicht implementieren und erzeugt auch keine Schattenbilder, jedoch werden die Bilder vergröbert. Strukturen, die kleiner als N sind (bei einer $N \times N$-Dithermatrix) können ganz verschwinden. Die Detailauflösung nimmt ab. Error-Diffusion liefert zwar optisch relativ gute Bilder, hat aber dafür den Nachteil der "Geisterbilder". Man hat daher versucht, die Vorteile dieser beiden Verfahren in der *Dot-Diffusion* zusammenzufassen [Knu87].

Bei der Dot-Diffusion wird – wie beim Ordered-Dither – eine $N \times N$-Matrix $C(i,j)$ mit Zahlen von 0 bis N^2-1 verwendet (üblicherweise $N = 8$). Über die (x,y)-Koordinaten eines jeden Bildpunktes werden wieder gemäß

$$i = x \bmod N$$
$$j = y \bmod N$$

Indizes für die Matrix $C(i,j)$ berechnet. Jeder Bildpunkt erhält somit zu seinem Grauwert über diese Matrix noch einen neuen Zahlwert, der seine Klasse repräsentiert. Dadurch werden die Punkte des Originalbildes in N^2 Klassen eingeteilt. Das Bild wird jetzt nicht mehr – wie bei den bisherigen Verfahren zeilenweise, von links nach rechts – abgearbeitet, sondern die Reihenfolge wird durch die Klassenzugehörigkeit, beginnend mit Klasse 0, festgelegt. Die Reihenfolge, in der die Punkte derselben Klasse behandelt werden, spielt keine Rolle. Analog zur Error-Diffusion wird jetzt anhand eines konstanten Schwellwertes T entschieden, ob ein Punkt auf schwarz oder auf weiß gesetzt werden soll. Der hierbei auftretende Fehler wird nun auf jene Nachbarn des Punktes verteilt, die einer höheren Klasse angehören, also noch zu bearbeiten sind. Es ist wiederum vorteilhaft, die orthogonalen Nachbarn gegenüber den diagonalen zu bevorzugen.

Die Anforderungen an die Matrix bei der Dot-Diffusion unterscheiden sich grundsätzlich von denen beim Ordered-Dither. Die Zahlen sind in der Matrix so zu verteilen, daß möglichst wenig Matrixelemente ausschließlich Nachbarn haben, die einer niedrigeren Klasse angehören. Der Fehler solcher Matrixelemente kann in diesen Fällen nicht mehr weitergegeben werden. Den Aufbau einer Matrix, die nur ein derartiges Matrixelement, das letzte der Klasse enthält, lautet wie folgt [Knu87]:

$$C(i,j) = \begin{bmatrix} 25 & 21 & 13 & 39 & 47 & 57 & 53 & 45 \\ 48 & 32 & 29 & 43 & 55 & 63 & 61 & 56 \\ 40 & 30 & 35 & 51 & 59 & 62 & 60 & 52 \\ 36 & 14 & 22 & 26 & 46 & 54 & 58 & 44 \\ 16 & 6 & 10 & 18 & 38 & 42 & 50 & 24 \\ 8 & 0 & 2 & 7 & 15 & 31 & 34 & 20 \\ 4 & 1 & 3 & 11 & 23 & 33 & 28 & 12 \\ 17 & 9 & 5 & 19 & 27 & 49 & 41 & 37 \end{bmatrix}$$

6.6 Digitale Halbtonverfahren bei Farbbildern

Ebenso, wie Grauwertbilder in solche mit weniger Graustufen umgerechnet werden können, kann auch die Anzahl der Farben in Farbbildern zur Ausgabe oder Archivierung reduziert werden. Dies kann z.B. notwendig sein, um Echtfarbenbilder (8-Bit je Farbe; insgesamt $(2^8)^3 = 2^{24}$, also über 16 Millionen Farben) auf Geräten mit nur 256 möglichen Farben auszugeben.

Weiterhin besteht die Möglichkeit, die in den Bildern verwendeten Farben in Helligkeitswerte umzurechnen und die so erzeugten Grauwertbilder mit den vorher beschriebenen digitalen Halbtonverfahren in Binärbilder umzurechnen.

6.6.1 Ausgabe von Farbbildern als Binärbilder

Das menschliche Auge ist für die einzelnen Farben unterschiedlich empfindlich [FvD84], [ES87], d.h. bei energiegleicher Strahlung hat der Mensch
bei unterschiedlichen Wellenlängen des Lichtes ein unterschiedliches Helligkeitsempfinden. Man kann somit aus den Farben die Luminanz Y (Helligkeit) berechnen, was beim Farb- bzw. Schwarzweiß-Fernsehen ausgenutzt
wird. Die Luminanz enthält dann nur die schwarzweiß-Information bzw.
Helligkeit und berechnet sich pro Pixel als gewichtete Summe von:

$$Y = 0.3R + 0.59G + 0.11B$$

mit Y=Luminanz, R=Rot-Anteil, G=Grün-Anteil und B=Blau-Anteil.
Aus dieser Umrechnung resultiert ein Grauwertbild, das in etwa die subjektive Helligkeit des Farbbildes wiedergibt. Auf dieses können dann die
schon bekannten Algorithmen angewandt werden.

Eine andere Möglichkeit, RGB-Werte in Helligkeitswerte umzurechnen,
bietet das HLS-System (H=Farbton (hue), L=Helligkeit (lightness) und
S=Sättigung (saturation)) [FvD84], [ES87]. Hier wird die Helligkeit nach
der Formel

$$L = (\max(R, G, B) + \min(R, G, B))/2$$

berechnet. Da die einzelnen Farben als gleichmäßig gewichtet betrachtet
werden, bleibt der subjektive Helligkeitseindruck unberücksichtigt und die
Bilder wirken dunkler.

6.6.2 Farbdithering

Für die Reduktion der Farbanzahl müssen die wichtigsten Farben in
einem Bild berechnet werden. Was unter "wichtigsten" zu verstehen ist,
hängt von dem Einsatzgebiet und dem gewählten Algorithmus ab.

Stehen statt den 3×256 Farbintensitäten nur 256-Farbtabellen-Einträge
zur Verfügung, so können für eine einfache Umrechnung nur jeweils 6 unterschiedliche Helligkeiten je Farbe verwendet werden. Insgesamt ergeben
sich $6\times6\times6$=216 Farben mit 6 Graustufen. Bei der linearen Umrechnung
können jedoch Farben entstehen, die im Originalbild nicht vorkommen.
Kontinuierliche Farbübergänge bekommen sichtbare Abstufungen.

Besser ist die Verwendung einer Häufigkeitstabelle und der Aufbau der
Farbtabelle mit den 256 häufigsten im Bild vorkommenden Farben. Farben
für wichtige Details können aber dabei verloren gehen.

Eine weitere Verbesserung wird erreicht, wenn jeder Eintrag in der Farbtabelle in etwa die gleiche Anzahl von Bildpunkten im Originalbild repräsentiert. Dies erfolgt mit dem sogenannten *Median-Cut-Verfahren* [Hec82].
Der RGB-Würfel (mit den Achsen Rot, Grün und Blau) wird dabei nicht
gleichmäßig aufgeteilt, sondern es wird zuerst der kleinste Quader im RGB-
Raum bestimmt, der alle Farben des Originalbildes enthält. Dieser Quader wird an der größten Seite am Median in zwei neue Quader aufgesplit-
tet. Diese enthalten in etwa gleich viele Bildpunkte. Danach werden diese

Quader wieder aufgeteilt. Diese Aufteilung der Quader mit den meisten Bildpunkten am Median erfolgt solange, bis die Anzahl von 256 Quadern erreicht ist. Von jeder der 256 erzeugten Boxen wird der Schwerpunkt ermittelt, der dann die Farbe für diesen Quader in der Farbtabelle darstellt. Wie diese Beschreibung schon erkennen läßt, erfordert das Median-Cut-Verfahren einen großen Rechenaufwand. Das Ergebnis des *Farbditherings* ist aber auch das beste der hier vorgestellten Verfahren.

Aufgaben

Aufgabe 1

Gegeben sei folgender Ausschnitt eines Grauwertbildes (Grauwert als Zahlen von 0...255 wiedergegeben):

250	0	7	230	10	8	200	30	194
200	5	1	189	13	9	170	28	169
170	9	8	180	23	19	145	48	123
128	128	128	128	128	128	128	128	128

Bildausschnitt

1. Überführen Sie dieses Grauwertbild in ein Binärbild durch Verwendung eines einfachen Schwellwertverfahrens mit der Schwelle $T = 127$. Wie sieht der Ausschnitt danach aus?

2. Welches Ergebnis erhält man, wenn das Error-Diffusion-Verfahren mit der Verteilung des Fehlers auf 4 Nachbarn ($T=127$) auf den Ausschnitt angewandt wird?

X	P	7
3	5	1

Dithermatrix

3. Welche Vorkehrungen sind am Rand zu berücksichtigen?

4. Begründen Sie den Aufbau der Dithermatrix.

Aufgabe 2

Entwickeln Sie alternative Grautonmuster zur Simulation von 10 Graustufen. Beachten Sie dabei die Hinweise zur Vermeidung von unerwünschten Strukturen.

7. Bildrestaurierung

Unter *Bildrestaurierung* versteht man die Verbesserung von Bildsignalen im Sinne quantitativ definierter Kriterien (im Gegensatz zu den subjektiven Kriterien, die zum Teil schon angesprochen wurden und noch im Kapitel 10 angesprochen werden.).

Bei der Bildrestaurierung hat man a-priori-Wissen über die Art der Störungen. Quellen für solche Störungen sind z.B. die schon besprochenen Fehler bei der Aufnahme und Wiedergabe, aber auch Störungen durch andere, bekannte Signale. Diese Störungen werden, sofern möglich, separat gemessen. Dann versucht man, diese mathematisch zu beschreiben. Durch Anwendung der inversen Störfunktion wird danach angestrebt, das Originalbild ohne Fehler zurückzuerhalten. Lassen sich die Störungen nicht so einfach messen, so wird eine Funktion bestimmt, die den Fehler minimiert (im Sinne der kleinsten Fehlerquadrate). Diese Funktion wird dann zur Bildrestaurierung verwendet.

7.1 Beispiele für Störungen

Neben den schon erwähnten Fehlern bei der Bildaufnahme bzw. Bildwiedergabe können noch zusätzlich Störungen vorkommen, z.B. in Form von Verschmierung aufgrund von Bewegungen der Aufnahmegeräte bzw. der Objekte oder durch additive Signale, die Helligkeits- und Kontrastwerte ändern. Diese Störungen lassen sich in der Regel durch lineare, positionsinvariante Prozesse approximieren.

Anders ist es bei periodischen Störungen, wie z.B. Brummen, jedes n-te Pixel ist durch einen Fehler im CCD-Chip gestört, oder bei Störungen, wie sich örtlich verändernde Auflösungen, und Überlagerungen des Bildsignals mit signalabhängigen Störungen.

7.2 Signalmodell zur Bilddegradation

Der Störungsprozeß sei im folgenden durch den Operator H dargestellt, der zusammen mit einem additiven, unkorrelierten Rauschterm $\eta(x,y)$ auf dem ungestörten Eingangssignal $f(x,y)$ arbeitet und das gestörte (degradierte) Ausgangssignal $g(x,y)$ liefert.

$$g(x,y) = H\,f(x,y) + \eta(x,y)$$

Ist der Operator H positionsinvariant, so ist das Ergebnis an einem Punkt im Bild nur vom Eingangswert an dieser Stelle und nicht von der Position abhängig. Zur Vereinfachung wird oft $\eta(x,y) = 0$ gesetzt.

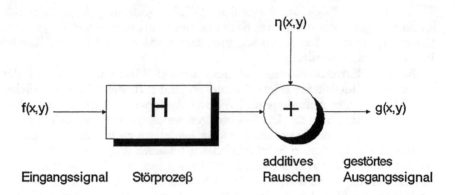

Abbildung 7.1: Ein Eingangssignal $f(x,y)$ wird durch einen positions-invarianten Störprozeß H verändert und additiv mit Rauschen $\eta(x,y)$ verse-hen. Daraus resultiert das gestörte Signal $g(x,y)$. Mittels einer entsprechen-den inversen Filterung soll dann ein möglichst "optimales" Eingangssignal $\hat{f}$ restauriert werden.

7.2.1 Kontinuierliche Funktion

Die Abtastung eines zweidimensionalen kontinuierlichen Signals soll mit Hilfe der zweidimensionalen Delta-Funktion $\delta(x,y)$ geschehen. Die Delta-Funktion ist wie folgt definiert (vergleiche Kapitel 8):

$$\delta(x,y) = \begin{cases} 1 & \text{für } x,y = 0 \\ 0 & \text{sonst} \end{cases}$$

Der Abstand der diskreten Abtaststellen wird durch α und β beschrieben.

$$\delta(x-\alpha,y-\beta) = \begin{cases} 1 & \text{für } x = \alpha, y = \beta \\ 0 & \text{sonst} \end{cases}$$

Für die Abtastung der kontinuierlichen Funktion ergibt sich damit

$$f(x,y) = \int_{-\infty}^{\infty} \int_{-\infty}^{\infty} f(\alpha,\beta)\delta(x-\alpha,y-\beta)d\alpha d\beta$$

und somit für das gestörte Ausgangssignal

$$g(x,y) = Hf(x,y) + \eta(x,y) = H \int_{-\infty}^{\infty} \int_{-\infty}^{\infty} f(\alpha,\beta)\delta(x-\alpha,y-\beta)d\alpha d\beta + \eta(x,y)$$

Da H ein linearer Operator ist, also die Antwort auf die Summe zweier Ein-gangssignale gleich der Summe der zwei Anworten (*additive Eigenschaft*) sowie die Antwort auf ein mit einer Konstanten multipliziertes Eingangssignal gleich der Antwort des Eingangssignals multipliziert mit der Konstanten (*Homogenität*) ist, gilt

$$g(x,y) = \int_{-\infty}^{\infty} \int_{-\infty}^{\infty} f(\alpha,\beta) H\delta(x-\alpha, y-\beta) d\alpha d\beta + \eta(x,y)$$

Der Ausdruck $H\delta(x-\alpha, y-\beta) = h(x,\alpha,y,\beta)$ wird auch als *Impuls-Antwort* von H bezeichnet. Ist H von der Position unabhängig, gilt

$$g(x,y) = \int_{-\infty}^{\infty} \int_{-\infty}^{\infty} f(\alpha,\beta) h(x-\alpha, y-\beta) d\alpha d\beta + \eta(x,y)$$

(Dieser Ausdruck entspricht dem Faltungsintegral bei der Fourier-Transformation). Ist die Impuls-Antwort bekannt, so kann die Antwort (gestörtes Signal) auf jedes beliebige Eingangsssignal berechnet werden [GW87]. Ein lineares System ist damit komplett durch seine Impuls-Antwort charakterisiert.

Technisch wird die Impuls-Antwort oft dadurch bestimmt, daß bei einem bekannten (konstanten) Eingangssignal das Ausgangssignal gemessen wird. Aus diesem läßt sich dann h berechnen. Ein ähnlicher Vorgang ist z.B. der Weißabgleich bei Kameras.

7.2.2 Diskrete Funktion

Im diskreten Fall zweier digitalisierter Bilder unterschiedlicher Größe müssen diese auf eine einheitliche Größe erweitert werden.

$$g_e(x,y) = \sum_{m=0}^{M-1} \sum_{n=0}^{N-1} f_e(m,n) h_e(x-m, y-n) + \eta_e(x,y)$$

Dabei sind $f(x,y)$ und $h(x,y)$ die beiden Bilder der Größe $A \times B$ und $C \times D$. Das erweiterte Bild $f_e(x,y)$ der Größe $M \times N$ ist dann definiert als

$$f_e(x,y) = \begin{cases} f(x,y) & 0 \leq x \leq A-1 \quad und \quad 0 \leq y \leq B-1 \\ 0 & A \leq x \leq M-1 \quad oder \quad B \leq y \leq N-1 \end{cases}$$

Analog ist die Erweiterung für $h_e(x,y)$ definiert. In der Matrixschreibweise lautet die letzte Gleichung

$$g = Hf + n$$

Diese vereinfachte Schreibweise wird in den folgenden Abschnitten verwendet.

Im weiteren wird diese diskrete Version behandelt, da ein Digitalrechner nur mit diskreten Werten arbeitet. Das kontinuierliche Signal kann anschließend durch Interpolation wieder angenähert werden.

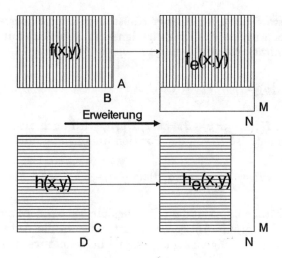

Abbildung 7.2: Die beiden Bildfunktionen werden künstlich auf eine gleiche Größe erweitert.

7.3 Inverse Filterung

Bei der *inversen Filterung* wird angenommen, daß ein Bild f durch eine Überlagerung gestört ist, deren Impuls-Antwort h bekannt ist. Diese kann man aus den physikalischen Gegebenheiten des Bildaufnahmesystems errechnen bzw. experimentell aus geeigneten Testaufnahmen abschätzen. Das Rauschen n hingegen ist ein Zufallssignal.

Man versucht daher zuerst, das restaurierte Signal optimal (im mathematischen Sinne, z.B. minimale mittlere Fehlerquadrate) ohne Berücksichtigung des Rauschens zu berechnen. Dazu ist ein $M \times N$-dimensionales Gleichungssystem zu lösen (falls die Determinante ungleich Null ist). Kennt man also n nicht, so ist (vorausgesetzt, die Norm von n nimmt ein Minimum an) ein $\hat{f}$ gesucht, so daß $H\hat{f}$ das Ausgangssignal g im Sinne der kleinsten Fehlerquadrate approximiert. D.h., es ist ein $\hat{f}$ gesucht, so daß

$$\|n\|^2 \ = \ \|g - H\hat{f}\|^2$$

ein Minimum annimmt. Dies entspricht der Minimierung der Funktion

$$J(\hat{f}) \ = \ \|g - H\hat{f}\|^2$$

Falls H eine quadratische, invertierbare Matrix ist, ist J minimal, wenn

$$0 \ = \ g - H\hat{f}$$

Daraus erhält man dann

$$\hat{f} = H^{-1}g$$

Nicht nur aufgrund dieser großen Gleichungssysteme sondern auch wegen der unbefriedigenden Ergebnisse schon bei nur schwach gestörten Bildsignalen wird die direkte inverse Filterung wenig eingesetzt.

Abbildung 7.3: Ein dem Originalbild in der Frequenz und der Amplitude überlagertes periodisches Störsignal (Brummen; links) kann durch die Filterung mit dem entsprechenden inversen Störsignal relativ gut restauriert werden (rechts).

7.4 Constrained-Filter

Um die Artefaktbildung der direkten inversen Filterung zu vermindern, ist die Definition von einschränkenden Randbedingungen (*constraints*) und ihre Berücksichtigung bei der Minimierung der Fehler sinnvoll.

Sei Q eine lineare Funktion auf f, so gilt es allgemein, die Funktion

$$J(\hat{f}) = \|Q\hat{f}\|^2 + \alpha(\|g - H\hat{f}\|^2 - \|n\|^2)$$

zu minimieren. Dabei ist α der sogenannte Lagrange-Multiplikator und

$$\|g - H\hat{f}\|^2 = \|n\|^2$$

die Randbedingung. Ist die Randbedingung formuliert und in die Gleichung eingebaut, so ist die Vorgehensweise, wie schon bei der inversen Filterung, vorgestellt. Man erhält

$$\hat{f} = (H^T H + \gamma Q^T Q)^{-1} H^T g$$

mit $\gamma = \frac{1}{\alpha}$. Hieraus kann man leicht die Formel für die inverse Filterung erkennen. Durch die Wahl unterschiedlicher Transformationsmatrizen Q

können unterschiedliche Filter abgeleitet werden, wie z.B. der klassische Wiener-Filter. Wie leicht ersichtlich ist, ist der Erfolg dieser Constrained-Filter abhängig von der geeigneten Wahl der Randbedingungen.

7.5 Wiener-Filter

Der *Wiener-Filter* gehört zu den stochastischen Bildrestaurierungsverfahren. Diese führen eine optimale Bildverbesserung im statistischen Mittel durch. Man geht von der Vorstellung aus, daß das originale Bildsignal sowie die überlagerte Störung im Signalmodell bzw. deren korrespondierende Spektren jeweils spezielle Realisierungen zweier signalgenerierender stochastischer Prozesse sind. Beide Prozesse lassen sich mit Hilfe ihrer Korrelationsfunktion charakterisieren, die ein Maß für die statistische Bindung der Intensitätswerte benachbarter Bildpunkte darstellt. Die Korrelationsfunktion ist die Ausgangsbasis für die Matrix Q. R_f und R_n seien die Korrelationsmatrizen für das Bildsignal f und Störsignal n. Mit Hilfe des Erwartungswertes $E\{\}$ lassen sich diese beiden Matrizen aufstellen.

$$R_f = E\{ff^T\}$$
$$R_n = E\{nn^T\}$$

Da die Elemente von f und n real sind, sind die Matrizen R_f und R_n real und symmetrisch. Bilder, deren benachbarte Bildpunkte sich intensitätsmäßig im Mittel nur geringfügig voneinander unterscheiden, besitzen langsam abfallende Korrelationsfunktionen; bei Bildszenen der natürlichen Umwelt reichen die statistischen Bindungen über 10 bis 30 Bildpunkte hinweg. Natürliche Szenen sind also relativ stark korreliert. Dadurch besitzen die Korrelationsmatrizen nur in einem Band um die Diagonale von Null verschiedene Einträge. Zufällig abrupt variierende Signale, wie beispielsweise ein den Bildern überlagertes Rauschen, haben im allgemeinen eine schnell abklingende Korrelationsfunktion. Man wählt dann für Q

$$Q^T Q = R_f^{-1} R_n$$

Das Ziel der Optimalfilterung im Wienerschen Sinn ist es, unter Ausnutzung der a-priori-Kenntnis - oder besser: der Schätzung der Korrelationsfunktionen - für das Bildsignal und für die Störung aus dem gestörten Bildsignal ein neues Signal mittels eines linearen Filters so zu berechnen, daß die quadratische Abweichung des originalen Bildsignals vom restaurierten Bildsignal im Mittel minimal wird.

Verwendet man für $\gamma = 1$, so spricht man vom klassischen Wiener-Filter, ist γ variabel, so bezeichnet man dies als das parametrisierte Wiener-Filter. Man beachte, daß für $\gamma = 1$ nicht die optimale Lösung erreicht wird, wie sie im Zusammenhang mit der inversen Filterung definiert wurde. Jedoch wird die Summe der Fehlerquadrate

$$E\{[f(x,y) - \hat{f}(x,y)]^2\} \to \min$$

im Mittel minimiert.

7.6 Interaktive Bildrestaurierung

Neben der Möglichkeit, gestörte Bilder mit Hilfe von a-priori-Information über Constrained-Filter zu restaurieren, gibt es auch die Möglichkeit, durch interaktive Arbeit eines Benutzers am Computer in die Bildrestaurierung direkt einzugreifen. So können z.B. Randbedingungen zuerst durch Betrachtung des Bildes bzw. des Fourier-Spektrums festgestellt und dann interaktiv festgelegt werden. Periodische Störungen u.ä. können somit leicht durch den Benutzer entdeckt und durch solche speziellen Filter im Frequenzraum, die nur lokal wirken (sogn. *Notch-Filter*), beseitigt werden (vergleiche Kapitel 8).

7.7 Ortsvariante Bildrestaurierung

Die bisher besprochenen Restaurierungsverfahren waren alle ortsinvariant. Jedoch sind Fälle denkbar, wo ortsvariante Filter notwendig sind, z.B.

- Bilder mit örtlich veränderter Auflösung

- Bilder in einer ortsvariant kodierten Form

- Überlagerung des Bildsignals mit signalabhängigen Störungen usw.

Teilweise kann man diese Störungen durch ortskoordinatenabhängige Filter (geometrische Transformationen wie Skalierung, Rotation und Koordinatentransformation) oder durch Filter, deren Übertragungsverhalten von den zu filternden Bildsignalen selbst abhängig ist, wieder beseitigen.

8. Fourier-Transformation

Funktionen reeller Variablen lassen sich oft in Form von Reihen darstellen. Dabei spielen die nach dem französischen Ägyptologen und Naturwissenschaftler Jean Baptiste Joseph Fourier (1768-1830) benannten Reihen eine besondere Rolle. Er erkannte 1822, daß solche Funktionen als eine Überlagerung (*Superposition*) von harmonischen Schwingungen unterschiedlicher Frequenz und Amplitude aufgefaßt werden können. Im einfachsten Fall sind dies Sinus- und Kosinusschwingungen.

Eine eindimensionale periodische Funktion f(x) mit der Periode $T = 2\pi$ läßt sich damit folgendermaßen darstellen:

$$f(x) = \frac{a_0}{2} + \sum_{k=1}^{\infty}(a_k \cos(kx) + b_k \sin(kx))$$

Die endliche *Fourier-Transformation* ordnet dieser Funktion aus dem Zeitbereich bestimmte Koeffizienten zu, die die Amplitude der einzelnen harmonischen Schwingungen darstellen. Diese Fourierkoeffizienten a_k, b_k ergeben sich aus

$$a_k = \frac{1}{\pi} \int_{-\pi}^{\pi} f(x) \cos(kx)dx, \quad k = 0,1,2,\ldots \quad \pi = \frac{T}{2}$$

$$b_k = \frac{1}{\pi} \int_{-\pi}^{\pi} f(x) \sin(kx)dx, \quad k = 1,2,\ldots \quad \pi = \frac{T}{2}$$

Die Fourier-Transformierte im Frequenzbereich enthält demnach exakt die gleiche Information wie das zugehörige Signal im Zeitbereich. Die beiden unterscheiden sich nur in der Darstellung.

Diese anschauliche Darstellung durch bekannte trigonometrische Funktionen wird leider völlig unübersichtlich, wenn mit Fourierreihen gerechnet werden soll. Es ist daher viel einfacher, für die Berechnungen komplexwertige Exponentialschwingungen zu verwenden. Der Zusammenhang ist gegeben durch die Euler-Identität:

$$e^{ikx} = \cos(kx) + i \sin(kx)$$

Hierbei handelt es sich um komplexe Zahlen auf dem Einheitskreis (mit dem Radius 1). Interessant sind hier nun die k-ten Einheitswurzeln $W_k = e^{\frac{2\pi i}{k}}$, die k-mal mit sich selbst multipliziert 1 ergeben.

Man erhält damit die äquivalente Darstellung

$$f(x) = \sum_{k=-\infty}^{\infty} c_k e^{ikx}, \quad mit \quad c_k = \frac{1}{\pi} \int_{-\pi}^{\pi} f(x) e^{-ikx}dx = \begin{cases} \frac{a_0}{2} & k = 0 \\ \frac{1}{2}(a_k - i b_k) & k > 0 \\ \frac{1}{2}(a_{-k} + i b_{-k}) & k < 0 \end{cases}$$

Die c_k sind komplexwertig und stellen das diskrete Frequenzspektrum der Funktion $f(x)$ dar. Man nennt sie *Fourier-Koeffizienten*. Ist die Funk-

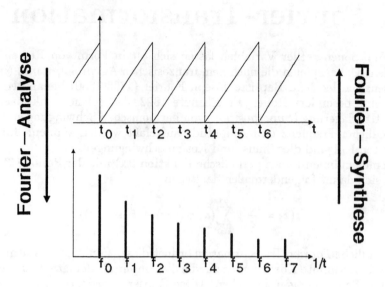

Abbildung 8.1: Die Fourier-Analyse einer sägezahnförmigen Zeitfunktion ergibt das Spektrum dieser Funktion, d.h., die einzelnen Frequenzen mit ihren unterschiedlichen Amplituden, die in der Summe die Sägezahnfunktion ergeben. Der umgekehrte Vorgang, die Fourier-Synthese, liefert den zeitlichen Verlauf zurück.

tion $f(x)$ periodisch mit der Periode $2l$, so gestattet sie die Entwicklung

$$f(x) = \frac{a_0}{2} + \sum_{k=1}^{\infty} (a_k \, \cos(k\frac{\pi}{l}x) + b_k \, \sin(k\frac{\pi}{l}x))$$

oder in einer anderen Schreibweise

$$f(x) = \sum_{k=-\infty}^{\infty} c_k \, e^{ik\frac{\pi}{l}x}, \;\; mit \;\; c_k = \frac{1}{2l} \int_0^{2l} f(x) \, e^{-ik\frac{\pi}{l}x} dx$$

Es liegt nun nahe, in der Fourier-Reihe einer im Intervall $-l < x < l$ gegebenen Funktion $f(x)$ den Grenzübergang $l \Rightarrow \infty$ zu versuchen, um sich von dem Zwang der periodischen Fortsetzung von $f(x)$ zu befreien und eine Darstellung für alle reellen x definierten, nichtperiodischen Funktionen zu gewinnen. Man erhält dann

$$f(x) = \frac{1}{2\pi} \int_{-\infty}^{\infty} du \int_{-\infty}^{\infty} f(t) \, e^{-iu(t-x)} dt$$

Diese Gleichung läßt sich als die Superposition der folgenden Formeln auffassen:

$$F(u) = \int_{-\infty}^{\infty} f(x) \, e^{-iux} dx$$

$$f(x) = \frac{1}{2\pi} \int_{-\infty}^{\infty} F(u)\, e^{iux} du$$

Man sagt, die Fourier-Transformierte $F(u)$ liefert eine Entwicklung der Funktion $f(x)$ in ein kontinuierliches Spektrum (*Ortsfrequenzspektrum*). Der Parameter u wird in Analogie zur Frequenz bei Zeitfunktionen *Ortsfrequenz* genannt.

Die Wahl der Faktoren vor den beiden Intergralen (1 und $1/2\pi$) wird in der Literatur unterschiedlich vorgenommen, je nachdem, wie der Zusammenhang zwischen der Laplace-Transformation und der Fourier-Transformation sowie der Energie eines Signals im Zeitbereich und seiner Energie im Frequenzbereich definiert ist. Das Produkt der beiden Faktoren muß auf jeden Fall $\frac{1}{2\pi}$ ergeben. Eine umfassende Erklärung ist in [Bri89] zu finden.

Kennt man den Verlauf einer Funktion f in Abhängigkeit z.B. der Zeit t, so kann man die Frequenzen f berechnen, die den Verlauf der zeitlichen Funktion ausmachen - man bestimmt das Frequenzspektrum (*Fourier-Analyse*). Der umgekehrte Weg ist ebenfalls möglich. Die Konstruktion einer Funktion der Zeit aus ihrem Frequenzspektrum nennt man *Fourier-Synthese* (siehe Abbildung 8.1).

Im 2-dimensionalen Fall von Bildern (jedem Bildpunkt (x,y) wird eine Intensität oder Farbe $I(x,y)$ zugeordnet und dieser Wert $I(x,y)$ als abgetasteter Amplitudenwert einer kontinuierlichen Funktion angesehen) erhält man:

$$F(u,v) = \int_{-\infty}^{\infty} \int_{-\infty}^{\infty} f(x,y)\, e^{-i(ux+vy)} dxdy$$

$$f(x,y) = \frac{1}{4\pi^2} \int_{-\infty}^{\infty} \int_{-\infty}^{\infty} F(u,v)\, e^{i(ux+vy)} dudv$$

Bei diesen Formeln werden Zeitfunktionen mit Kleinbuchstaben, die Fourier-Transformierten mit den entsprechenden Großbuchstaben bezeichnet.

Da die Fourier-Transformierte einer reellen Funktion im allgemeinen komplexwertig ist, kann man auch schreiben $F(u,v) = R(u,v) + iI(u,v)$, wobei $R(u,v)$ und $I(u,v)$ der Real- bzw. Imaginärteil von $F(u,v)$ sind. Der Betrag von $F(u,v)$ ist

$$|F(u,v)| = \sqrt{R^2(u,v) + I^2(u,v)}$$

und wird als *Fourier-Spektrum* (auch Amplitudenspektrum) bezeichnet.

Bei der Visualisierung dieser Daten wird die Amplitude des Fourier-Spektrums in der Regel durch Grauwerte (hell=hohe Amplitude) dargestellt. Zur besseren Veranschaulichung sind die Werte oft noch logarithmisch abgestuft. Das *Leistungsspektrum* ist das Quadrat des Fourier-Spektrums. Der Ausdruck

$$\phi(u,v) = arctan(\frac{I(u,v)}{R(u,v)})$$

wird als das *Phasenspektrum* bezeichnet.

8. Fourier-Transformation

Oft wird $F(u,v)$ auch als Produkt von Amplitudenspektrum $|F(u,v)|$ und Phasenspektrum $e^{i\phi(u,v)}$ geschrieben:

$$F(u,v) = |F(u,v)|e^{i\phi(u,v)}$$

Eine für die folgenden Betrachtungen wichtige Gruppe stellen die Fourier-Transformierten von singulären Funktionen (*Delta-Funktionen* $\delta(x)$) dar. Die Delta-Funktion $\delta(x)$ ist definiert als

$$\delta(x) = \left\{ \begin{array}{ll} 1 & \text{für } x = 0 \\ 0 & \text{sonst} \end{array} \right.$$

Damit gilt

$$f(x_0) = \int_{-\infty}^{\infty} \delta(x - x_0)\, f(x)\, dx$$

wobei $f(x)$ eine beliebige und bei x_0 stetige Funktion ist. Für die Funktion $f(x) = K\delta(x)$ (K eine beliebige Konstante) berechnet sich die Fourier-Transformierte nach

$$F(x) = \int_{-\infty}^{\infty} K\delta(x)\, e^{-iux} dx = Ke^0 = K.$$

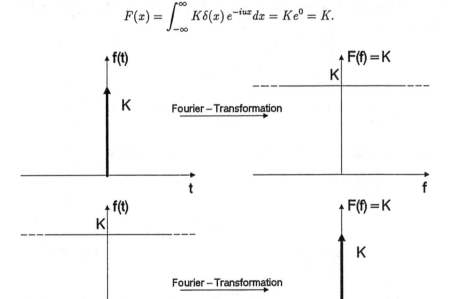

Abbildung 8.2: Die Delta-Funktion und ihre Fourier-Transformierte (oben) sowie eine konstante Funktion mit ihrer Fourier-Transformierten (unten).

8.1 Diskrete Fourier-Transformation (DFT)

$F(u)$ und $f(x)$ sind kontinuierliche Funktionen. Für die Anwendungen in der Bildverarbeitung ist diese kontinuierliche Form der Fourier-Transformation natürlich ungeeignet. Man verwendet daher die *diskrete Fourier-Transformation* (DFT) mit

$$F(u) = \frac{1}{N} \sum_{x=0}^{N-1} f(x) \, e^{(-i2\pi ux)/N} \quad u = 0, 1, ..., N-1$$

$$f(x) = \sum_{u=0}^{N-1} F(u) \, e^{(i2\pi ux)/N} \quad x = 0, 1, ..., N-1$$

Die Werte von u entsprechen in der diskreten Fourier-Transformation den Abtastungen der kontinuierlichen Funktion an den Stellen $0, \Delta u, 2\Delta u, ...$ Anwendung der diskreten Fourier-Transformation auf eine Funktion, die z.B. einen zeitlichen Verlauf kennzeichnet, liefert die komplexen Spektrallinien $F(u)$, die zu den diskreten Frequenzen $\frac{u}{N}t$ gehören. Je dichter man die "Meßwerte" $f(x)$ legt, desto besser wird die tatsächliche Funktion approximiert. Üblicherweise spricht man nicht von Meßwerten, sondern von Stützstellen für die Approximation. Sind viele Stützstellen bekannt, können die Frequenzen, die auftreten, gut bestimmt werden. Die Anzahl N der Stützstellen entspricht bei digitalen Bildern der Auflösung.

Der Term $K_u = e^{(-i2\pi ux)/N}$ wird als Kern K der diskreten Fourier-Transformation bezeichnet. Er stellt die Basisfunktionen dar (vergleiche Kapitel 9). Diese Basisfunktionen sind nach der Euler-Identität Sinus- bzw. Kosinuswellen mit verschiedener Wellenlänge, wobei der Index u (Wellenzahlindex) angibt, wie oft die Periode der Basisfunktion K_u in das Intervall von $0, ..., $ N-1 hineinpaßt.

Analog gilt dann für den 2-dimensionalen Fall bei $M \times N$ Stützstellen

$$F(u,v) = \frac{1}{MN} \sum_{x=0}^{M-1} \sum_{y=0}^{N-1} f(x,y) \, e^{-i2\pi(ux/M + vy/N)} \quad u = 0, 1, ..., M-1$$

$$v = 0, 1, ..., N-1$$

$$f(x,y) = \sum_{u=0}^{M-1} \sum_{v=0}^{N-1} F(u,v) \, e^{i2\pi(ux/M + vy/N)} \quad x = 0, 1, ..., M-1$$

$$y = 0, 1, ..., N-1$$

```
void DFT_1Dim(int BildNr, int Zeilen_Richtung, int Nummer)
/* BildNr = Nummer des Bildes von dem Zeilen/Spalten transform. */
/* Zeilen_Richtung = Flag, ob in Zeilen- oder Spaltenrichtung   */
/* Nummer = Nummer der zu transformierenden Zeile/Spalte        */
{
    int Punkt_Zahl;          /* zu transformierende Anzahl Pkt. */
    int z,s;                 /* Zeilen/Spalten-Index            */
```

```
int i,j;                     /* Index-Variablen              */
float Trafo_Werte[RES_MAX];  /* Vektor der zu transform. Werte */
float Amplitude[RES_MAX];    /* Werte des Amplitudenspektrums */
float Phase[RES_MAX];        /* Werte des Phasenspektrums     */
float Real_Teil, Imag_Teil;  /* Hilfsvariablen Real-/Imag.-Teil */
float Phi, Phi_Inkr;         /* Winkel und Inkrement          */

ClearTextWindow(35,18,80,25);
WriteText(35,18,"* DFT - eindimensional *");

/* zu transformierende Werte in einen Hilfs-Vektor kopieren   */
if (Zeilen_Richtung) {            /* eine Zeile transformieren */
   Punkt_Zahl = Picture[BildNr].Spalten;
   for (s=0; s<Punkt_Zahl; s++)
      Trafo_Werte[s] = (float)Picture[BildNr].Bild[Nummer][s];
}
else {                            /* eine Spalte transformieren */
   Punkt_Zahl = Picture[BildNr].Zeilen;
   for (z=0; z<Punkt_Zahl; z++)
      Trafo_Werte[z] = (float)Picture[BildNr].Bild[z][Nummer];
}
/* Jetzt die DFT dieses Float-Hilfs-Vektors berechnen         */
for (i=0; i<Punkt_Zahl; i++) {
   /* Initialisierung der Variablen                           */
   Real_Teil=0;
   Imag_Teil=0;
   Phi      =0;
   Phi_Inkr = 2.0*PI*i/(float)(Punkt_Zahl);
   /* Transformation streng nach Definition vornehmen         */
   for (j=0; j<Punkt_Zahl; j++) {
      Real_Teil +=Trafo_Werte[j] * cos(Phi);
      Imag_Teil +=Trafo_Werte[j] * sin(Phi);
      Phi -=Phi_Inkr;
   }
   /* Amplitudespektrum und Phasespektrum berechnen           */
   Amplitude[i]=sqrt(Real_Teil*Real_Teil + Imag_Teil*Imag_Teil);
   Phase[i]    =atan2(Real_Teil, Imag_Teil);
}
/* Die Ergebnisse koennen jetzt als Histogramm angezeigt werden*/
}
```

8.2 Eigenschaften der Fourier-Transformation

Wie schon erwähnt enthält die Darstellung eines Signals im Ortsraum dieselbe Information wie die Darstellung als Fourier-Transformierte im Fre-

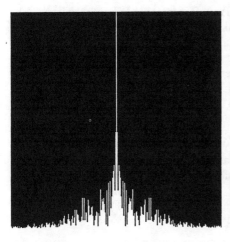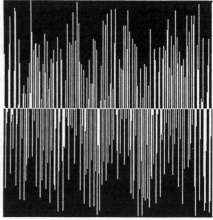

Abbildung 8.3: Die Fourier-Transformation einer Zeile aus einem Grauwertbild liefert das Amplitudenspektrum (links) und das Phasenspektrum
(rechts). Eine logarithmische Gewichtung der Werte wurde hier nicht vorgenommen.

quenzraum. Verschiedene Berechnungen lassen sich im Frequenzraum aber
leichter durchführen, bestimmte Eigenschaften besser ablesen. Die wichtigsten Eigenschaften der Fourier-Transformationen sollen daher hier noch
einmal kurz aufgelistet werden. Diese gelten sowohl für den diskreten als
auch für den kontinuierlichen ein- oder zweidimensionalen Fall.

- **Linearität, Überlagerung**
  Die Fourier-Transformierte von Summen von Ortsfunktionen ist gleich
  der Summe ihrer Fourier-Transformierten, d.h., wenn $F(u)$ und $G(u)$
  die Fourier-Transformierten von $f(x)$ und $g(x)$ sind, dann ist die Fourier-Transformierte der Summe $f(x) + g(x)$ gleich $F(u) + G(u)$.

- **Separierbarkeit**
  Die zweidimensionale Fourier-Transformation kann mit Hilfe einer eindimensionalen Fourier-Transformation zunächst nach der einen Variablen und anschließend einer weiteren eindimensionalen Fourier-Transformation der so erhaltenen Zwischengröße nach der anderen Variablen
  berechnet werden.

- **Periodizität**
  Die Fourier-Transformierte einer im Intervall ($0 \leq m \leq M - 1; 0 \leq n \leq N - 1$) definierten diskreten Funktion entspricht der um den Faktor M
  bzw. N verschobenen Fourier-Transformierten, d.h. $F(u, v) = F(u + M, v) = F(u, v + N) = F(u + M, v + N)$.

8. Fourier-Transformation

- **Symmetrie**
Symmetrien unter der Fourier-Transformation bleiben erhalten, d.h.
eine gerade bzw. ungerade Funktion besitzt ein gerades bzw. unge-
rades Spektrum. Analog gilt daher auch für eine diskrete Funktion
$F(u,v) = \pm F(-u,-v)$ mit + für gerade und - für ungerade Funktionen. Unter Ausnutzung der Periodizität findet man die negativen,
außerhalb der Matrix liegenden Werte in der Matrix wieder, so daß
$F(u,v) = \pm F(M-u, N-v)$ gilt. Der Punkt $(M/2, N/2)$ ist das Symmetriezentrum.

- **Zerlegung**
Eine Funktion kann in einen geraden und einen ungeraden Anteil zerlegt werden. Die Fourier-Transformierte einer geraden Funktion ist
eine gerade Funktion, die einer ungeraden eine ungerade imaginäre
Funktion (vergleiche: Symmetrie). Eine beliebige Funktion $f(x)$ läßt
sich schreiben als $f(x) = \frac{f(x)}{2} + \frac{f(x)}{2}$.

$$f(x) = [\frac{f(x)}{2} + \frac{f(-x)}{2}] + [\frac{f(x)}{2} - \frac{f(-x)}{2}]$$
$$f(x) = f_g(x) + f_u(x).$$

Für die Fourier-Transformation ergibt sich dann

$$F(u) = R(u) + iI(u) = F_g(u) + F_u(u)$$

mit $F_g(u) = R(u)$ und $F_u(u) = iI(u)$.

- **Vertauschung**
Faßt man das Ortsfrequenzspektrum $F(u,v)$ der Ortsfunktion $f(x,y)$
als eine neue Ortsfunktion $F(x,y)$ auf, so hat deren Fourier-Transformierte die an den Koordinatenachsen gespiegelte Form $f(-u,-v)$ des
ursprünglichen Signals, multipliziert mit $4\pi^2$.

- **Skalierung, Ähnlichkeit**
Eine Dehnung der Ortsfunktion $f(x,y)$ in der Ortsebene führt zu einer
Skalierung und Stauchung von $F(u,v)$ in der Ortsfrequenzebene und
umgekehrt,d.h.,die Fourier-Transformierte von $f(ax,by)$ ist $\frac{1}{\|ab\|}F(\frac{u}{a}, \frac{v}{b})$.

- **Rotation**
Eine Drehung der Funktion $f(x,y)$ im Ortsbereich um einen Winkel
α bewirkt eine Drehung von $F(u,v)$ in der Ortsfrequenzebene um den
gleichen Winkel im gleichen Richtungssinn und umgekehrt.

- **Verschiebung**
Eine Verschiebung der Funktion $f(x,y)$ im Ortsbereich bewirkt eine
lineare Phasendrehung der Funktion $F(u,v)$ im Ortsfrequenzbereich
und umgekehrt. Aus diesem Satz wird auch die Bedeutung der Phase
klar. Sie legt die Position und die Struktur der Objekte im Ortsraum
fest.

- **Faltung**

  Die Faltung (∗) zweier Funktionen $f(x)$ und $g(x)$ ist definiert als

$$h(x) = f(x) * g(x) = \int_{-\infty}^{\infty} f(\alpha)g(x - \alpha)d\alpha.$$

Die Fourier-Transformierte des Faltungsprodukts $h(x)$ ist gleich dem Produkt der Fourier-Transformierten der einzelnen Funktionen. Damit ist ein wichtiges Einsatzgebiet der Fourier-Transformation angesprochen. Eine rechenintensive Faltung (Integration) im Ortsraum kann durch eine einfache Multiplikation im Ortsfrequenzraum durchgeführt werden.

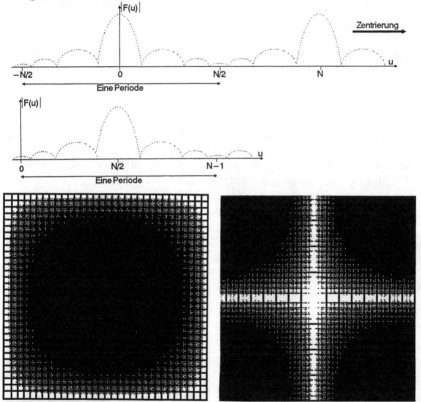

Abbildung 8.4: Punktsymmetrie der Fourier-Transformation im Amplitudenspektrum. Bei der Darstellung des Amplitudenspektrums werden die Amplituden der tiefen Frequenzen in den Bildmittelpunkt verschoben. Oben ist das Original-Amplitudenspektrum einer 1D-Transformation, darunter das zentrierte Amplitudenspektrum zu sehen. Unten links ist analog das Spektrum einer 2D-Transformation und rechts davon die gewohnte im Bildmittelpunkt zentrierte Darstellung.

8. Fourier-Transformation

- **Korrelation**

  Die Korrelation (o) zweier Funktionen $f(x)$ und $g(x)$ ist definiert als

$$h(x) = f(x) \circ g(x) = \int_{-\infty}^{\infty} f^*(\alpha)g(x+\alpha)d\alpha$$

wobei $*$ die konjugiert komplexe Funktion kennzeichnet. Die Korrelation wird benötigt, um Ähnlichkeiten von Bildern/Objekten (Mustervergleich) herauszufinden (siehe Abschnitt 9.5). Die Suche nach dem größten Wert im zweidimensionalen Raum kann dann in der Regel durch eine Berechnung im Ortsfrequenzraum schneller erfolgen.

Zur graphischen Darstellung der Ergebnisse der Fourier-Transformation wird die Zahlenmatrix so aufbereitet, daß die Punktsymmetrie der Fourier-Transformierten Funktion deutlich wird (in einer bestimmten Richtung auftretende Frequenzen findet man gleichermaßen in der entgegengesetzten Richtung wieder). Die Darstellung erfolgt dann über das Fourier-Spektrum. Da diese Werte mit zunehmender Frequenz sehr stark abnehmen, wird oft eine logarithmische Darstellungsform verwendet.

$$D(u,v) = c\,\log(1 + |F(u,v)|)$$

Auf dem Bildschirm wird das Fourier-Spektrum als Grauwertbild ausgegeben. Üblicherweise werden große Werte hell, kleinere dunkel dargestellt. Dabei wird eine Normierung der Grauwerte vorgenommen, um genau den zur Verfügung stehenden Grauwertbereich auszunutzen.

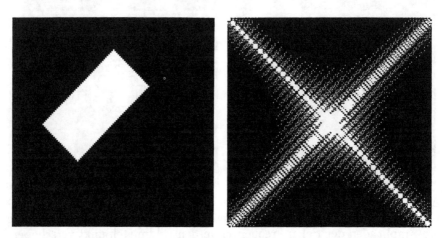

Abbildung 8.5: Eine Rotation der Funktion (Objekt) im Ortsbereich bewirkt auch eine Rotation des Fourier-Spektrums im Ortsfrequenzbereich.

Prinzipiell gilt die endliche Fourier-Transformation ja nur für periodische Signale oder Funktionen, so daß die Festlegung auf die Bildgröße nicht trivial ist. Es hat sich jedoch als sinnvoll erwiesen, die Grenzen für die Fourier-Transformation gleich den sichtbaren Bildgrenzen zu setzen. Andere Möglichkeiten bestünden z.B. darin, einen schwarzen Rand um das Bild zu legen oder Filter zu benutzen, die die Bildränder weniger stark berücksichtigen.

Aus den oben genannten Eigenschaften lassen sich einzelne Muster im Fourier-Spektrum entsprechend deuten. So führen z.B. Verwacklungen des Originalbildes im Fourier-Spektrum zu zur Verwacklungsrichtung orthogonalen Streifen, eine Drehung der Ortsfunktion zu einer Drehung des Fourier-Spektrums um den gleichen Winkel und in die gleiche Richtung. Bei Unschärfe entstehen konzentrische Kreise um den Mittelpunkt. Hochfrequente Anteile eines Bildes geben Hinweise auf mögliche Kanten, so daß mit der Fourier-Transformation auch Kantendetektionsverfahren entwickelt werden können.

8.3 Fast-Fourier-Transformation (FFT)

Aufgrund der großen Anzahl von Multiplikationen und Additionen bei der normalen Fourier-Transformation wurde und wird immer wieder versucht, dieses Verfahren zu optimieren. Kriterien dazu sind vor allem Schnelligkeit, Einfachheit und Speicherplatzverwendung. 1965 wurde von Cooley und Tukey der FFT-Algorithmus (*Fast-Fourier-Transformation*) zum erstenmal veröffentlicht.

Die Geschwindigkeitssteigerung wird im wesentlichen durch eine bestimmte Anzahl von Bildpunkten bzw. Stützwerten (diese muß eine Zweierpotenz sein; in den letzten Jahren sind einige neue, zum Teil sehr komplizierte FFT-Verfahren beschrieben worden, die zwar nur geringfügig schneller sind als das von Cooley und Tukey, jedoch andere Punktanzahlen erlauben) und durch Vorsortieren der Werte erreicht. Die FFT ist also keine Näherung der diskreten Fourier-Transformation, sondern liefert dieselben Ergebnisse.

Der FFT-Algorithmus nutzt Symmetrieeigenschaften einer DFT mit $N = 2^k$ aus und reduziert die Anzahl der erforderlichen Multiplikationen durch Ausklammern von Faktoren. Die Vorgehensweise der FFT soll anhand einer eindimensionalen Funktion $f(n)$ erklärt werden. Diese ist in einem Intervall $\{0 \leq n \leq N - 1\}$ definiert, wobei N eine Zweierpotenz ist. Die eindimensionale diskrete Fourier-Transformation von $f(n)$ lautet dann

$$F(u) = \frac{1}{N} \sum_{n=0}^{N-1} f(n) \, e^{(-i2\pi nu)/N} \quad 0 \leq u \leq N - 1.$$

Seien die Einheitswurzeln wieder mit $W_N = e^{(-i2\pi)/N}$ bezeichnet (oft wird N als Index zu W zur besseren Übersichtlichkeit weggelassen)

$$F(u) = \frac{1}{N} \sum_{n=0}^{N-1} f(n) \, W_N^{un} \quad 0 \leq u \leq N - 1$$

8. Fourier-Transformation

Abbildung 8.6: Das Amplitudenspektrum (rechts) der Fourier-Transformierten des linken Bildes. Das Symmetriezentrum ist hier wieder in die Bildmitte gelegt.

so ergibt sich beispielsweise für $N = 4$ das Gleichungssystem

$$
\begin{aligned}
F(0) &= \tfrac{1}{4}(f(0)W_4^0 + f(1)W_4^0 + f(2)W_4^0 + f(3)W_4^0) \\
F(1) &= \tfrac{1}{4}(f(0)W_4^0 + f(1)W_4^1 + f(2)W_4^2 + f(3)W_4^3) \\
F(2) &= \tfrac{1}{4}(f(0)W_4^0 + f(1)W_4^2 + f(2)W_4^4 + f(3)W_4^6) \\
F(3) &= \tfrac{1}{4}(f(0)W_4^0 + f(1)W_4^3 + f(2)W_4^6 + f(3)W_4^9)
\end{aligned}
$$

Diese Gleichungen lassen sich in einer Matrixform einfacher schreiben. Aufgrund der Periodizität auf dem Einheitskreis gilt die Beziehung $W_N^{nu} = W^{nu \bmod N}$. Im Beispiel mit $N = 4$ ergibt sich damit $W_4^6 = W_4^2$ usw. Das obige Gleichungssystem kann dann äquivalent in der Form

$$
\begin{aligned}
F(0) &= \tfrac{1}{4}(f(0)W_4^0 + f(1)W_4^0 + f(2)W_4^0 + f(3)W_4^0) \\
F(1) &= \tfrac{1}{4}(f(0)W_4^0 + f(1)W_4^1 + f(2)W_4^2 + f(3)W_4^3) \\
F(2) &= \tfrac{1}{4}(f(0)W_4^0 + f(1)W_4^2 + f(2)W_4^0 + f(3)W_4^2) \\
F(3) &= \tfrac{1}{4}(f(0)W_4^0 + f(1)W_4^3 + f(2)W_4^2 + f(3)W_4^1)
\end{aligned}
$$

geschrieben werden.

Wie man an diesem Gleichungssystem erkennt, sind für die Berechnung von $F(u)$ normalerweise N^2 komplexe Additionen und Multiplikationen notwendig. Bei der schnellen Fourier-Transformation wird nun die ursprüngliche Funktion $f(n)$ in zwei Teilsequenzen der Länge $M = N/2$ zerlegt, diese wieder aufgeteilt usw. bis man schließlich zur diskreten Fourier-Transformation von jeweils zwei Elementen gelangt (*divide-and-conquer*). Jetzt kann man schrittweise die nächsthöhere Stufe berechnen. Für $N = 2M$

gilt

$$F(u) = \frac{1}{2M} \sum_{n=0}^{2M-1} f(n)\, e^{(-i2\pi nu)/2M}$$

Aus

$$F(u) = \frac{1}{2M} \sum_{n=0}^{M-1} f(2n)\, W_{2M}^{u(2n)} + \frac{1}{2M} \sum_{n=0}^{M-1} f(2n+1)\, W_{2M}^{u(2n+1)}$$

ergibt sich dann wegen $W_{2M}^{2nu} = W_M^{un}$

$$F(u) = \frac{1}{2}\Big(\frac{1}{M} \sum_{n=0}^{M-1} f(2n)\, W_M^{un} + \frac{1}{M} \sum_{n=0}^{M-1} f(2n+1)\, W_M^{un} W_{2M}^{u}\Big)$$

Definiert man den geraden Anteil $F_g(u)$ und den ungeraden Anteil $F_u(u)$ der Fourier-Transformierten $F(u)$ mit

$$F_g(u) = \frac{1}{M} \sum_{n=0}^{M-1} f(2n)\, W_M^{un} \quad \text{und} \quad F_u(u) = \frac{1}{M} \sum_{n=0}^{M-1} f(2n+1)\, W_M^{un}$$

so vereinfacht sich die Gleichung in

$$F(u) = \frac{1}{2}(F_g(u) + F_u(u) W_{2M}^u)$$

Zusätzlich gilt $W_M^{u+M} = W_M^u$ und $W_{2M}^{u+M} = -W_{2M}^u$ sowie $W_{2M}^M = -W_{2M}^0 = -1$. Aus dieser Symmetrieeigenschaft folgt damit

$$F(u+M) = \frac{1}{2}(F_g(u) - F_u(u) W_{2M}^u)$$

Durch diese Unterteilung und Art der Berechnung sind nur noch $\frac{N}{2} \log_2 N$ komplexe Multiplikationen notwendig. Die FFT besteht nur noch aus $\log_2 N$ Stufen; der Speicherbereich der ursprünglichen Datensequenz kann jeweils mit den Zwischenergebnissen der zuletzt berechneten Stufe überschrieben werden.

Wegen der Periodizität und der Symmetrieeigenschaften der Fourier-Transformation sind die Summanden von $F(0)$ und $F(2)$ bzw. $F(1)$ und $F(3)$ bis auf das Vorzeichen identisch. Im Beispiel ergibt sich damit

$$
\begin{aligned}
F(0) &= \tfrac{1}{2}((\tfrac{1}{2}f(0)W_2^0 + \tfrac{1}{2}f(2)W_2^0) + (\tfrac{1}{2}f(1)W_2^0 + \tfrac{1}{2}f(3)W_2^0)W_4^0) \\
     &= \tfrac{1}{4}(f(0) + f(2)) + (f(1) + f(3)) \\
F(1) &= \tfrac{1}{2}((\tfrac{1}{2}f(0)W_2^0 - \tfrac{1}{2}f(2)W_2^1) + (\tfrac{1}{2}f(1)W_2^0 - \tfrac{1}{2}f(3)W_2^1)W_4^1) \\
     &= \tfrac{1}{4}(f(0) - f(2)W_2^1) + (f(1) - f(3)W_2^1)W_4^1 \\
     &= \tfrac{1}{4}(f(0) - f(2)) + (f(1) - f(3))W_4^1 \\
F(2) &= \tfrac{1}{4}(f(0) + f(2)) - (f(1) + f(3)) \\
F(3) &= \tfrac{1}{4}(f(0) - f(2)) - (f(1) - f(3))W_4^1
\end{aligned}
$$

8. Fourier-Transformation

Durch die Ausnutzung der Eigenschaften der Fourier-Transformation und der mehrfachen Verwendung von Zwischenergebnissen kann der Aufwand an Multiplikationen und Additionen bei der FFT gegenüber der normalen DFT erheblich gesenkt werden. Auf den ersten Blick etwas unverständlich erscheint die Verknüpfung der einzelnen Funktionswerte und die Multiplikation mit den entsprechenden W_i^n. Durch eine Vorsortierung wird diese Vorgehensweise aber vereinfacht. Diese Vorsortierung wird dadurch erreicht, daß die Indexzahlen in ihrer Binärdarstellung an der Mitte gespiegelt oder umgekehrt gelesen werden. Aus $4=100$ wird dann $001=1$. Diese neuen Zahlen mit ihrem Dezimalwert werden dann als Indexzahlen für die FFT verwendet. Dieser Vorgang wird mit *Bit-Reverse-Shuffling* bezeichnet.

Original		Sortiert	
Dezimal	Binär	Binär	Dezimal
0	000	000	0
1	001	100	4
2	010	010	2
3	011	110	6
4	100	001	1
5	101	101	5
6	110	011	3
7	111	111	7

Tabelle 8.1: Die Indizes für die Funktionswerte werden durch Spiegelung der Zahlen in der Binär-Darstellung an der Mittelachse erzeugt (Bit-Reverse-Shuffling). Das Beispiel für $N = 8$ Ausgangswerte verdeutlicht dies.

Die komplette Verknüpfung der Funktionswerte mit den W_i^n wird bei wenigen Elementen auch in einem sogenannten *Signalflußgraphen* dargestellt (siehe Abbildung 8.7). Begonnen wird bei der Berechnung mit den sortierten Ausgangswerten. Der "Signalfluß" wird durch Pfeile angedeutet. Stellen, an denen sich Pfeile treffen, werden als Knoten bezeichnet. An jedem Knoten (bis auf Ausgangs- und Endwerte) beginnen und enden zwei Pfeile. Der Wert eines Knotens berechnet sich daher aus der Linearkombination zweier Werte der vorherigen Stufe. Die Werte von je einem horizontalen und einem von unten kommenden Pfeil werden mit Plus (gerader Anteil), die von oben kommenden und die horizontalen mit Minus (ungerader Anteil) verknüpft und mit dem zugehörigen W_j^k multipliziert. Wegen der Form, die die Pfeile in diesem Graphen bei der Berechnung zweier dualer Wertepaare (Knoten, die Werte aus einem gemeinsamen Knoten der vorherigen Stufe bekommen) bilden, wird diese Vorgehensweise des FFT-Algorithmus auch oft als Schmetterlings-/Butterfly-Operation bezeichnet.

Da die Fourier-Transformation separierbar ist, geht man bei der FFT für Bilder (zweidimensionale FFT) prinzipiell so vor, daß zunächst jede Zeile

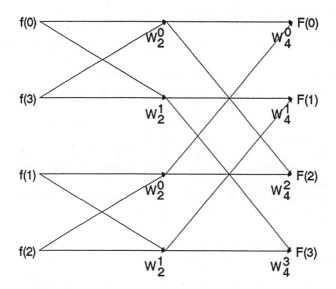

Abbildung 8.7: Der Ablauf der Verknüpfung der einzelnen Terme beim FFT-Algorithmus kann auch graphisch dargestellt werden. Zur übersichtlicheren Darstellung der Verknüpfung müssen die Eingangswerte dabei entsprechend sortiert sein (Bit-Reverse-Shuffling). Die Werte von je einem horizontalen und einem von unten kommenden Pfeil werden mit Plus, die von oben und die horizontalen mit Minus verknüpft und mit dem zugehörigen W_j^k multipliziert.

des Bildes transformiert wird und die transformierten Daten noch einmal in Spalten-Richtung transformiert werden.

Im Ortsfrequenzraum können mit diesen Ergebnissen Filterungen usw. durchgeführt werden. Durch Anheben der hohen "Frequenzanteile" läßt sich zum Beispiel die Bildschärfe erhöhen. Solche Manipulationen lassen sich sogar gezielt an bestimmten Strukturen mit bestimmten Orientierungen im Ortsfrequenzraum vornehmen. Auch lassen sich unter Umständen Abbildungsfehler von Kameraobjektiven korrigieren. Nach der Manipulation der Koeffizienten erfolgt eine Rücktransformation durch eine erneute Fourier-Transformation (Vertauschungseigenschaft), um die "verbesserte" Bildinformation zurückzugewinnen.

Neben den vorgestellten Gebieten der Bildverbesserung und Bildauswertung findet die Fourier-Transformation auch Anwendung in der Bilderzeugung. So führen z.B. bei MRT-Untersuchungen (*Magnet-Resonanz-Tomographie*) die Atome des untersuchten Körpers nach einer speziellen elektromagnetischen Anregung eine Bewegung aus. Hierbei werden Signale mit bestimmter Frequenz- und Phaseninformation ausgesandt. Schließlich wird dann die übliche zweidimensionale FFT angewandt, so daß man Bilder eines Schnittes durch das Objekt erhält.

8. Fourier-Transformation

```
void FFT(int BildNr, int BildNr2)
/* BildNr  = Nummer des zu transformierenden Bildes          */
/* BildNr2 = Nummer des Bildes fuer das Amplitudenspektrum   */
{
    int z, s;                /* Zeilen-/Spalten-Index          */
    int Zwerg;               /* Hilfsvariable fuer Zwischenergebnisse */
    int Anzahl, ld_Anzahl;
    unsigned char BitReverse, ReverseShuffel, BitTest;
    unsigned char BitReverseShuffel[RES_MAX];
    float Faktor_C;          /* Skalierungsfaktor fuer die Darstellung*/
    float Dat_Real[RES_MAX];     /* Hilfs-Vektoren fuer die Transf. */
    float Dat_Imag[RES_MAX];
    float Temp_Real[RES_MAX][RES_MAX]; /* Zwischenergebnisse d. Tr.*/
    float Temp_Imag[RES_MAX][RES_MAX];

    ClearTextWindow(35,18,80,25);
    WriteText(35,18,"* FFT - zweidimensional *");

    /* Annahme: Quadratische Bilder, d.h. Zeilen == Spalten      */
    Anzahl  = Picture[BildNr].Zeilen;

    /* Logarithmus zur Basis 2 fuer den Faktor k (N=2^k) ermitteln */
    ld_Anzahl = 0;
    while (Anzahl > (1<<ld_Anzahl)) ld_Anzahl++;

    /* Kontrolle, ob Bild 2er-Potenz in der Aufloesung u. quadrat. */
    if ( (Anzahl != Bild[BildNr1].Spalten) ||
         (Anzahl != (1<<ld_Anzahl)) ) {
      ShowError("Falsche Aufloesung des Bildes");
      return;
    }
    Faktor_C = 10*(float)WEISS / log10((float) Anzahl + 1.0);

    /* Vektor mit den umsortierten Eintragen fuer das Bit-Reverse- */
    /* Shuffling bestimmen.                                        */
    for (i=0; i<Anzahl; i++) {
        ReverseShuffel=0;
        BitReverse= (1<<(ld_Anzahl-1));
        BitTest   =1;
        /* Jede Stelle der Binaerzahl von rechts auf 1 testen und  */
        /* bei postivem Ergebnis die 1 an der entsprechenden Stelle*/
        /* von links setzen (=Bit-Reverse-Shuffling)               */
        for (j=0; j<ld_Anzahl; j++) {
            if (i & BitTest)          /* Bit-weise UND-Verknuepfung*/
                ReverseShuffel = ReverseShuffel | BitReverse;
            BitTest    <<=1;
```

```
        BitReverse >>=1;
    }
    BitReverseShuffel[i]=ReverseShuffel;
}


/* Zuerst zeilenweise Fourier-Transformieren und ...          */
WriteText(35,23,"Transformation in den Frequenzraum");
WriteText(35,24,"Zeile      ");
for (z=0; z<Anzahl; z++) {
    gotoxy(42,24);
    WriteInt(z);                        /* aktuellen Stand anzeigen */

    /* Zur einf. Transformation Werte in Hilfs-Vektoren kopier.*/
    for (s=0; s<Anzahl; s++) {
        Dat_Real[BitReverseShuffel[s]]=Picture[BildNr].Bild[z][s];
        Dat_Imag[BitReverseShuffel[s]]=0.0;
    }
    FFT_1Dim(TRUE, Anzahl, ld_Anzahl, Dat_Real, Dat_Imag);

    /* Ergebnisse jetzt in temporaere Felder zurueckkopieren   */
    for (s=0; s<Anzahl; s++) {
        Temp_Real[z][s] = Dat_Real[s];
        Temp_Imag[z][s] = Dat_Imag[s];
    }
}
/* ... das Ergebnis dann spaltenweise Fourier-Transformieren   */
WriteText(35,24,"Spalte      ");
for (s=0; s<Anzahl; s++) {
    gotoxy(42,24);
    WriteInt(s);                        /* aktuellen Stand anzeigen */

    /* Zur einf. Transformation Werte in Hilfs-Vektoren kopier.*/
    for (z=0; z<Anzahl; z++) {
        Dat_Real[BitReverseShuffel[z]]=Temp_Real[z][s];
        Dat_Imag[BitReverseShuffel[z]]=Temp_Imag[z][s];
    }
    FFT_1Dim(TRUE, Anzahl, ld_Anzahl, Dat_Real, Dat_Imag);

    /* Ergebnisse jetzt in temporaere Felder zurueckkopieren   */
    for (z=0; z<Anzahl; z++) {
        Temp_Real[z][s] = Dat_Real[z];
        Temp_Imag[z][s] = Dat_Imag[z];
    }

    /* Amplitudenspektrum sofort mitberechnen und als Bild sp. */
    for (z=0; z<Anzahl; z++) {
```

```
                Zwerg = (int)(Faktor_C *
                          log10(1.0+sqrt(Dat_Real[z]*Dat_Real[z] +
                                    Dat_Imag[z]*Dat_Imag[z])) );
                /* Klipping der Grauwerte, falls diese ausserhalb lieg.*/
                if (Zwerg<SCHWARZ)    Zwerg=SCHWARZ;
                else if (Zwerg>WEISS) Zwerg=WEISS;

                /* Umordnung der Werte zur gewohnten symmetrischen     */
                /* Anordnung mit dem Symmetriezentrum in der Bildmitte */
                if (z<Anzahl/2) {
                    if (s<Anzahl/2)
                       Picture[BildNr2].Bild[z+Anzahl/2][s+Anzahl/2]=Zwerg;
                    else
                       Picture[BildNr2].Bild[z+Anzahl/2][s-Anzahl/2]=Zwerg;
                }
                else {
                    if (s<Anzahl/2)
                       Picture[BildNr2].Bild[z-Anzahl/2][s+Anzahl/2]=Zwerg;
                    else
                       Picture[BildNr2].Bild[z-Anzahl/2][s-Anzahl/2]=Zwerg;
                }
            }
        }
        /* Das Amplitudenspektrum kann jetzt als Bild angezeigt werden */

        /* Fuer eine Filterung muesste eine Filterform definiert werden*/
        /* (Kreis, Rechteck) und die Werte, die ausserhalb dieser Form */
        /* liegen auf Null gesetzt werden (Tiefpass) bzw. innerhalb auf*/
        /* Null gesetzt werden (Hochpass), jeweils im Real- und Imagi- */
        /* naerteil (Temp_Real, Temp_Imag). Die Ruecktransformation der*/
        /* so gefilteren Daten erfolgt durch eine erneute FFT.         */
}

void FFT_1Dim(int Vorwaerts_Trafo, int Anzahl, int ld_Anzahl,
              float Dat_Real[], float Dat_Imag[])
/* Vorwaerts_Trafo = Flag, ob Vorwaerts- oder Rueckwaertstransf. */
/* Anzahl          = Anzahl der Punkte (Stuetzstellen)           */
/* ld_Anzahl       = 2er-Logarithmus der Anzahl                  */
/* Dat_Real[]      = Real-Anteil der Daten                       */
/* Dat_Imag[]      = Imaginaer-Anteil der Daten                  */
{
   double Phi, Phi_Inkr;       /* Winkel und Inkrement              */
   int i,j,k,l;                /* Index-Variablen                   */
   int m, Haelfte;
   float W_Imag, W_Real;       /* Real-/Imaginaerteil der Wurzeln */
   float Tmp_Real, Tmp_Imag;   /* Temporaere Variablen              */
```

```
for (i=0; i<ld_Anzahl; i++) {
    m = 2;                    /* gibt die Stufe der Verknuepfung an */
    m <<= i;
    Haelfte = m >> 1;    /* Haelfte = m/2 fuer Symmetriezwecke */
    Phi = 0.0;
    Phi_Inkr = 2.0 * PI / (double)(m);

    /* iteratives Vorgehen, statt rekursiv wie in Definition    */
    for (j=0; j<Haelfte; j++) {
        W_Real = (float)cos(Phi);
        W_Imag = (float)sin(Phi);
        if (Vorwaerts_Trafo) W_Imag = -W_Imag;
        Phi -= Phi_Inkr;
        k=j;
        do {
            l=k+Haelfte;
            Tmp_Real = W_Real*Dat_Real[l] - W_Imag*Dat_Imag[l];
            Tmp_Imag = W_Real*Dat_Imag[l] + W_Imag*Dat_Real[l];
            /* Eine Haelfte berechnen ...                       */
            Dat_Real[l] = Dat_Real[k] - Tmp_Real;
            Dat_Imag[l] = Dat_Imag[k] - Tmp_Imag;
            /* ... die andere Haelfte ergibt sich dann entspr. */
            Dat_Real[k] += Tmp_Real;
            Dat_Imag[k] += Tmp_Imag;
            k += m;
        } while ( k < Anzahl );
    }
}
/* Normierung der Ergebnisse, je nach Definition notwendig     */
if (Vorwaerts_Trafo) {
    for (j=0; j<Anzahl; j++) {
        Dat_Real[j] /=(float)Anzahl;
        Dat_Imag[j] /=(float)Anzahl;
    }
}
}
```

Aufgaben

Aufgabe 1

Wie ändert sich das Fourier-Spektrum, wenn das Objekt im Ortsraum gedreht wird?

Aufgabe 2

Gegeben sei folgende eindimensionale Rechteckfunktion:

$$f(x) = \begin{cases} A & 0 < x \leq X \\ 0 & \text{sonst} \end{cases}$$

Berechnen Sie die Fourier-Transformierte und das Fourier-Spektrum dieser Funktion.

9. Bildtransformationen

Bildtransformationen sind nützlich, um bestimmte Eigenschaften eines Bildes besser hervorzuheben. So wurde z.B. schon bei der Fourier-Transformation deutlich, daß damit einfach Resonanzfrequenzen oder dominierende Frequenzen einer Funktion festgestellt, bestimmte Frequenzen verstärkt, gedämpft oder ganz unterdrückt werden können.

Die nachfolgend besprochenen Transformationen beruhen alle auf demselben Prinzip, weisen jedoch zum Teil einige Vereinfachungen auf (keine komplexen Zahlen, in einigen Fällen nur Ganzzahl-Arithmetik), um mit möglichst geringen qualitativen Verlusten und gleichzeitig möglichst geringem rechnerischen Aufwand diese Transformationen durchzuführen. Damit diese Transformationen überhaupt anwendbar sind, muß die Rücktransformation möglich sein und die Inverse des Vorwärtstransformationskernes (siehe unten) existieren und leicht zu bestimmen sein. Anders ausgedrückt bedeutet dies, daß die Basis, die durch diese Transformationen gebildet wird, den ganzen Vektorraum aufspannen muß. Dies ist jedoch nur möglich falls alle M Basisvektoren senkrecht aufeinander stehen, d.h. eine Orthogonalbasis bilden.

$$K\,K^{T*} = M\,I$$

Eine Matrix K, deren Inverse K^{-1} ihrer konjugiert Transponierten K^{T*} gleicht, wird als unitäre Matrix bezeichnet. Aus diesem Grund nennt man diese Art der Transformationen auch *Unitäre Transformationen*.

Dabei können einige der zweidimensionalen Transformationen in der Form

$$T(k,l) = \sum_{m=0}^{M-1} \sum_{n=0}^{N-1} f(m,n)\,g(m,n,k,l) \quad m,k = 0,1,...,M-1$$
$$n,l = 0,1,...,N-1$$

geschrieben werden, analog die Rücktransformation. $T(k,l)$ ist die Transformierte der Funktion $f(m,n)$ und $g(m,n,k,l)$ der sogenannte Vorwärtstransformationskern.

9.1 Diskrete Fourier-Transformation

Die *Fourier-Transformation* wurde im vorigen Abschnitt schon ausführlich vorgestellt. Sie ermöglicht es mit Matrizen im Frequenzbereich statt mit Integralen im Ortsbereich zu rechnen. Bei teilweiser Kenntnis der Originalfunktion (Originalbild) ist es möglich, Störungen dieser Funktion durch mathematische Operationen, nämlich durch Modifikation des Frequenzspektrums, weitgehend zu beheben.

9. Bildtransformationen

Die eindimensionale DFT lautet

$$F(k) = \frac{1}{M} \sum_{m=0}^{M-1} f(m)\, e^{(-i2\pi km)/M} \quad m, k = 0, 1, ..., M-1$$

Dabei entspricht der Term $e^{(-i2\pi km)/M}$ dem Vorwärtstransformationskern. Über die Euler-Identität läßt sich dieser Ausdruck in Sinus- und Kosinus-anteile zerlegen. Diese Wellen mit verschiedener Wellenlängen stellen die sogenannten *Basisfunktionen* dar. Die Zahl k (Wellenzahlindex) gibt an, wie oft die Periode der Basisfunktion in das Intervall $[0, M-1]$ hineinpaßt. Die Basisfunktionen für $M = 16$ sind in Abbildung 9.1 gezeigt.

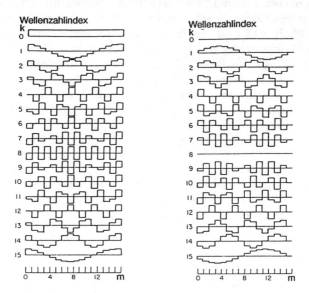

Abbildung 9.1: Die Basisfunktionen der eindimensionalen diskreten Fourier-Transformation (DFT), zerlegt in den Realteil (Kosinus; links) und den Imaginärteil (Sinus; rechts), dargestellt für $M = 16$.

Für die niedrigen Frequenzen stellen diese Basisfunktionen eine grobe Annäherung der Sinus-Funktion dar. Bei höheren Frequenzen gehen sie langsam in Rechteckfunktionen über.

Wie schon bei der FFT benutzt, wird auch hier im Transformationskern die Abkürzung

$$W_M = e^{2i\pi/M}$$

verwendet. In der Regel ist M eine Zweierpotenz. Es gilt dann $W_M^M = 1$, $W_M^{M/2} = -1$, $W_M^{M/4} = -i$ und $W_M^{3N/4} = i$. In der Matrixschreibweise kann der Transformationskern wie folgt abgekürzt werden

$$W = \frac{1}{M} \begin{bmatrix} W^0 & W^0 & W^0 & \cdots & W^0 \\ W^0 & W^1 & W^2 & \cdots & W^{M-1} \\ W^0 & W^2 & W^4 & \cdots & W^{2(M-1)} \\ \cdots & \cdots & \cdots & \cdots & \cdots \\ W^0 & W^{M-1} & W^{2(M-1)} & \cdots & W^{(M-1)(M-1)} \end{bmatrix}$$

Zur besseren Übersichtlichkeit ist der Index M an den einzelnen W^k weggelassen worden. In dieser Matrixschreibweise lautet die DFT

$$F = W f$$

Die zweidimensionale DFT ist analog zur eindimensionalen gegeben durch

$$F(k,l) = \frac{1}{MN} \sum_{m=0}^{M-1} \sum_{n=0}^{N-1} f(m,n) \, e^{-i2\pi km/M} \, e^{-i2\pi ln/N} \quad \begin{array}{l} m,k = 0,1,...,M-1 \\ n,l = 0,1,...,N-1 \end{array}$$

$$F(k,l) = \frac{1}{MN} \sum_{m=0}^{M-1} \sum_{n=0}^{N-1} f(m,n) \, W_M^{-km} \, W_M^{-ln} \quad \begin{array}{l} m,k = 0,1,...,M-1 \\ n,l = 0,1,...,N-1 \end{array}$$

Da die Transponierte des Transformationskerns W identisch mit W ist, lautet die zweidimensionale DFT aufgrund der Separierbarkeit

$$F = W f W^T$$

Die Rücktransformation erfolgt jeweils mit der konjugierten transformierten Matrix.

9.2 Diskrete Sinus/Kosinus-Transformation

Durch die diskrete Fourier-Transformation werden die Ergebnisse komplex, da bei der Transformation nur der Kosinus-Term einen reellen Anteil liefert. Durch die Zusammensetzung der Transformation aus einem reellen geraden (cos) und einem imaginären ungeraden (sin) Teil wird dies noch einmal verdeutlicht.

$$W_M^{km} = \cos(-\frac{2\pi km}{M}) + i \, \sin(-\frac{2\pi km}{M})$$

Keine der beiden Teiltransformationen ist umkehrbar, da im Realteil nur die geraden und im Imaginärteil nur die ungeraden Funktionsanteile zu finden sind.

Ein Trick eröffnet hier aber einen Ausweg. Dir Funktion wird künstlich gerade oder ungerade gemacht, so daß eine Teiltransformation ausreicht. Man stellt sich dazu das Bild künstlich auf die doppelte Länge/Breite vergrößert vor. Dadurch werden dann die Kerne der beiden Teiltransformationen reell.

9. Bildtransformationen

Diese Vergrößerung geschieht entweder durch Spiegelung des Ursprungs-bildes am Rand, wodurch aus einem $N \times N$-Bild ein $2N \times 2N$-Bild wird oder durch Spiegelung an der Randpixelzeile. Diese Randpixelzeile wird dann von allen Teilen, Originalbild und gespiegeltem Bild gemeinsam genutzt. Es entsteht so ein vergrößertes Bild der Größe $(2N - 1) \times (2N - 1)$. Entsprechend dieser künstlichen Vergrößerung wird die danach durchgeführte Transformation als *gerade* oder *ungerade* bezeichnet. Man unterscheidet daher zwischen der geraden und ungeraden *diskreten Sinus-Transformation* (DST) bzw. *diskreten Kosinus-Transformation* (DCT). Diese lauten:

ungerade Kosinus-Transformation:

$$C(k,l) = \frac{2}{N} \sum_{m=0}^{N-1} \sum_{n=0}^{N-1} f(m,n) \, \cos(\frac{\pi}{N}k(m+\frac{1}{2})) \, \cos(\frac{\pi}{N}l(n+\frac{1}{2}))$$

gerade Kosinus-Transformation:

$$C(k,l) = \frac{4}{2N-1} \sum_{m=0}^{N-1} \sum_{n=0}^{N-1} f(m,n) \, \cos(\frac{2\pi}{2N-1}km) \, \cos(\frac{2\pi}{2N-1}ln)$$

ungerade Sinus-Transformation:

$$S(k,l) = \frac{2}{N+1} \sum_{m=0}^{N-1} \sum_{n=0}^{N-1} f(m,n) \, \sin(\frac{(m+1)(k+1)\pi}{N+1}) \, \sin(\frac{(n+1)(l+1)\pi}{N+1})$$

gerade Sinus-Transformation:

$$S(k,l) = \frac{1}{N+1} \sum_{m=0}^{2N+1} \sum_{n=0}^{2N+1} f(m,n) \, \sin(\frac{2(k+1)m}{2N+2}) \, \sin(\frac{2(l+1)n}{2N+2})$$

Da sowohl die Basisfunktionen der Kosinus-Transformation als auch der Sinus-Transformation separierbar sind, kann die zweidimensionale Transformation analog zur Fourier-Transformation durch zweimalige Anwendung der eindimensionalen Transformation nach Zeilen und Spalten berechnet werden.

9.3 Walsh-Transformation

Die *Walsh-Transformation* ordnet dem untersuchten Signal die Amplituden der einzelnen sogenannten Walsh-Schwingungen zu, die dieses Signal enthält. Für die diskrete Walsh-Transformation und die endliche Walsh-Transformation gilt das Gleiche wie für die entsprechenden Fourier-Transformationen: Im diskreten Fall wird ein endlicher, periodischer Prozeß gut approximiert.

Die zweidimensionale Walsh-Transformation ist mit $M = 2^p$ und $N = 2^q$ definiert als

$$W(k,l) = \frac{1}{MN} \sum_{m=0}^{M-1} \sum_{n=0}^{N-1} f(m,n) \prod_{i=0}^{p-1} (-1)^{b_i(m)b_{p-1-i}(k)} \prod_{i=0}^{q-1} (-1)^{b_i(n)b_{q-1-i}(l)}$$

Dabei ist $b_i(m)$ das i-te Bit der binären Zahlendarstellung von m. Daduch enthält der Vorwärtstransformationskern nur die Werte +1 und -1. In der Matrixschreibweise gibt man dann häufig nur noch das Vorzeichen an. Prinzipiell läßt sich die Walsh-Transformation aber für beliebige $M, N > 0$ definieren.

Im eindimensionalen Fall hat der Vorwärtstransformationskern für $M = 8$ folgendes Aussehen:

$$W = \frac{1}{M} \begin{bmatrix} + & + & + & + & + & + & + & + \\ + & + & + & + & - & - & - & - \\ + & + & - & - & + & + & - & - \\ + & + & - & - & - & - & + & + \\ + & - & + & - & + & - & + & - \\ + & - & + & - & - & + & - & + \\ + & - & - & + & + & - & - & + \\ + & - & - & + & - & + & + & - \end{bmatrix}$$

Da der Kern der Walsh-Transformation symmetrisch ist und die Zeilen und Spalten orthogonal sind (Orthogonalbasis), ist der Rückwärtstransformationskern bis auf den Faktor $\frac{1}{M}$ identisch mit diesem Vorwärtstransformationskern.

Analog zur Fast-Fourier-Transformation wird die Fast-Walsh-Transformation (FWT) definiert.

$$\begin{aligned} W(u) &= \frac{1}{2}\{W_g(u) + W_u(u)\} \\ W(u+N) &= \frac{1}{2}\{W_g(u) - W_u(u)\} \end{aligned}$$

mit $N = M/2$, $u = 0,1,...,M-1$. Somit läßt sich ein analoges Transformationsnetzwerk für die FWT wie für die FTT konstruieren.

Die Güte der Approximation durch Walsh-Funktionen reicht für bestimmte Zwecke z.B. in der Bildverarbeitung oft aus, so daß wegen der leichten Handhabung und der gegenüber der Fourier-Transformation viel schnelleren und weitaus weniger aufwendigen Berechnung diese Approximationsart häufig angewandt wird [GW87].

9.4 Hadamard-Transformation

Die *Hadamard-Transformation* ist der Walsh-Transformation sehr ähnlich. Auch ihr Transformationskern besteht nur aus den Werten +1 und -1.

9. Bildtransformationen

Sie ist definiert als

$$H(k,l) = \frac{1}{MN} \sum_{m=0}^{M-1} \sum_{n=0}^{N-1} f(m,n)\,(-1)^{\sum_{i=0}^{p-1} b_i(m)b_i(k)}(-1)^{\sum_{i=0}^{q-1} b_i(n)b_i(l)}$$

Hierbei ist auch $b_i(m)$ das i-te Bit der binären Zahlendarstellung von m. Daduch enthält dieser Vorwärtstransformationskern ebenfalls nur die Werte +1 und -1.

Der große Vorteil der Hadamard-Transformation ist, daß bei quadratischen Ausgangsfunktionen mit $N = M$ und $N = 2^p$ der Transformationskern rekursiv nach der Formel:

$$H_2 = \begin{bmatrix} 1 & 1 \\ 1 & -1 \end{bmatrix}$$

$$H_{2N} = \begin{bmatrix} H_N & H_N \\ H_N & -H_N \end{bmatrix}$$

berechnet werden kann.

Die Walsh- und Hadamard-Transformation zerlegen die Originalfunktion nicht in Sinus- und Kosinusanteile, sondern nähern diese durch Rechteckfunktionen an.

Abbildung 9.2: Darstellung des Transformationskerns der zweidimensionalen Hadamard-Transformation für $N = 8$ als schwarzweiß-Bild. Schwarz=+1; Weiß=-1.

```
void Hadamard(int BildNr, int BildNr2)
/* BildNr  = Nummer des zu transformierenden Bildes          */
/* BildNr2 = Nummer des Bildes fuer das Amplitudenspektrum   */
{
  int z, s;              /* Zeilen-/Spalten-Index            */
  int Zwerg, n;          /* Hilfsvariable fuer Zwischenergebnisse */
  int Anzahl;            /* Anzahl Zeilen/Spalten des Bildes  */
  float Faktor_C;        /* Skalierungsfaktor fuer die Darstellung*/
  long Temp[RES_MAX][RES_MAX];  /* Zwischenergebnisse d. Transf. */
  long Temp1[RES_MAX][RES_MAX];
  long Hadam[RES_MAX][RES_MAX]; /* Hadamard-Matrix mit +1 und -1 */

  ClearTextWindow(35,18,80,25);
  WriteText(35,18,"* Hadamard - zweidimensional *");

  /* Annahme: Quadratische Bilder, d.h. Zeilen == Spalten     */
  Anzahl   = Picture[BildNr].Zeilen;

  /* Logarithmus zur Basis 2 fuer den Faktor k (N=2^k) ermitteln */
  ld_Anzahl = 0;
  while (Anzahl > (1<<ld_Anzahl)) ld_Anzahl++;

  /* Kontrolle, ob Bild 2er-Potenz in der Aufloesung u. quadrat. */
  if ( (Anzahl != Bild[BildNr1].Spalten) ||
       (Anzahl != (1<<ld_Anzahl)) ) {
    ShowError("Falsche Aufloesung des Bildes");
    return;
  }
  Faktor_C = 10*(float)WEISS / log10((float) Anzahl + 1.0);

  /* Initialisierung der Hadamard-Matrix. Diese ist rekursiv  */
  Hadam[0][0] =  1;  /* definiert mit der Initialisierung:  1  1 */
  Hadam[0][1] =  1;  /* (Ordnung 2)                         1 -1 */
  Hadam[1][0] =  1;
  Hadam[1][1] = -1;
  /* Erzeugung der Hadamard-Matrix in der richtigen Groesse   */
  n=2;
  while (n<=(Anzahl/2)) {
    for (z=0; z<n; z++)                      /* Teil rechts oben */
        for (s=n; s<2*n; s++) Hadam[z][s] =  Hadam[z][s-n];
    for (z=n; z<2*n; z++)                    /* Teil links unten */
        for (s=0; s<n; s++)   Hadam[z][s] =  Hadam[z-n][s];
    for (z=n; z<2*n; z++)                    /* Teil rechts unten */
        for (s=n; s<2*n; s++) Hadam[z][s] = -Hadam[z-n][s-n];
    n *= 2;
  }
```

```
/* Hadamard-Transformation:      Temp  = Hadam * Bild * Hadam */
/* Zuerst Zeilen transformieren: Temp1 = Hadam * Bild         */
MatrixMultiplikation( Hadam, Temp, Temp1, Anzahl );


/* Dann Spalten transformieren:  Temp  = Temp1 * Hadam        */
MatrixMultiplikation( Temp1, Hadam, Temp, Anzahl);


/* Amplitudenspektrum mitberechnen und als Bild speichern     */
for (z=0; z<Anzahl; z++) {
    for (s=0; s<Anzahl; s++) {
        /* Nur Phaseninformation vorhanden, keine Amplitude   */
        Zwerg = fabs( (float)Temp[z][s] / (float)Anzahl );
        Zwerg = (int)(Faktor_C * log10(1.0 + Zwerg));

        /* Klipping der Grauwerte, falls diese ausserhalb lieg.*/
        if (Zwerg<SCHWARZ)      Zwerg=SCHWARZ;
        else if (Zwerg>WEISS) Zwerg=WEISS;

        Picture[BildNr2].Bild[z][s] = Zwerg;
    }
}
/* Das Amplitudenspektrum kann jetzt als Bild angezeigt werden */
}
```

9.5   Hauptachsen-Transformation

Die *Hotelling-Transformation* (auch Karhunen-Loève-, Hauptachsen-, Prinzipal- oder Eigenvektor-Transformation genannt) wird in der Hauptsache zur Datenkompression, zur Bilddrehung (standardisierte Darstellung) und zur Klassifizierung angewandt. Dafür müssen Merkmale benutzt werden, die möglichst miteinander unkorreliert sind. Diese Art der Transformation eines kontinuierlichen Signals wurde ursprünglich von Karhunen und von Loève entwickelt. Hotelling hat sich mit der Transformation eines diskreten Signals in einen Satz unkorrelierter Koeffizienten beschäftigt.

Zur Berechnung werden ausgehend von einem "Norm-" oder "Mittelwertbild" die Kovarianzmatrix und die dazugehörenden Eigenwerte und Eigenvektoren berechnet. Die Eigenvektoren repräsentieren die einzelnen Merkmale der Bildklasse und bilden eine Matrix, die zusammen mit dem Mittelwertbild die Transformation auf das zu transformierende Bild ergeben. Das Ergebnis dieser Hauptachsentransformation ist dann eine Matrix, die Gewichtungsfaktoren für die Eigenvektoren enthält. Über diese Gewichtungsfaktoren können Aussagen über das Vorkommen und die Wichtigkeit bestimmter Merkmale im zu untersuchenden Bild gemacht werden. Je größer der Faktor, desto wichtiger ist das korrespondierende Merkmal. Oft reichen daher einige wenige dieser Faktoren aus, um ein Bild relativ genau zu beschreiben. So werden z.B. durch die sechs größten Eigenwerte zusammen mit dem Mittelwertbild 97% eines Bildes bei Satellitenbildern (LANDSAT) von der Erde beschrieben.

Bei dieser Transformation faßt man im einzelnen das Bildsignal als ein MN-dimensionales Zufallssignal mit entsprechend MN verschiedenen Merkmalen auf. Durch eine Stichprobe $Q = \{f_1(x,y), \ldots, f_M(x,y)\}$ von diesen Bildern wird das Norm- oder Mittelwertbild μ bestimmt. Ohne Einschränkung der Allgemeingültigkeit der nachfolgenden Berechnungen soll $M = N$ angenommen werden, es werden also nur quadratische Bilder betrachtet. Dies vereinfacht an einigen Stellen die Schreibweise. Der "Vektor" $\vec{f}$ hat dann die Dimension N^2 und repräsentiert ein zufälliges Bildsignal, entweder zeilen- oder spaltenweise.

$$\vec{\mu_f} \cong \frac{1}{M} \sum_{i=1}^{M} \vec{f_i} = E(f)$$

Über diese Stichprobe und dem angenäherten Mittelwert wird die Kovarianzmatrix C_f abgeschätzt.

$$
\begin{aligned}
C_f &\cong E\{(\vec{f} - \vec{\mu_f})(\vec{f} - \vec{\mu_f})^T\} \\
&\cong \frac{1}{M} \sum_{i=1}^{M} (\vec{f_i} - \vec{\mu_f})(\vec{f_i} - \vec{\mu_f})^T \\
&\cong \frac{1}{M} (\sum_{i=1}^{M} \vec{f_i}\vec{f_i}^T) - \vec{\mu_f}\vec{\mu_f}^T
\end{aligned}
$$

Da sowohl $\vec{f}$ als auch $\vec{\mu_f}$ von der Dimension N^2 sind, ist diese Kovarianzmatrix von der Dimension $N^2 \times N^2$.

Nun sind die Eigenvektoren $\vec{e_i}$ und die Eigenwerte λ_i zu berechnen, so daß gilt

$$C_f \vec{e_i} = \lambda_i \vec{e_i}$$

$$(C_f - \lambda_i I)\vec{e_i} = 0$$

Ist die Determinante $det(C_f - \lambda_i I) = 0$, so sind die Zeilen der Kovarianzmatrix linear abhängig und es läßt sich keine eindeutige Lösung berechnen.

Die Eigenwerte λ_i dieser Kovarianzmatrix werden der Größe nach geordnet $\lambda_1 \geq \lambda_2 \geq \ldots \geq \lambda_{N^2}$ und die Elemente der Eigenvektoren $\vec{e_i}$ in eine Matrix A eingetragen. Diese in den Spalten von A stehenden Eigenvektoren nennt man auch die Hauptachsen und entsprechend diese Transformation die Hauptachsen-Transformation.

Über die Hotelling-Transformation

$$\vec{g} = A(\vec{f} - \vec{\mu_f})$$

erhält man aus dem mittelwertfreien Bildvektor durch Multiplikation mit A einen neuen Bildvektor, der die Koeffizienten enthält, wie die einzelnen Eigenvektoren zu gewichten sind.

9. Bildtransformationen

$$A = \begin{bmatrix} e_{11} & e_{12} & e_{13} & \cdots & e_{1N^2} \\ e_{21} & e_{22} & e_{23} & \cdots & e_{2N^2} \\ \cdots & & & & \cdots \\ e_{N^21} & e_{N^22} & e_{N^23} & \cdots & e_{N^2N^2} \end{bmatrix}$$

Dabei bedeutet e_{ij} die j-te Komponenten des i-ten Eigenvektors. Da die Kovarianzmatrix C_f eine reelle, symmetrische Matrix ist, läßt sich immer ein Satz reeller orthonormaler Eigenvektoren finden, so daß $A^{-1} = A^T$ gilt.

Durch Einsetzen in die obigen Gleichungen kann man zeigen, daß der Erwartungswert $\vec{\mu}_g E(g)$ gleich Null ist. Somit ergibt sich für C_g

$$\begin{aligned} C_g &= E\{(\vec{g} - \vec{\mu}_g)(\vec{g} - \vec{\mu}_g)^T\} \\ &= E\{(A\vec{f} - A\vec{\mu}_f)(A\vec{f} - A\vec{\mu}_f)^T\} \\ &= E\{(A\vec{f} - A\vec{\mu}_f)(\vec{f} - \vec{\mu}_f)^T A^T\} \\ &= AE\{(\vec{f} - \vec{\mu}_f)(\vec{f} - \vec{\mu}_f)^T\} A^T \\ &= AC_f A^T \end{aligned}$$

Die Kovarianzmatrix C_g von der Dimension $N^2 \times N^2$ ist eine Diagonalmatrix mit den Elementen

$$c_{ij} = \begin{cases} \lambda_i & i = j \\ 0 & \text{sonst} \end{cases}$$

Diese Eigenwerte entsprechen der Varianz der Merkmale, wobei der erste Eigenwert λ_1 die größte Varianz aufweist und somit das aussagekräftigste Merkmal repräsentiert. Da die anderen Werte (Kovarianzen) von C_g Null sind, bedeutet dies, daß die Merkmale unkorreliert sind. Somit läßt sich insgesamt die Rücktransformation als

$$\vec{f} = A^T \vec{g} + \vec{\mu}_f$$

definieren. Beschränkt man sich bei dieser Rücktransformation auf die ersten P Elemente von $\vec{g}$, so kann $\vec{f}$ durch $\vec{g}_P$ im Sinne der minimalen mittleren Fehlerquadrate optimal angenähert werden. Dies ist eine wichtige Eigenschaft zur Datenreduktion.

$$\begin{aligned} \epsilon &= \sum_{i=1}^{N^2} \lambda_i - \sum_{i=1}^{P} \lambda_i = \sum_{i=P+1}^{N^2} \lambda_i \\ &= \text{Minimale Summe der Fehlerquadrate.} \end{aligned}$$

Die Basis-Vektoren (z.B. Zeilen von A) sind so gewählt, daß sie in die Richtung der größten Varianz zeigen.

Somit ist es möglich, eine Transformation von dem einen in das andere Koordinatensystem zu definieren, die Objekte in einer standardisierten Darstellung wiedergibt.

$$\begin{aligned} y_1 &= x_1 \cos\alpha + x_2 \sin\alpha \\ y_2 &= -x_1 \sin\alpha + x_2 \cos\alpha \end{aligned}$$

wobei x_1, x_2 die Koordinaten (Indizes) im alten und y_1, y_2 die Koordinaten (Indizes) im neuen Koordinatensystem. Die Transformation

$$g = Af$$

entspricht dann einer Rotation, wenn A die zugehörige Rotationsmatrix darstellt (siehe Kapitel 4). Über die Formel

$$g = A(f - \mu_f)$$

wird zusätzlich noch eine Translation definiert. Jeder Vektor wird aus den Koordinaten der Pixel eines einzelnen Bildes gebildet. Alle Vektoren stammen von einem Objekt des Bildes.

Damit kann ein Objekt mit den Hauptausdehnungsrichtungen parallel zu den Koordinatenachsen gedreht werden. Man erhält eine normierte Lage.

Die Eigenschaft der Hotelling-Transformation, Signale in einen Raum mit orthogonalen Eigenvektoren als Basisvektoren abzubilden, wobei diese jeweils in Richtung der größten Signalvarianz zeigen, läßt sich vorteilhaft für eine standardisierte Darstellung von Objekten in Bildern ausnutzen.

In [KS90] wurde die Hauptachsen-Transformation zur Charakterisierung von Gesichtern verwendet. Aus einer genügend großen Stichprobe wurde dazu das "Normgesicht" berechnet. Mit diesem Mittelwertgesicht wurden bei einem neuen Gesicht die Eigenvektoren und Eigenwerte berechnet. Es stellte sich dabei heraus, daß etwa 50 Werte für die Charakterisierung eines Gesichtes zusammen mit dem Mittelwertgesicht ausreichen. Probleme bereiteten bei diesem Ansatz die Haare, weshalb diese meist nicht berücksichtigt wurden. Für den praktischen Einsatz bedeutet dies insgesamt, daß ein Gesicht z.B. beim Bildtelefon komplett mit den 50 Eigenwerten im Aussehen übertragen werden kann, wenn beim Empfänger das Mittelwertgesicht bekannt ist. Damit ist die Übertragung selbst komplexer Bildinhalte über langsame Medien (Telefon) möglich.

9.6 Weitere Bildtransformationen

Neben den hier genannten Transformationen finden noch andere, wie die Haar-, Slant-, SVD-(singular-valued-decomposition) Transformation usw. bei der Bildtransformation Verwendung [AH77], [Pra78]. Sie verwenden fast alle das gleiche Prinzip und benutzen nur unterschiedliche Transformationskerne.

Aufgaben

Aufgabe 1

1. Wie lautet die Hadamard-Matrix der Größe 4?

2. Stellen Sie die Transformationsgleichungen für die Hadamard-Transformation einer Folge mit 4 Elementen $f(i), i = 0, 1, 2, 3$ auf. Wie groß ist die Anzahl der Additionen?

3. Fassen Sie je zwei Elemente der Folge $f(i)$ so zusammen, daß eine zweistufige Berechnung der Hadamard-Transformation erfolgt und dadurch Additionen eingespart werden. Wieviel Additionen sind nun noch notwendig?

4. Zeichnen Sie das Verknüpfungs-Netzwerk dieser zweistufigen Berechnung.

10. Bildverbesserung

Bildverbesserungsverfahren haben mit den schon behandelten Bildrestaurierungsverfahren das Ziel gemeinsam, Bildsignale so aufzubereiten, daß sie die relevanten Informationen besser darstellen, d.h. Bildinformationen, die bei einer speziellen Anwendung redundant oder sogar störend sind, zu unterdrücken und dafür wichtige Bildinhalte deutlicher hervorzuheben. Die Bildverbesserungsverfahren sind daher im Gegensatz zu den Bildrestaurierungsverfahren subjektive Verfahren und von der Anwendung abhängig.

Diese Verfahren kann man grob in solche unterteilen, die im Orts- oder Frequenzbereich arbeiten, in lokale und globale, in signalunabhängige und signalabhängige sowie in lineare und nichtlineare Methoden. Die wichtigsten Verfahren sollen im folgenden beispielhaft vorgestellt werden.

10.1 Grauwertmanipulation

Die mit Kameras, Scanner o.ä. gewonnenen Bildsignale nutzen oft, bedingt durch ungünstige Beleuchtungsverhältnisse (Unter- oder Überbelichtung), nicht den ganzen darstellbaren Grauwert-/Farbbereich aus. Solche Bilder wirken dann zu hell, zu dunkel oder zu kontrastarm. Dabei ist zu beachten, daß das menschliche Sehsystem eine logarithmische Kennlinie bezüglich der Helligkeitsempfindung aufweist (vergleiche Kapitel 3 und Abschnitt 5.5.1). In dunklen Bildbereichen ist daher die Grauwertunterscheidung geringer. Ohne entsprechende Korrektur wirken äquidistant quantisierte Bilder für den Betrachter zu kontrastarm. Als Lösungsmöglichkeit für diesen Fall wurde die Gamma-Korrektur bereits vorgestellt.

Zu helle bzw. zu dunkle Bilder können einfach durch konstante Verschiebung aller Grauwerte abgedunkelt oder aufgehellt werden.

$$g'(x,y) = g(x,y) + c_1$$

mit $g(x,y)$ = Original-Grauwert an der Stelle (x,y), $g'(x,y)$ = neuer Grauwert an der Stelle (x,y) und c_1 = Verschiebungskonstante.

Bei dieser Grauwertverschiebung muß darauf geachtet werden, daß der neue Grauwert nicht außerhalb des darstellbaren Bereiches liegt, da sonst Information verloren geht.

Diese Addition eines konstanten Wertes zu jedem Grauwert verändert den Kontrast nicht. Dies geschieht erst durch Multiplikation mit einem konstanten Faktor ($c_2 > 0$). Dadurch kann eine Spreizung des Ausgangsgrauwertbereichs auf den ganzen darstellbaren Bereich erfolgen. Der Faktor kann größer 1 (z.B. bei dunklen Bildern, Bilder wirken kontrastreicher) oder kleiner 1 (Bilder wirken kontrastärmer) sein, falls der darstellbare Bereich kleiner als der Grauwertbereich des Bildes ist. Eine Kombination dieses

Verfahrens mit der Grauwertverschiebung ist ebenfalls möglich.

$$g'(x,y) = c_2\, g(x,y) + c_1$$

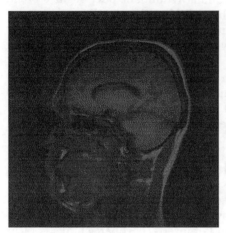 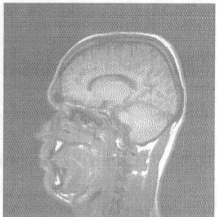

Abbildung 10.1: Alle Grauwerte aus dem linken Bild (Grauwertbereich $0,\ldots,63$) wurden um den konstanten Wert $c_1 = 192$ verschoben. Der Inhalt des Ergebnisbildes rechts ist zwar besser zu erkennen, jedoch wirkt das Bild noch kontrastarm.

Folgende Transformation eines Bildes nutzt den ganzen zur Verfügung stehenden Grauwert-/Farbbereich:

$$g'(x,y) = (g(x,y) - g_{min})\, \frac{G_{max} - G_{min}}{g_{max} - g_{min}}$$

mit G_{max}, G_{min}=maximaler und minimaler zur Verfügung stehender Grauwert, g_{max}, g_{min}=maximaler und minimaler im Bild vorkommender Grauwert.

Es handelt sich dabei immer noch um eine lineare, ortsunabhängige und globale Transformation. Denkbar ist auch eine nichtlineare Gewichtung (z.B. logarithmisch) oder eine stückweise lineare Gewichtung, um bestimmte Bereiche stärker zu beeinflussen. Oft werden dabei aber unterschiedliche Grauwerte g des Originalbildes auf einen Wert g' des darstellbaren Bildes transformiert, was einen Informationsverlust bedeutet (vergleiche Abschnitt 5.5.1).

Der Informationsverlust durch die nichtlineare bzw. stückweise lineare Grauwertskalierung kann jedoch auch erwünscht sein, um eine nicht benötigte Bildinformation "auszublenden" bzw. eine Kontrasterhöhung in relevanten Grauwertbereichen zu erhalten.

Abbildung 10.2: Alle Grauwerte aus dem linken Bild (Grauwertbereich $0,\ldots,63$) wurden mit dem Wert $c_2 = 3.5$ multipliziert und um $c_1 = 30$ verschoben. Der Inhalt des Ergebnisbildes rechts ist wesentlich besser zu erkennen und wirkt auch kontrastreicher im Vergleich zu der einfachen Grauwertverschiebung.

Einige der häufig verwendeten Funktionen zur nichtlinearen Grauwertskalierung sind im folgenden aufgelistet. Eine Über- oder Unterschreitung des darstellbaren Bereiches muß durch entsprechendes Klipping, d.h. durch Abbildung von Grauwerten, die den Bereich überschreiten, auf den größten Wert bzw. durch Abbildung auf den kleinsten Grauwert, falls der Bereich unterschritten wird, verhindert werden (siehe auch [Pra78]).

$$
\begin{aligned}
g'(x,y) &= c_1 g^2(x,y) + c_2 \\
g'(x,y) &= c_1 \sqrt{g(x,y)} + c_2 \\
g'(x,y) &= ln(c_1 g(x,y) + c_2) \\
g'(x,y) &= e^{g(x,y)+c_1} + c_2
\end{aligned}
$$

Bei allen diesen Transformationen muß immer darauf geachtet werden, daß der neue Grauwert noch im darstellbaren Bereich liegt.

Praktisch wird bei der Grauwerttranformation nicht jeder einzelne Bildpunkt nach der Vorschrift transformiert, sondern es wird eine Tabelle aufgebaut, die genauso viele Einträge enthält, wie Grauwerte im Originalbild vorkommen. Die unterschiedlichen Grauwerte der einzelnen Einträge überdecken dann den gewünschten Zielbereich. Mit Hilfe solcher Tabellen (*Look-Up-Table, LUT*) können beliebige Transformationen realisiert werden, da der Wert sich von Eintrag zu Eintrag beliebig ändern kann. Somit ist die gezielte Beeinflussung einzelner Grauwertbereiche möglich.

War bei den bisher vorgestellten Grauwerttransformationen die Transformationsfunktion schon vorgegeben, so ist es auch denkbar, diese aus zwei

Bildern (dem Originalbild und dem Zielbild) zu berechnen. Sinn und Zweck einer solchen Grauwertänderung könnte zum Beispiel die möglichst gleiche Darstellung einer Szene sein, die bei unterschiedlichen Beleuchtungsverhältnissen aufgenommen wurde.

```
void Grauwertanpassung(int BildNr)
{
    int z, s;                /* Zeilen-/Spalten-Index                */
    int Minimum, Maximum;  /* Minimaler/Maximaler vorkomm. Grauwert */
    float Faktor;            /* Multiplikator C2 zur Grauwertanpassung*/

    ClearTextWindow(35,18,80,25);
    WriteText(35,18,"* Grauwertanpassung *");

    /* Minimalen und maximalen vorkommenden Grauwert ermitteln    */
    Minimum = WEISS;
    Maximum = SCHWARZ;
    for (z=0; z<Picture[BildNr].Zeilen; z++)
        for (s=0; s<Picture[BildNr].Spalten; s++) {
            if (Picture[BildNr].Bild[z][s] < Minimum)
                Minimum = Picture[BildNr].Bild[z][s];
            else if (Picture[BildNr].Bild[z][s] > Maximum)
                Maximum = Picture[BildNr].Bild[z][s];
        }
    Faktor = ((float)(WEISS - SCHWARZ)) / ((float)(Maximum-Minimum));

    /* Nun die eigentliche Anpassung nach der bek. Formel durchf.  */
    for (z=0; z<Picture[BildNr].Zeilen; z++)
        for (s=0; s<Picture[BildNr].Spalten; s++)
            Picture[BildNr].Bild[z][s] = (unsigned char)
                ((float)(Picture[BildNr].Bild[z][s]-Minimum)*Faktor);
}
```

10.2 Grauwertquantisierung

Eine *Grauwertquantisierung* stellt zwar keine Bildverbesserung dar, ist aber auch eine Grauwertmanipulation und soll der Vollständigkeit halber an dieser Stelle erwähnt werden.

Wie schon bei den Halbtonverfahren (siehe Kapitel 6) deutlich wurde, ist es manchmal notwendig, die Anzahl der zur Verfügung stehenden Graustufen zu reduzieren. Da das Auge sowieso nur eine geringe Graustufenanzahl (siehe Kapitel 3) unterscheiden kann, ist eine Reduktion auf 64 oder 32 Graustufen in der Regel nicht wahrnehmbar.

Der Vorteil dieser Bearbeitung kann Platzersparnis bei der Speicherung des Bildes, die Möglichkeit der Ausgabe auf speziellen Geräten oder die vereinfachte Berechnung von Filterungen u.ä. sein.

Bei der Grauwertquantisierung wird zur Transformation eine Look-Up-Tabelle berechnet, die je nach Anzahl der Quantisierungsstufen mehrere identische Einträge enthält. Wichtig bei solch einer Quantisierung ist, daß Schwarz wieder auf Schwarz und Weiß auf Weiß abgebildet wird. Zur vereinfachten Berechnung dieser Transformationsfunktion kann man dabei von einem fiktiven größeren Grauwertbereich ausgehen.

Werden nur zwei Stufen für die Quantisierung verwendet, so entsteht ein *Binärbild*. Dieser Vorgang wird *Binärisierung* genannt.

Abbildung 10.3: Eine Quantisierung auf 32 Stufen ist im normalen Bild (links) oft noch nicht zu erkennen. Nur im Graukeil sind die Abstufungen zu erahnen. Bei nur 8 Graustufen (rechts) ergeben sich jedoch fiktive Konturen.

```
void Quantisierung(int BildNr, int Stufen)
/* BildNr = das zu bearbeitenden Bild                       */
/* Stufen = Anzahl der Quantisierungsstufen >= 2            */
{
    int z, s;                    /* Zeilen-/Spalten-Index     */
    int Anfang, Ende;            /* Stufen-Werte              */
    int i;
    int Steps, Anzahl;           /* Groesse der einzelnen Stufen */
    unsigned char MittlererGW;   /* Mittlerer Grauwert der Stufe */
    unsigned char LUT[MAX_COLOR]; /* Tabelle zur einfachen Quant. */

    ClearTextWindow(35,18,80,25);
    WriteText(35,18,"* Grauwertquantisierung *");

    Anzahl = MAX_COLOR / (Stufen-1);
```

10. Bildverbesserung

```
Ende     = Anzahl/2;
Steps    = 1;
Anfang   = 0;
MittlererGW = SCHWARZ;  /* die erste Stufe muss schwarz werden */
while (Steps < Stufen) {
    for (i=Anfang; i<Ende; i++)  LUT[i] = MittlererGW;
    Anfang      = Ende;         /* "Anfang" und ...              */
    Ende        += Anzahl;      /* "Ende" der aktuellen Stufe    */
    MittlererGW += Anzahl;      /* neuer mittlerer Grauwert      */
    Steps++;
}
/* die letzte Stufe jetzt noch auf weiss setzen                  */
for (i=Anfang; i<MAX_COLOR; i++) LUT[i] = WEISS;

for (z=0; z<Picture[BildNr].Zeilen; z++)
    for (s=0; s<Picture[BildNr].Spalten; s++)
        Picture[BildNr].Bild[z][s] =
                            LUT[ Picture[BildNr].Bild[z][s] ];
}
```

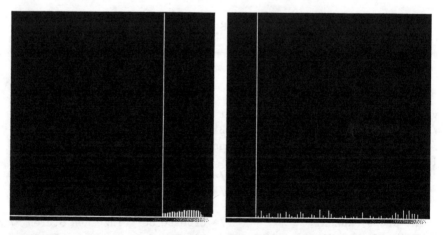

Abbildung 10.4: Die Darstellung der Häufigkeitsverteilung der Grauwerte in einem Bild erfolgt durch das Histogramm. Aufgrund der Form können die Faktoren zur Grauwertmanipulation oder Schwellen zur Segmentierung bestimmt werden. Das linke Bild ist das Histogramm vom Bild 10.1, rechts. Das rechte Bild stellt das Histogramm von Bild 10.2, rechts dar.

10.3 Histogrammdarstellung

Zur Bestimmung der Faktoren c_1 und c_2 ist in der Regel die Auswertung des *Histogramms* nützlich. Das Histogramm ist die Darstellung der Häufigkeitsverteilung der Grauwerte in einem Bild. Auf der horizontalen Achse werden dabei in der Regel die unterschiedlichen diskreten Grauwerte in Form von Zahlen oder einem Graukeil dargestellt. Darüber wird die Häufigkeit des entsprechenden Grauwerts als Balken abgebildet. Normalerweise sind weniger die absoluten Häufigkeitswerte als die relativen Werte von Interesse.

Aufgrund der Form des Histogramms können oft auch Entscheidungen über günstige Schwellwerte zur Segmentierung getroffen werden (vergleiche Kapitel 14).

Für Kontraständerung und Histogrammeinebnung ist das *kumulative Histogramm* von Bedeutung. Es stellt die Anzahl der Bildpunkte mit einem nicht größeren Grauwert als ein vorgegebener dar. Das kumulative Histogramm wird durch Summation der Häufigkeiten der einzelnen Grauwerte aus dem normalen Histogramm, beginnend mit der Häufigkeit von Schwarz, berechnet. Sind die Grauwerte über den gesamten Grauwertbereich in etwa gleich verteilt, so verläuft die Kurve des kumulativen Histogramms diagonal von links unten (schwarz) nach rechts oben (weiß).

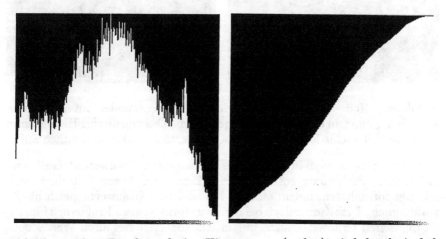

Abbildung 10.5: Das kumulative Histogramm (rechts) wird durch Aufaddieren der Häufigkeiten der einzelnen Grauwerte aus dem normalen Histogramm (links) berechnet.

10.3.1 Histogrammeinebnung

Ein häufig verwendetes globales Kriterium der Histogrammanipulation

10. Bildverbesserung

ist die Forderung, daß die Intensitätswerte des transformierten Bildes möglichst gleichmäßig über den gesamten zur Verfügung stehenden Grauwertbereich verteilt sind. Es wird dabei eine neue Look-Up-Tabelle berechnet, d.h. ein Vektor $G'(i)$, der die neuen Intensitätswerte enthält, wobei die Grauwerte der zu transformierenden Bildpunkte als Index dienen [Wah84], [O'G88]. Diese Transformation bezeichnet man als *Histogrammeinebnung*.

$$G'(i) = \frac{G_{max}}{T} H_x(x_i)$$

mit $H_x(x_i) = (\sum_{x=x_L}^{x_i} h(x)) - 0.5[h(x_i) + h(x_L)]$, der kumulative Verteilungsfunktion und $T = (\sum_{x=x_L}^{x_U} h(x)) - 0.5[h(x_U) + h(x_L)]$, die Anzahl der Pixel, $h(x_L)$ bzw. $h(x_U)$ die Häufigkeit des kleinsten bzw. größten Grauwertes sowie G_{max} dem größten möglichen Grauwert.

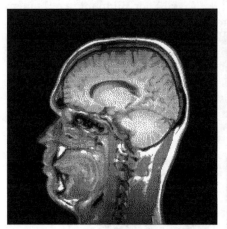 

Abbildung 10.6: Die Histogrammeinebnung angewendet auf Abbildung 10.1, links, führt zu optisch guten Ergebnissen. Das zugehörige Histogramm zeigt die Unterschiede zur einfachen Grauwertmanipulation deutlich auf.

Statt zu sagen, daß in einem jeweils konstanten Grauwertintervall etwa gleich viele Bildpunkte enthalten sind, kann man dieses Kriterium noch schärfer formulieren, indem man fordert, daß alle Grauwerte gleich häufig vorkommen. Dies kann jedoch bei der Transformation zu Problemen führen, da die neuen Grauwerte nicht nur in Abhängigkeit des alten Wertes sondern auch in Abhängigkeit der Anzahl in der gerade betrachteten Klasse berechnet werden müssen. Aus diesem Grunde wird diese Art von Histogrammeinebnung normalerweise nur in der zuerst genannten einfacheren Form eingesetzt. Sofern nicht ein einzelner Grauwert stark im Originalbild dominiert, hat man aber im allgemeinen den Eindruck einer Kontrastverstärkung. Kommt ein Grauwert oder ein eng begrenzter Grauwertbereich im Originalbild sehr häufig vor, so führt die Anwendung der Histogrammeinebnung zu unbefriedigenden Ergebnissen. Der Kontrast in den verbleibenden, weniger häufig vorkommenden Grauwertbereichen wird aufgrund des globalen Kriteriums der Histogrammeinebnung schlechter (siehe Abbildung 10.7).

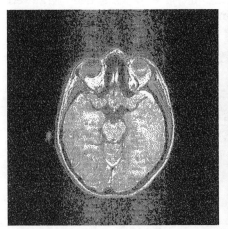 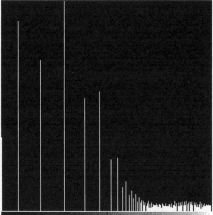

Abbildung 10.7: Ist ein Grauwert oder eng begrenzter Grauwertbereich in einem Bild dominant, so führt eine Histogrammeinebnung aufgrund des globalen Optimierungskriteriums zu optisch schlechteren Ergebnissen. Bei der CT-Aufnahme in diesem Beispiel wirkt sich der relativ große Hintergrund negativ aus. Das zugehörige Histogramm verdeutlicht dies noch einmal.

10.3.2 Adaptive Histogrammeinebnung

Damit sich das dominante Vorkommen eines Grauwertbereiches (z.B. der großflächige Hintergrund oder ungleichmäßig ausgeleuchtete Bilder) nicht auf das gesamte Bild auswirkt, wird bei der *adaptiven Histogrammeinebnung* (im Englischen auch mit *AHE=Adaptive Histogram Equalization* bezeichnet) die Vorlage in kleine Felder unterteilt, die jeweils etwa die Größe der interessierenden Strukturen haben [PAA*87], [VSM88]. In diesen Teilbildern erfolgt im ersten Schritt jeweils eine normale Histogrammeinebnung.

Der eigentliche Grauwert wird dabei durch relative Gewichtung zu den Nachbargebieten aus dem transformierten Grauwert berechnet. Somit entstehen glatte Übergänge zwischen den Feldern. Diese Gewichtung der Transformationskennlinien erfolgt umgekehrt proportional zum Abstand vom Mittelpunkt des aktuellen Feldes und dem der Nachbargebiete. Dadurch nimmt die Wirkung der pro Feld ermittelten Transformationsfunktion mit wachsendem (Euklidschem) Abstand vom Mittelpunkt der Teilbilder ab, die Wirkung der angrenzenden Gebiete entsprechend zu. Als Nachbarfelder werden nur die direkt angrenzenden vier Felder betrachtet.

10. Bildverbesserung

Neben der Glättung der Übergänge haben gleichzeitig die einzelnen Grauwerte nur einen stark begrenzten Einfluß.

Beispiel:
Gegeben sei ein Bild der Größe $N \times N$ mit k möglichen Graustufen. Das Bild sei unterteilt in Felder der Größe $m \times m$ mit $m < N$. Der neue Grauwert $m(i)$ eines Bildpunktes an der Position (x, y) mit dem Grauwert i berechnet sich dann als bilineare Interpolation:

$$m(i) = a[b\,m_{--}(i) + (1-b)m_{+-}(i)] + [1-a][b\,m_{-+}(i) + (1-b)m_{++}]$$

wobei gilt $a = (y - y_-)/(y_+ - y_-)$, $b = (x - x_-)/(x_+ - x_-)$ und x_+, x_-, y_+, y_- die (x,y)-Koordiante des Mittelpunktes der entsprechenden Felder, $m_{--}(i)$ der transformierte Grauwert i im Feld links oben, $m_{+-}(i)$ der transformierte Grauwert i im Feld rechts oben, $m_{-+}(i)$ der transformierte Grauwert i im Feld links unten sowie $m_{++}(i)$ der transformierte Grauwert i im Feld rechts unten.

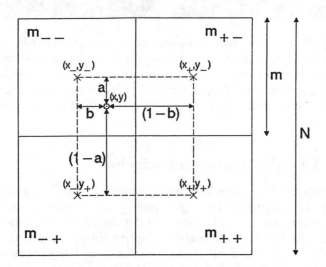

Abbildung 10.8: Der eigentliche Grauwert eines Bildpunktes berechnet sich aus dem in Abhängigkeit vom Abstand zum Feld-Mittelpunkt der Nachbarfelder gewichteten Mittelwert. Andere Nachbarschaftsbeziehungen bei der Berechnung als die hier verwendeten sind ebenfalls denkbar.

Durch diese lokale Histogrammeinebnung und Glättung der Übergänge zwischen den Feldern wird lokal ein optimaler Kontrast erreicht. Für die nachfolgenden Bearbeitungsstufen werden die einzelnen Gebiete gut unterscheidbar. Andererseits wirken sich häufig vorkommende Grauwerte nicht mehr negativ auf das Gesamtbild aus.

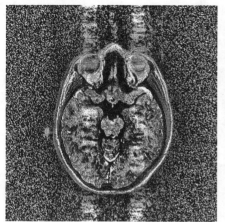 

Abbildung 10.9: Bei der adaptiven Histogrammeinebnung (Größe 32×32) machen sich dominate Grauwerte nicht negativ bemerkbar. Selbst in Bereichen mit fast identischen Grauwerten im Originalbild sind durch die lokale Wirkungsweise der Transformationsfunktion gute Ergebnisse zu erzielen. Bei dem CT-Bild (vergleiche Abbildung 10.7) sind Strukturen des Hintergrundes zu erkennen. Nur an den Übergängen zwischen Hintergrund und Objekt wirkt das Bild etwas kontrastarm. Das rechte Bild zeigt eine Satellitenaufnahme von dem Gebiet um New York mit Long Island und dem Hudson River. Durch die adaptive Histogrammeinebnung können lokale Strukturen wie die Zuflüsse zum Hudson oder die Schattierungen im Wasser kontrastreich herausgearbeitet werden. Diese wären mit einer globalen Optimierung nicht sichtbar.

Im Gegensatz zur normalen Histogrammeinebnung existiert bei der adaptiven Histogrammeinebnung ein weiterer Parameter, der das Ergebnis beeinflussen kann, die Feldgröße. Werden die Felder zu groß gewählt, so nähert sich das Ergebnis der Transformation dem der normalen Histogrammeinebnung. An den Übergängen zwischen Objekt und dominantem Grauwert wirken die größeren transformierten Felder kontrastärmer. Ein besseres Ergebnis wird erreicht, wenn die Felder so klein sind, daß sie entweder ganz von den Objekten oder ganz von dem dominanten Grauwert ausgefüllt werden. Auf der anderen Seite wird durch zu kleine Felder Rauschen und jede kleine Grauwertänderung stark verstärkt.

Sinnvolle Transformationen ergeben sich, wenn in jedem Feld mindestens soviel Bildpunkte liegen, wie darstellbare Grauwerte zur Verfügung stehen. Erst dann sind die Häufigkeiten der einzelnen Grauwerte als repräsentativ anzusehen und die Schätzung der Grauwertverteilung aufgrund dieser Stichprobe ist einigermaßen korrekt. Weiterhin sollten die Felder nicht viel größer als die wichtigen Bildinhalte sein. Aufgrund dieser Betrachtungen ergibt sich als Minimalgröße ein Feld von 16×16 und eine sinnvolle Maxi-

10. Bildverbesserung

malgröße von 64×64 bei den üblichen 256 Graustufen und Bildgrößen von 512×512 Bildpunkten.

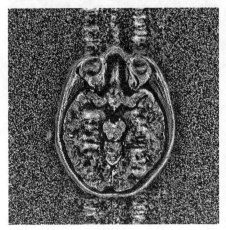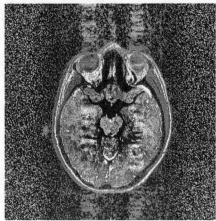

Abbildung 10.10: Das linke Bild wurde mit der adaptiven Histogrammeinebnung bei einer Feldgröße von 16×16, das rechte bei 64×64 erzeugt. Durch die reative kleine Größe wirkt das Bild links zu stark verrauscht. Rechts das Bild nähert sich im Aussehen schon der normalen Histogrammeinebnung (siehe Abbildung 10.7).

```
void AHE(int BildNr, int BildNr2, int Fenster)
/* BildNr  = das zu bearbeitende Quellbild                 */
/* BildNr1 = das Ergebnisbild                              */
/* Fenster = Fenstergroesse 16 ... 64, d.h. 16x16 ... 64x64 */
{
    int z, s;                     /* Zeilen-/Spalten-Index      */
    int Zeile, Spalte;
    unsigned char Tr_Matrix[16][16][256];  /* Transformationsfkt. */
                                  /* (fuer jeden Block) max. 16x16 */
    int Bloecke;                  /* Anzahl der Bloecke          */
    int Offset_Zeile, Offset_Spalte;
    int i, j, k;
    int X_low, X_high;            /* Maximaler/Minimaler Grauwert */
    float T, a, b;                /* Hilfsvariablen fuer Interpol. */
    int X_Mitte, Y_Mitte;         /* Mittelpunkt-Koordinaten      */
    unsigned int Histo[MAX_COLOR];/* Histogramm                  */
    unsigned int Kum_Histo[MAX_COLOR]; /* Kumulatives Histogramm */
    float Abstand_XY[64];         /* Hilfsvektor fuer die Abstaende*/

    ClearTextWindow(35,18,80,25);
```

```
WriteText(35,18,"* Adaptive-Histogrammeinebnung *");

X_Mitte=Fenster/2;          /* Koordinaten des Blockmittelpunktes*/
Y_Mitte=Fenster/2;


Bloecke=Picture[BildNr].Zeilen/Fenster;  /* Anzahl der Bloecke */
/* Distanzen fuer die Interpolation vorher berechnen          */
for (i=0; i<Fenster; i++)
    Abstand_XY[i] = (float)(i) / (float)(Fenster);


/* Transformations-Funktionen der einzelnen Felder berechnen  */
for (i=0; i<Bloecke; i++) {
    Offset_Zeile = i*Fenster;
    for (j=0; j<Bloecke; j++) {
        Offset_Spalte = j*Fenster;
        /* Histogramm initialisieren                          */
        for (k=0; k<MAX_COLOR; k++) Histo[k] = 0;

        /* Histogramm fuer das aktuelle Feld ermitteln         */
        for (z=0; z<Fenster; z++)
            for (s=0; s<Fenster; s++) {
                Zeile = Offset_Zeile + z;
                Spalte= Offset_Spalte + s;
                Histo[ Picture[BildNr].Bild[Zeile][Spalte] ]++;
            }
        /* Kumulatives Histogramm fuer das Feld aufstellen     */
        Kum_Histo[0] = Histo[0];
        for (k=1; k<MAX_COLOR; k++)
            Kum_Histo[k] = Kum_Histo[k-1]+Histo[k];
        /* Kleinsten vorkommenden Grauwert X_low suchen        */
        k = -1;
        while( !Histo[++k] );
        X_low = Histo[k];
        /* Groessten vorkommenden Grauwert X_high suchen       */
        k = MAX_COLOR;
        while( !Histo[--k] );
        X_high = Histo[k];

        T = (float)(Kum_Histo[MAX_COLOR-1]) -
                    0.5*((float)(X_high + X_low));
        if (fabs(T)>0.0) T=(float)(WEISS)/T;

        for (k=0; k<MAX_COLOR; k++)
            Tr_Matrix[i][j][k] =
                (int)(T * ((float)Kum_Histo[k] -
                                  0.5*(float)(Histo[k]+X_low)));
```

```
            }
       }
       /* Jetzt die eigentliche Transformation unter Beruecksichtigung*/
       /* der Nachbarfelder durchfuehren.                             */
       /* Der Transformationsbereich ueberlappt 4 Fenster. An der     */
       /* Stelle, wo diese Fenster zusammenstossen, liegt der Mittel- */
       /* punkt des Transformationsbereichs.                          */
       for (i=0; i<Bloecke-1; i++) {
          Zeile=Y_Mitte+i*Fenster;
          for (j=0; j<Bloecke-1; j++) {
             Spalte=X_Mitte+j*Fenster;

             for (z=0; z<Fenster; z++) {
                a = Abstand_XY[z];
                for (s=0; s<Fenster; s++) {
                   b = Abstand_XY[s];
                   /* Alter Grauwert des Pixels als Index verweden   */
                   Grauwert = Picture[BildNr].Bild[Zeile+z][Spalte+s];
                   Picture[BildNr].Bild[Zeile+y][Spalte+x] =
                      (unsigned char)
                      (a * (b*(float)Tr_Matrix[i+1][j+1][Grauwert] +
                            (1.0-b)*(float)Tr_Matrix[i+1][j][Grauwert]) +
                       (1.0-a)*(b*(float)Tr_Matrix[i][j+1][Grauwert] +
                            (1.0-b)*(float)Tr_Matrix[i][j][Grauwert])
                      );
                }
             }
          }
       }
       /* Bis hierher sind nur die innenliegenden Grauwerte trans-    */
       /* formiert worden. Der Rand muss jetzt noch gesondert berueck-*/
       /* sichtigt werden, z.B. durch geeignete Gewichtung mit den    */
       /* noch vorhandenen Nachbarn oder einfach durch Verwendung der */
       /* Ergebnisse der normalen Histogrammeinebnung.                */
}
```

10.4 Medianfilter

Die bisher vorgestellten Methoden der Histogrammanipulation waren
rein bildpunktbezogen. Man bezeichnet diese daher auch als *Punktopera-
tionen*. Wird bei der Bildverbesserung noch die Umgebung eines Bildpunktes mitberücksichtigt, so spricht man von *(digitalen) Filtern im Ortsbereich*.

Eines der einfachsten derartigen Verfahren besteht darin, die Grauwerte
eines Bildes zu glätten, indem der Grauwert eines jeden Punktes durch
den *Mittelwert* der Grauwerte seiner Umgebungspunkte ersetzt wird. Aus

Gründen der Symmetrie wird meistens eine quadratische Umgebung der Gesamtgröße von 3×3, 5×5 oder mehr Bildpunkten verwendet.

$$g'(x,y) = \frac{1}{(2n+1)^2} \sum_{i=-n}^{n} \sum_{j=-n}^{n} g(x+i,y+j) \text{ für festes } n = 1,2,3,\ldots$$

Am Bildrand sind besondere Vorkehrungen zu treffen. Dies kann durch Spiegelung des Bildinhaltes an den Bildrändern oder durch Setzen der außerhalb liegenden Bildpunkte auf Schwarz bzw. Weiß. Letzteres führt aber meist zu sichtbaren Fehlern im gefilterten Bild.

Abbildung 10.11: Einer der einfachsten Filter im Ortsbereich zur Bildglättung ist der Mittelwertfilter. Das verrauschte Originalbild links ist mit einer 3×3-Maske gefaltet und das Ergebnis rechts dargestellt.

Bilder, die mit diesem Operator bearbeitet (gefaltet) werden, wirken im Vergleich zum Original "weicher" oder etwas unschärfer. Der Grauwert-Mittelwert des neuen Bildes ist derselbe wie im alten Bild, wogegen die Streuung im neuen Bild kleiner wird. Das bedeutet, daß das dem Originalbild überlagerte Rauschen durch die Filterung verringert wurde. Strukturen mit einer kleinen Wellenlänge werden jedoch nur in der Amplitude gedämpft, nicht aber komplett herausgefiltert.

Ein großer Nachteil dieser Methode zur Glättung ist die Tatsache, daß das Rauschen nur vermieden, nicht aber komplett beseitigt wird, und daß im neuen Bild durch die Mittelung unter Umständen Grauwerte verwendet werden, die im Originalbild nicht vorhanden waren. Die Verbesserung verrauschter Bildsignale mittels dieser ortsinvarianten Tiefpaßoperation stellt somit nur einen Kompromiß zwischen der Unterdrückung des dem Bildsignal überlagerten Rauschens und der Erhaltung feiner Bildstrukturen dar. Der Mittelwertfilter ist daher kein guter Tiefpaßfilter.

10. Bildverbesserung

Abbildung 10.12: Bei der Mittelwertfilterung mit gößeren Masken wirkt das Ergebnis unschärfer. Links ist das Originalbild aus Abbildung 10.11 mit einer 5×5 Maske, rechts mit einer 7×7-Maske geglättet.

Die Nachteile des Mittelwertfilters werden durch den nichtlinearen *Medianfilter* verhindert. Der Medianfilter wurde Anfang der 70er Jahre zur nichtlinearen Glättung von Signalen vorgeschlagen [HYY79], [GW81]. Allgemein gehört der Medianfilter zu den Rangordnungsfiltern, d.h., die Eingangsdaten w_i mit $w_i \in W$ und W=Wertebereich des Eingangssignals werden sortiert und der w_m-größte Wert der aufsteigend sortierten Folge $f(k)$ mit $k \in W$ wird als Funktionswert genommen. Beim Medianfilter entspricht w_m dem mittleren Wert dieser Folge, dem Median. Als Vorteile dieses Filters seien genannt

- der Erhalt scharfer Kanten,

- die gute Unterdrückung von Störimpulsen,

- die Eignung bei nichtadditiven und korrelierten Störungen,

- die einfache, wenn auch unter Umständen zeitaufwendige Berechnung.

Im Zusammenhang mit der Bildverarbeitung ist der Medianfilter wie folgt definiert:

Ist $A(x,y)$ die Matrix-Darstellung eines digitalisierten Bildes, dann ist das Ergebnis des Medianfilters mit einer Fenstergröße von $(2m+1)\times(2n+1)$, mit $m,n = 1, 2, ...$, ein Bild $B(x,y)$. Jedes Element von $B(x,y)$ entspricht dem Median der Grauwerte des Originalbildes, die in einem Fenster der Größe $(2m+1)\times(2n+1)$ berücksichtigt wurden. Das mittlere Element in diesem Fenster wird dabei immer auf den Medianwert gesetzt. Zur Vereinfachung

Abbildung 10.13: Bei der Glättung mit dem nichtlinearen Medianfilter erfolgt eine sehr gute Rauschunterdrückung. Links ist das gestörte Bild aus Abbildung 10.11 mit einem 3×3-Median, rechts mit einem 5×5-Median geglättet worden.

wird meist $m = n$ verwendet. Weiterhin ist aus Geschwindigkeitsgründen $m = n = 1, 2$ oder 3 üblich.

Strukturen und Störungen wie z.B. Rauschen bis zu einer Ausdehnung von n Pixel in einer Richtung werden somit durch den Medianfilter vollständig beseitigt. Eine Anwendung dieses Filters reduziert die Varianz der Grauwerte im Bild. Dabei wird meist auch der mittlere Grauwert geändert, jedoch werden keine neuen Grauwerte wie bei dem Mittelwertfilter erzeugt. Durch bestimmte Filterformen (Kreuz-Form, Vektor-Form) können bestimmte Strukturen in der Vorlage besser berücksichtigt und erhalten werden. So ist es unter anderem auch möglich, kleine Lücken in Strukturen mit Hilfe des Medianfilters zu schließen (vergleiche Kapitel 14).

Einer der größten Nachteile des Medianfilters ist die laufend notwendige Sortierung der Eingangswerte. Diese Sortierung kann mit bekannten Verfahren wie Quicksort, Bubblesort, mit verketteten Listen usw. durchgeführt werden. Trotz der einfachen Berechnung ergeben sich dadurch bei Softwarelösungen lange Berechnungszeiten. Zur Beschleunigung wird daher neben der geänderten Filterform auch oft als Näherung der Median der Mediane verwendet, d.h. es wird bei einer $(2n + 1)\times(2n + 1)$-Maske der Median einer jeden Zeile und einer jeden Spalte ermittelt und als Gesamtergebnis der Median dieser $2(2n + 1)$ Medianwerte verwendet [Ner81]. Dies ist aber nur eine Näherung des eigentlichen Medianwertes. Insgesamt gelten folgende Rechenregeln bei dem Umgang mit dem Medianfilter:

$$med(c + f(x)) \;=\; c + med(f(x))$$

$$med(c\,f(x)) \;=\; c\,med(f(x))$$
$$med(f(x)) + med(g(x)) \;\neq\; med(f(x) + g(x))$$

Eine schnelle, wenn auch programmtechnisch etwas aufwendigere Möglichkeit der Medianfilterung ohne laufende Neusortierung der Werte ist die sogenannte Histogrammethode [HYY79]. Bei dieser Berechnung wird die Überlappung der einzelnen Filter-Fenster ausgenutzt, denn bei der Filterung fallen nur $(2n + 1)$ alte Werte aus der Liste heraus und $(2n + 1)$ neue kommen hinzu. Alle anderen $(2n + 1)^2 - 2(2n + 1)$ Werte bleiben erhalten. Je größer die Filtermaske, desto größer ist daher der Vorteil dieser Histogrammethode. Als Vorbereitung wird zuerst das Histogramm der $(2n + 1) \times (2n + 1)$ Werte und das dazugehörige kumulative Histogramm berechnet. Die Stelle, bei der die Häufigkeit von $(2n + 1)^2/2$ im kumulativen Histogramm überschritten wird, wird bestimmt. Der Grauwert an dieser Stelle entspricht dem Median. Im nächsten Schritt werden die $(2n + 1)$ alten Werte aus dem Histogramm entfernt (die zugehörigen Häufigkeiten erniedrigt) und die $(2n + 1)$ neuen Werte eingefügt (die zugehörigen Häufigkeiten erhöht) und das kumulative Histogramm bis zur Schwelle $(2n + 1)^2/2$ wieder berechnet. Die Filterung des Originalbildes kann dabei zeilenweise von links nach rechts oder zeilenweise in Schlangenlinie erfolgen. Bei der zeilenweise Abarbeitung von links nach rechts muß am Zeilenanfang jeweils das Histogramm komplett neu berechnet werden.

10.5 Tiefpaßfilter

Wie schon bei der Fourier-Transformation deutlich wurde, entsprechen Kanten und starke Grau-/Farbwertänderungen im Bild den hochfrequenten Anteilen der Fourier-Transformierten. Es besteht daher die Möglichkeit, durch Multiplikation der Fourier-Transformierten eines Bildes im Frequenzbereich mit einer Übertragungsfunktion $H(u,v)$ eine Filterung vorzunehmen.

$$G(u,v) = H(u,v)F(u,v)$$

Die inverse Transformation von $G(u,v)$ liefert dann das gefilterte Bild. Für einen *idealen Tiefpaßfilter* ist die Funktion $H(u,v)$ definiert als (siehe Abbildung 10.14)

$$H(u,v) = \begin{cases} 1 & \text{falls } D(u,v) \leq D_0 \\ 0 & \text{sonst} \end{cases}$$

wobei D_0 die *Grenzfrequenz* und $D(u,v)$ die Entfernung vom Ursprung ist.

$$D(u,v) = \sqrt{u^2 + v^2}$$

Obwohl diese Ideale-Filter-Definition sehr einleuchtend ist, entspricht der steile Abfall nicht den physikalisch realisierbaren Möglichkeiten. Will man die physikalischen Gegebenheiten näher berücksichtigen, so verwendet man oft den Butterworth-Filter, der im folgenden noch näher besprochen wird.

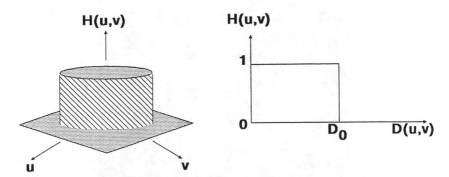

Abbildung 10.14: Die Übertragungsfunktion für einen idealen Tiefpaßfilter mit der Grenzfrequenz D_0.

Während die oben vorgestellte Methode im Frequenzbereich arbeitet, gibt es auch die Möglichkeit, im Ortsbereich zu filtern. Eine einfache Mittelung über eine $n \times n$- Umgebung oder Medianfilterung stellt ebenfalls eine Tiefpaßfilterung dar.

Da bei einem Tiefpaßfilter hohe Frequenzanteile abgeschwächt oder ganz eliminiert werden, erscheint das gefilterte Bild im Vergleich zum Original unschärfer, Rauschen und Störungen ähnlicher Art werden dabei aber beseitigt. Möchte man eine Bildverschärfung, so muß eine Hochpaßfilterung durchgeführt werden.

10.6 Hochpaßfilter

Die Übertragungsfunktion für einen *idealen Hochpaßfilter* im Frequenzbereich ist in Abbildung 10.16 wiedergegeben. Durch solch eine Filterung bleiben Stellen mit abrupten Grauwertänderungen wie Kanten, Rauschen u.ä. deutlicher erhalten. Wird das Ergebnis dieser Filterung zum Ausgangsbild hinzuaddiert, so erhält man eine Kantenverstärkung und Verschärfung des Bildes.

$$H(u,v) = \begin{cases} 1 & \text{falls} \quad D(u,v) > D_0 \\ 0 & \text{sonst} \end{cases}$$

Eine Bildverschärfung kann nicht nur durch Filterung im Frequenzraum und anschließende Rücktransformation sondern auch durch örtliche Differenzoperatoren erreicht werden. Prinzipiell ist dazu jeder Kantenoperator geeignet, da Kanten ja Stellen mit starker Grauwertänderung, also höherfrequente Anteile im Frequenzraum repräsentieren. Eine besonders einfache Methode zur Bildverschärfung wird im nachfolgenden Abschnitt vorgestellt.

Abbildung 10.15: Analog zur Mittelwertfilterung wirkt das Bild nach der Filterung im Frequenzraum unschärfer. Zur Vereinfachung wurde hier nicht ein runder sondern ein quadratischer Filterkern verwendet.

10.7 Butterworth-Filter

Wie schon erwähnt, repräsentieren die idealen Filter nicht die physikalischen Gegebenheiten. An der Grenzfrequenz werden in Wirklichkeit nicht alle Anteile, die darüber bzw. darunter liegen, abgeschnitten, sondern ab dieser Stelle stärker gedämpft, meist mit exponentiellem Abfall (z.B. mit Hilfe einer Gauß-Funktion). Besonders an Bedeutung gewonnen hat in diesem Zusammenhang die Übertragungsfunktion des *Butterworth-Filters*.

$$H(u,v) = \frac{1}{1 + [D(u,v)/D_0]^{2n}} \quad \text{Tiefpaßfilter}$$

$$H(u,v) = \frac{1}{1 + [D_0/D(u,v)]^{2n}} \quad \text{Hochpaßfilter}$$

Leider ist bei dieser Art von Filter keine Grenzfrequenz in der gewohnten Art und Weise definiert. Man verwendet daher oft die Stelle $D(u,v)$ für D_0, an der $H(u,v) = 0.5$, an der also $H(u,v)$ nur noch 50% seines Maximalwertes (Intensität) besitzt.

10.8 Kantenverstärkung

Zur *Kantenverstärkung* und damit zur allgemeinen Bildverschärfung kann ein einfacher örtlicher Differenzoperator nach folgender Formel ver-

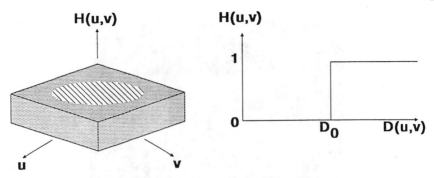

Abbildung 10.16: Die Übertragungsfunktion für einen idealen Hochpaßfilter mit der Grenzfrequenz D_0.

wendet werden [Knu87]:

$$A'(i,j) = \frac{A(i,j) - \alpha\bar{A}(i,j)}{1-\alpha}$$

mit $0 \leq \alpha < 1$ als "Verstärkungsfaktor" und $\bar{A}(i,j) = \frac{1}{9}\sum_{u=i-1}^{i+1}\sum_{v=j-1}^{j+1} A(u,v)$ als Mittelwert. Für $\alpha = 0$ bleibt das Bild unverändert, wie man leicht aus der Formel ablesen kann. Je größer α wird, desto stärker werden die möglichen Kanten betont. Dieser Filter stellt also keinen direkten Hochpaßfilter dar, sondern er verstärkt die hochfrequenten Anteile. Diese Verstärkung wird im Ortsbereich durchgeführt.

Je näher α an 1 gewählt wird, desto verrauschter wirkt das Ergebnis. Die geeignete Wahl für α ist zwar abhängig vom Originalbild, Werte im Bereich von 0.6 bis 0.9 haben sich aber allgemein als günstig herausgestellt.

```
void EdgeEnhance(int BildNr, int BildNr2)
{
    int s, z, i, j;              /* Zeilen-/Spalten-Index        */
    unsigned char Pixel;         /* Original-Grauwert des Pixels */
    float Zwerg, Ein_Neuntel;    /* Hilfsvariablen               */
    float Alpha;                 /* "Verstaerkungsfaktor"        */

    ClearTextWindow(35,18,80,25);
    WriteText(35,18,"* Kantenverstaerkung *");

    /* Alpha wird durch den Benutzer im Intervall [0,1) gewaehlt   */
    WriteText(35,22,"Bitte Faktor ALPHA eingeben");
    do {
        gotoxy(35,23);
        Alpha = Read_Float("Wertebereich (0.0-0.99) ", 0.75, ':' );
    } while ((Alpha<0.0) || (Alpha>=1.0));

    Ein_Neuntel = 1.0 / 9.0;
```

10. Bildverbesserung

Abbildung 10.17: Bei der Hochpaßfilterung bleiben nur Stellen mit starken Grauwertänderungen (hochfrequente Anteile) unbeeinflußt. Zur Vereinfachung wurde hier nicht ein runder, sondern ein quadratischer Filterkern verwendet.

```
/* Originalbild zuerst einmal ins Zielbild kopieren wegen Rand */
for (z=0; z<Picture[BildNr].Zeilen; z++)
    for (s=0; s<Picture[BildNr].Spalten; s++)
        Picture[BildNr2].Bild[z][s]=Picture[BildNr].Bild[z][s];

/* 1-Pixel breiter Rand bleibt hier unberuecksichtigt          */
for (z=1; z<(Picture[BildNr].Zeilen-1); z++) {
    for (s=1; s<(Picture[BildNr].Spalten-1); s++) {
        /* Pixel-Werte im 3x3-Fenster aufsummieren             */
        Pixel = Picture[BildNr].Bild[z][s];
        Zwerg = 0;
        for (i=(z-1); i<=(z+1); i++)
            for (j=(s-1); j<=(s+1); j++)
                Zwerg += Picture[BildNr].Bild[i][j];
        Zwerg = Ein_Neuntel * Zwerg;      /* Mittlerer Grauwert */

        /* Moeglicher neuer Grauwert berechnen und ...          */
        Zwerg = ( (float)Pixel - Alpha*Zwerg ) / (1.0-Alpha);

        /* ... ggf. noch ein Klipping durchfuehren.             */
        if     (Zwerg>(float)WEISS)    Zwerg=(float)WEISS;
```

```
    else if (Zwerg<(float)SCHWARZ) Zwerg=(float)SCHWARZ;

    Picture[BildNr2].Bild[z][s] = (unsigned char)Zwerg;
   }
  }
 }
```

Aufgaben

Aufgabe 1

Ordnen Sie den vorgestellten Bildverbesserungsverfahren die Attribute lokal, global, linear, nichtlinear, Anwendung im Ortsbereich, Anwendung im Frequenzbereich zu.

Aufgabe 2

Gegeben ist folgende 3×3-Maske mit identischen Koeffizienten:

1. Was bewirkt die Anwendung dieser Filtermaske?

2. Wozu dient der Vorfaktor $\frac{1}{9}$?

3. Aus welchem Grund ist bei jeder Glättungsmaske die Summe aller Koeffizienten 1?

Aufgabe 3

Gegeben sind zwei Folgen $f = \{0, 7, 8, 2, 1\}$ und $g = \{6, 7, 6, 4, 7\}$. Zeigen Sie, daß $\mathrm{med}(f) + \mathrm{med}(g) \neq \mathrm{med}(f + g)$ ist, d.h. daß der Medianfilter nicht linear ist (med = Medianberechnung).

Aufgabe 4

Nennen Sie tabellarisch die Unterschiede und Vor-/Nachteile zwischen der Medianfilterung und der Filterung durch Mittelwertbildung.

Aufgabe 5

Geben Sie die Gleichung für die Transformation der Grauwerte G eines Bildes an, die den Bereich von 0–50 auf den Bereich 0–150, 50–100 auf 150–200 und 100–170 auf 200–255 transformiert.

Aufgabe 6

Von einem binären Bild (Hintergrund=0, Linien=255) einer technischen Zeichnung weiß man, daß es nur horizontale und vertikale Linien enthält. Geben Sie einen Satz von 3×3-Filtermasken an, mit denen man 1-Pixel große Lücken in diesen Linien entdecken kann.
Wie müssen die Masken aussehen, wenn diese Lücken damit geschlossen werden sollen?

11. Kantendetektion

Versuche haben gezeigt, daß Menschen sich beim Betrachten von Objekten sehr stark auf die Grenzen zwischen mehr oder minder homogenen Regionen konzentrieren. Gegenstände werden meist schon anhand der groben Umrisse erkannt.

Auch bei der Digitalen Bildverarbeitung stellen diese Kanten bzw. Konturen eine wichtige Stufe zur Bildsegmentierung, Objekterkennung und somit zur Bildinterpretation dar.

Wie gut diese Kanten in den Vorlagen gefunden werden, ist abhängig von der Qualität des Bildes, der Art der Kanten und dem verwendeten Algorithmus. Je nach Kantenart eignet sich das eine oder andere Verfahren besser. Die auf dem Gebiet der Bildverarbeitung wichtigsten Operatoren, ihre unterschiedlichen Eigenschaften sowie ihre bevorzugten Einsatzgebiete werden in den nachfolgenden Abschnitten vorgestellt.

11.1 Was ist eine Kante? Kantenmodelle

Bevor Verfahren zur Kantendetektion vorgestellt werden, sollte zuerst der Begriff der *Kante* in der Bildverarbeitung definiert werden. Kanten bei physikalischen Körpern lassen sich leicht beschreiben. Es werden hierbei in der Regel die Objektgrenzen, abrupte Änderungen der Oberflächennormalen oder einfach Änderungen der Materialeigenschaften verstanden.

In der Bildverarbeitung werden die Objekte in den Aufnahmen durch unterschiedlich intensive Grau-/Farbwerte dargestellt. Eine Kante ist dann eine Diskontinuität im Verlauf dieser Intensitätswerte. Bei entsprechender Beleuchtung und Aufnahmeansicht entsprechen die Kanten der physikalischen Körper den "Intensitäts-Kanten" in den Bildern. Daher haben die Kantendetektionsverfahren in der Bildverarbeitung eine bedeutende Rolle. Jedoch können auch Pseudo-Kanten auftreten, wie bei Schatten, ungünstigen Beleuchtungen usw.

Aufgrund der Änderung der Intensitätswerte lassen sich verschiedene Modelle für das Profil einer Kante definieren (vergleiche Abbildung 11.1):

- **ideale Stufenkante**
  Bei einer idealen Stufenkante $S(x)$ ändert sich der Funktionswert (Grauwert) von einem zum nächsten Argument. Im diskreten Raster stellt dies die allgemeinste Kantenform dar. Ist der Ort des Wertewechsels in den Nullpunkt ($x = 0$) zentriert, so läßt sich die Stufenkante folgendermaßen beschreiben:

$$S(x) = \begin{cases} a, & x < 0 \\ b, & \text{sonst} \end{cases}$$

11. Kantendetektion

- **ideale Rampenkante**
  Die ideale Rampenkante $R(x)$ ändert, wie der Name schon andeutet, langsam ihren Funktionswert in Abhängigkeit von x. Da hier der genaue Ort der Kante nicht so einfach festgelegt werden kann wie bei der Stufenkante, wird dieses Modell für ausgedehnte oder verschmierte Kanten verwendet. Meist wird als Ort der Kante die Mitte der Rampe definiert. Zusammen mit der Breite w der Rampe ergibt sich dann:

$$R(x) = \begin{cases} a, & x < -w/2 \\ a + (b-a)(x + w/2), & -w/2 \leq x \leq w/2 \\ b, & x > w/2 \end{cases}$$

- **ideale Dachkante**
  Die ideale Dachkante $D(x)$ ist eine Sonderform der Rampenkante. Neben einem langsamen Anstieg des Funktionswertes erfolgt wieder eine Verminderung nach dem Erreichen des lokalen Maximums. Dieses lokale Maximum wird als Ort der Kante angesehen. Mit w ist hier die Gesamtbreite der Dachkante bezeichnet:

$$R(x) = \begin{cases} a, & x < -w/2 \\ a + 2(b-a)(x + w/2), & -w/2 \leq x \leq 0 \\ a + 2(b-a)(w/2 - x), & 0 < x \leq w/2 \\ a, & x > w/2 \end{cases}$$

- **ideale Treppenkante**
  Eine ideale Treppenkante $T(x)$ setzt sich aus mehreren Stufenkanten zusammen. Als Beispiel wird hier eine Treppenkante, bestehend aus zwei aufeinanderfolgenden Stufenkanten betrachtet. Die eigentliche Position der Kante wird als der Mittelpunkt des Plateaus mit der Breite w der Stufe angesehen:

$$T(x) = \begin{cases} a, & x < -w/2 \\ b, & -w/2 \leq x \leq w/2 \\ c, & x > w/2 \end{cases}$$

- **reale Kantenform**
  Die reale Kantenform ist meist eine der oben gezeigten idealen Kanten, überlagert mit Störungen in Form von Rauschen. Oft sind auch noch mehrere ideale Kantenformen in der realen Kante überlagert wiederzufinden. Der genaue Ort läßt sich bei gestörten Kantenformen nicht so einfach definieren. In der Praxis wird daher noch zur genauen Lokalisation die Differenz der Funktionswerte (Grauwerte) von Nachbarpunkten betrachtet (erste und zweite Ableitung).

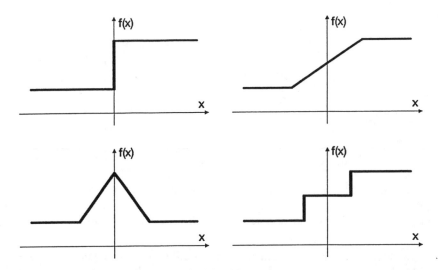

Abbildung 11.1: Die Profile einiger idealer Kantenmodelle. Links oben: die ideale Stufenkante; Rechts oben: die ideale Rampenkante; Links unten: die ideale Dachkante; Rechts unten: die ideale Treppenkante.

11.2 Anforderungen und Schwierigkeiten bei der Kantendetektion

Wenn in der Digitalen Bildverarbeitung eine Kantendetektion mit dem Rechner durchgeführt wird, sollte natürlich eine möglichst geringe Fehlerrate erreicht werden, d.h. tatsächliche Kantenpunkte sollten nicht zurückgewiesen werden und Punkte, die zu keiner Kante gehören, auch nicht als solche erkannt werden. Weiterhin wird verlangt, daß Kanten möglichst an ihrer wirklichen Position detektiert werden (*Lokalisation*). Um ein Verschmieren zu vermeiden, sollte auf eine Kante auch nur eine Antwort kommen. Numerische Kriterien wie z.B. schnelle Berechenbarkeit, Ganzzahl-Arithmetik und auch subjektive Punkte spielen bei den Anforderungen an Kantendetektoren zusätzlich eine wichtige Rolle.

Für die idealen Kantenprofile wurden oben schon Kantenpunkte und deren Lokalisation definiert. Bei den realen Kanten ist diese Definition nicht mehr so einfach. Eine Betrachtung der Kanten im Ortsfrequenzraum zeigt, daß es sich bei Kanten um hochfrequente Bildanteile handelt (siehe Kapitel 8). Diese müssen vom Kantendetektor berechnet werden. Leider ist auch Rauschen von hochfrequenter Natur, so daß Kantendetektoren normalerweise auch empfindlich gegenüber diesen Störungen sind. Die Schwierigkeit besteht also in der Unterscheidung der zufälligen Signalfluktuationen, die durch Rauschen verursacht werden, von den gesuchten Grauwertdiskontinuitäten, die mit realen Kanten korrespondieren.

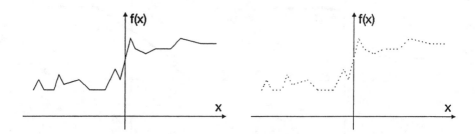

Abbildung 11.2: Eine reale Kante ist meist eine Kombination idealer Kantenprofile, überlagert mit Rauschen. Aufgrund der Diskretisierung und Quantisierung (rechts) geht noch weitere Information verloren.

Um Kanten korrekt zu ermitteln, muß daher vor der eigentlichen Kantendetektion eine Filterung durchgeführt werden, die Rauschen und somit auch feine Details unterdrückt. Das kann aber dazu führen, daß Kanten verschmieren und damit die Güte der Lokalisation verschlechtert wird. Die üblichen Kantendetektoren bestehen daher in der Regel aus einem Glättungs- und einem Kantenverstärkungsteil.

$$f(x,y) \rightarrow \boxed{\text{Glättung}} \rightarrow \boxed{\text{Kantenverstärkung}} \rightarrow \boxed{\text{Binärisierung}} \rightarrow \text{Kantenbild}$$

Durch die Glättung werden störende Feinheiten und vor allem Rauschen im Originalbild vermindert. Dies entspricht einer Tiefpaßfilterung.

Die darauffolgende Hochpaßfilterung verstärkt Diskontinuitäten, also mögliche Kanten. Die Stärke der Antwort liefert ein Maß für die Wahrscheinlichkeit des Vorliegens einer Kante.

In der letzten Stufe folgt durch ein Schwellwertverfahren eine Binärisierung. Durch den/die gewählte(n) Schwellwert(e) wird die endgültige Entscheidung über das Vorliegen einer Kante getroffen. Die Höhe der Schwelle richtet sich nach der Art und der "Stärke" der gesuchten Kante. Zur Verwendung eines möglichst universellen Schwellwertes hat es sich als günstig herausgestellt, Extremwerte zu unterdrücken und die anderen Werte auf einen normierten Bereich zu transformieren. Die Extremwerte können z.B. durch Berechnung des kumulativen Histogramms ermittelt werden. Beispielsweise werden nur die unteren 95% - 98% der Ergebniswerte (Gradientenwerte) für die Transformation z.B. in den darstellbaren Grauwertbereich (zur Visualisierung der Daten) verwendet. Alle darüberliegenden Werte werden geklippt.

Die folgende Prozedur zeigt eine solche Unterdrückung von Extremwerten. Die Transformation auf den darstellbaren Grauwertbereich ist schon zuvor erfolgt.

```
void Skalier_Histo(int BildNr, int Prozent)
/* BildNr  = Nummer des zu bearbeitenden Bildes              */
/* Prozent = Prozentsatz von Punkten mit hohem Wert, der ueber */
/*           das kumulative Histogramm geklippt werden soll.   */
{
    int  s, z;                   /* Zeilen-/Spaltenindex       */
    long Histo[MAX_COLOR];       /* kumulative Histogramm      */
    long GesamtPixel, Anzahl;    /* Gesamtanzahl Punkte        */
    float Faktor;                /* Skalierungsfaktor          */

    /* Initialisierung des kumulativen Histogramms            */
    for (s=0; s<MAX_COLOR; Histo[s++]=0);

    /* Haeufigkeit der einzelnen Grauwerte ermitteln          */
    for (z=0; z<Picture[BildNr].Zeilen; z++}
        for (s=0; s<Picture[BildNr].Spalten; s++)
            Histo[ Picture[BildNr].Bild[z][s] ]++;

    GesamtPixel = (long)Picture[BildNr].Zeilen *
                  (long)Picture[BildNr].Spalten;

    /* Den oberen Prozentsatz an Bildpunkten ermitteln        */
    z=MAX_COLOR;
    Anzahl=Histo[--z];
    while ( ((Anzahl*100/GesamtPixel) < Prozent) && (z>2) )
        Anzahl += Histo[--z];

    /* Jetzt den Skalierungsfaktor fuer die Grauwerte berechnen */
    Faktor = (float) (MAX_COLOR-1) / (float) (z);

    /* Neue LUT berechnen                                     */
    for (s=0; s<z;        s++) Histo[s] = (int)((float) s * Faktor);
    for (s=z; s<MAX_COLOR; s++) Histo[s] = WEISS;

    /* Zum Schluss eigentliche Umsetzung der Grauwerte vornehmen */
    for (z=0; z<Picture[BildNr].Zeilen; z++}
        for (s=0; s<Picture[BildNr].Spalten; s++)
            Picture[BildNr].Bild[z][s] =
                        Histo[ Picture[BildNr].Bild[z][s] ];
}
```

11.2.1 Bewertung von Kantendetektoren

Wie schon erwähnt, ist das Ergebnis der Kantendetektoren abhängig von der Kantenart, dem Ausgangsbild, den Störungen usw. Je nach Einsatzgebiet liefert daher der eine oder der andere Operator ein besseres Ergebnis.

Doch wie ist die Qualität der Operatoren zu bewerten?

Zum einen kann das Ergebnis visuell bewertet werden. Der Betrachter entscheidet dabei, ob die durch den Kantendetektor gefundenen Kanten den von ihm als Kante wahrgenommenen Bildteilen entsprechen.

Für die weitere Verarbeitung kann unter Umständen zur Segmentierung (siehe Kapitel 14) die Geschlossenheit von Kanten ein wichtiges·Bewertungskriterium sein.

Eine andere Bewertungsmöglichkeit besteht darin,.in Testbildern, deren (korrekte) Kantenpunkte bekannt sind, die durch den Operator gefundenen Kantenpunkte mit den richtigen Kantenpunkten zu vergleichen. Diese Untersuchung muß natürlich bei unterschiedlichen Stärken von Rauschen vorgenommen werden, um möglichst realistische Bedingungen zu erzeugen. Als sinnvolles quantitatives Maß eignet sich Pratt's *Figure-of-Merit* (FOM) [Pra78], [AP79]. Hierbei wird der gewichtete quadratische Abstand zwischen den tatsächlichen Kantenpunktpositionen und den detektierten gemessen. Als Gewichtungsfaktor α wird im allgemeinen $\alpha = 1/9$ gewählt.

$$\text{FOM} = \frac{1}{\max(I_i, I_a)} \sum_{j=1}^{I_a} \frac{1}{1 + \alpha(d(j))^2}$$

Dabei sind I_i und I_a die Anzahl der idealen bzw. aktuell detektierten Kantenpunkte und $d(j)$ der Abstand des j.ten detektierten Kantenpunktes von der tatsächlichen (nächstgelegenen) Kantenposition. Die FOM ist normalisiert, so daß immer gilt $0 < \text{FOM} \leq 1$. FOM=1 entspricht einer perfekten Übedeckung von idealer und tatsächlich detektierter Kante.

Mit Hilfe des Gewichtungsfaktors und der Normalisierung erfolgt eine ausgewogenere Gewichtung zwischen breiten, verschmierten Kanten in der korrekten Position und dünnen, aber gegenüber der richtigen Position verschobenen Kanten. Dies entspricht einer "natürlicheren" Wertung der einzelnen Fehler als bei dem üblichen quadratischen Abstandsmaß.

Eine Aussage über den Zusammenhang der Kantenpunkte wird mit der FOM nicht gemacht.

11.3 Einteilung der Kantendetektoren

Aufgrund der Vorgehensweise lassen sich die Kantendetektionsverfahren grob in zwei Klassen unterteilen; die der *parallelen Verfahren* und die der *sequentiellen Verfahren*. Die parallelen Verfahren stellen auch oft eine Vorstufe für die sequentiellen dar.

Bei den parallelen Verfahren wird lokal ein Eigenschaftsvektor bestimmt, der Angaben wie Kantenstärke, Kantenrichtung oder Maße für die Kantenform enthält. Da dieser Eigenschaftsvektor nur von der lokalen Bildfunktion abhängt, kann er parallel für alle anderen Bildpunkte berechnet werden. Je nach Verfahren werden die einzelnen Eigenschaften als Kriterium für das Vorliegen eines Kantenpunktes verwendet. Meist ist es nur die Kantenstärke, die in ein Schwellwertverfahren (Binärisierung) eingeht.

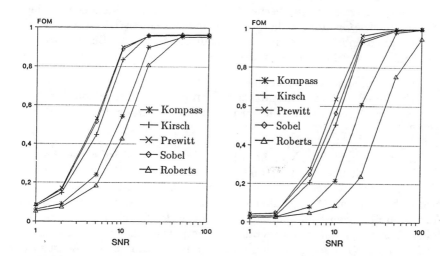

Abbildung 11.3: Die Ergebnisse der FOM-Berechnung verschiedener Operatoren bei unterschiedlichen Signal-zu-Rausch-Verhältnissen (SNR). Links das Ergebnis bei einer kreisförmigen Stufenkante. Rechts bei einer vertikalen Rampenkante (aus [Gru91]).

Die Klasse der parallelen Verfahren kann noch weiter unterteilt werden in

- **Einfache, lokale Operatoren**
  Diese stellen meist eine Approximation der ersten oder zweiten Ableitung der Bildfunktion zusammen mit einer Glättung dar (Roberts, Prewitt, Sobel; siehe Abschnitt 11.4.3).

- **Template-Matching**
  Bei diesen Kantendetektionsverfahren werden Musterkanten in Form von unterschiedlichen Filtermasken verwendet. Die Maske, die am besten mit der unterliegenden Bildfunktion übereinstimmt, repräsentiert die Form der Kante an dieser Stelle. Bekannte Template-Matching-Verfahren sind z.B. der Kompaß-Gradient und der Kirsch-Operator.

- **Optimale Operatoren**
  Wegen des großen Einzugsbereichs könnte man diese Operatoren auch als regionale Operatoren bezeichnen. Die Bezeichnung "optimal" basiert auf der mehr oder weniger mathematischen Herleitung, die sich ihrerseits auf Beobachtungen (z.B. beim menschlichen Sehsystem) und Modellvorstellungen gründet. Zu dieser Gruppe gehört z.B. der Marr-Hildreth-Operator und der Canny-Operator (siehe Abschnitt 11.8.2).

- **Parametrisierte Kantenmodelle**
  Die Masken sind bei diesen Verfahren nicht starr festgelegt, sondern können noch über Parameter variiert werden [Wah84]. Dadurch ist eine teilweise automatische Adaption an unterschiedliche Vorlagen möglich. Grundlage dazu ist die meist realistische Annahme, daß Gradientenbilder und intensitätsskalierte Bilder im Bereich von Objektkanten sehr stark korreliert sind.

- **Morphologische Operatoren**
  Bei dieser Art von Operatoren (Morphologie = Lehre von der Form) wird die Kenntnis über die Form der Objekte ausgenutzt (siehe Kapitel 14).

Bei den sequentiellen Verfahren hängt das Ergebnis des Akzeptanztests für einen möglichen Kantenpunkt von benachbarten Ergebnissen (lokal) oder sogar von weiter entfernten Ergebnissen (regional, global) ab. Es wird dabei a-priori-Wissen über die Struktur der gesuchten Kanten oder Vorwissen über den Bildinhalt ausgenutzt. In der Regel bauen die sequentiellen Verfahren auf den Ergebnissen der parallelen Verfahren auf. Sie werden daher auch gelegentlich als Verfahren zur *Kanten-Nachbearbeitung* bezeichnet.

Im den folgenden Abschnitten werden in erster Linie die wichtigsten parallelen Verfahren vorgestellt und anschließend die Möglichkeiten der Kanten-Nachbearbeitung erörtert.

11.4 Differenzoperator erster Ordnung

Wie schon erwähnt, können Ableitungsoperatoren für die Kantendetektion verwendet werden. Die erste Ableitung hat an einer Kante ein lokales Maximum, die zweite Ableitung einen Nulldurchgang. Im Zweidimensionalen werden die partiellen Ableitungen $\partial f(x,y)/\partial x$ und $\partial f(x,y)/\partial y$ berechnet. Die erste partielle Ableitung ist ein Maß für die Änderung der Grauwerte und somit für die Kantenstärke. Sie ist am stärksten senkrecht zur Ableitungsrichtung. Im kontinuierlichen Fall gilt:

$$\frac{\partial f(x,y)}{\partial x} = \lim_{t \to 0} \frac{f(x+t,y) - f(x,y)}{t}$$

Bei digitalen Bildern ist $t = 1$ und die Ableitung berechnet sich nach der Formel

$$\Delta_x f(x,y) = f(x,y) - f(x-1,y)$$

$$\Delta_y f(x,y) = f(x,y) - f(x,y-1)$$

Diese Art der Schreibweise wird als *Rückwärtsgradient* bezeichnet (da der zurückliegende Bildpunkt mit einbezogen wird), im Gegensatz zum *Vorwärtsgradienten*

$$\Delta_x f(x,y) = f(x+1,y) - f(x,y)$$

und zum *symmetrischen Gradienten* [Jä89]

$$\Delta_x f(x,y) = (f(x+1,y) - f(x-1,y))/2$$

Viele Kantenoperatoren berechnen die Kanten mit Hilfe des *Gradienten*. Der Gradient einer partiell differenzierbaren Funktion zweier Variablen ist durch

$$(\partial f(x,y)/\partial x, \partial f(x,y)/\partial y)$$

definiert. Für den Betrag des Gradienten gilt dann

$$l = \sqrt{(\partial f(x,y)/\partial x)^2 + (\partial f(x,y)/\partial y)^2}$$

sowie für die Richtung

$$\Theta = \arctan(\frac{\partial f(x,y)}{\partial x} / \frac{\partial f(x,y)}{\partial y})$$

Der Vektor mit der Richtung Θ und der Länge l wird auch *Gradienten-Vektor* genannt. Im diskreten Fall werden die Funktionen $\Delta_x f(x,y)$ und $\Delta_y f(x,y)$ berechnet und anschließend Betrag und Richtung des Gradienten nach der Formel

$$\sqrt{(\Delta_x f(x,y))^2 + (\Delta_y f(x,y))^2}$$

und $(\Delta_x f(x,y)/\Delta_y f(x,y))$ ermittelt.

In der Regel ist der genaue Wert des Gradienten nicht von Interesse, sondern nur seine relative Größe. Der Gradient wird daher meist approximiert, um den Rechenaufwand zu minimieren. Gebräuchlich sind:

$$l_1 = \left| \frac{\partial f(x,y)}{\partial x} \right| + \left| \frac{\partial f(x,y)}{\partial y} \right|$$

$$l_2 = \max \left\{ \left| \frac{\partial f(x,y)}{\partial x} \right|, \left| \frac{\partial f(x,y)}{\partial y} \right| \right\}$$

11.4.1 Form der Filtermasken

Die Filterfunktion wird als *Maske* geschrieben, d.h. als eine diskrete Funktion (auf demselben Gitter wie die Bildfunktion), die nur in einem kleinen Bereich ungleich Null ist. Die Form dieses Bereiches wird meist intuitiv festgelegt. Gebräuchlich sind dabei:

- rechteckige,

- kreuzförmige oder

- näherungsweise kreisförmige Masken.

Meist wird eine rechteckige/quadratische 3×3-Maske mit folgender Indizierung verwendet:

$$\Delta f(x,y) = \begin{pmatrix} f(x-1,y-1) & f(x,y-1) & f(x+1,y-1) \\ f(x-1,y) & f(x,y) & f(x+1,y) \\ f(x-1,y+1) & f(x,y+1) & f(x+1,y+1) \end{pmatrix}$$

Um ein Ausgangsbild in der gleichen Größe wie das Eingangsbild zu erhalten, muß der Definitionsbereich der Bildfunktion $f(x,y)$ ausgedehnt werden, da sonst die Maske bei der Berechnung der Randpunkte den Definitionsbereich verläßt. Dies geschieht analog wie bei den Filtermasken zur Bildverbesserung (vergleiche Kapitel 10) durch Spiegelung des Bildinhaltes an den Bildrändern.

11.4.2 Ein einfacher Differenzoperator

Der *einfache Differenzoperator* ist die direkte Umsetzung des Rückwärtsgradienten in eine Filtermaske und hat folgende Gestalt:

$$\Delta_x f(x,y) = \begin{pmatrix} 0 & 0 & 0 \\ -1 & 1 & 0 \\ 0 & 0 & 0 \end{pmatrix} \qquad \Delta_y f(x,y) = \begin{pmatrix} 0 & -1 & 0 \\ 0 & 1 & 0 \\ 0 & 0 & 0 \end{pmatrix}$$

Die Maske Δ_x spricht vor allem auf vertikale, Δ_y auf horizontale Kanten an. Die Berechnung ist sehr einfach, da nur eine 2×2-Matrix zu betrachten ist (die Erweiterung auf 3×3 ist nur zum besseren Vergleich mit den anderen Operatoren vorgenommen worden) und nur Additionen verwendet werden. Da aber eine Glättung fehlt, ist dieser Operator sehr rauschempfindlich. Das Gradientenbild ist um ein halbes Abtastintervall verschoben, da die eigentliche Stelle für das Ergebnis zwischen den Abtastpunkten liegt. Ebenso wie der Vorwärtsgradient plaziert der Rückwärtsgradient das Ergebnis auf Zwischengitterplätze. Weiterhin ist diese Art von Ableitungsoperatoren nicht isotrop, das bedeutet, daß die Filterantwort nicht in allen Richtungen gleich, sondern am stärksten senkrecht zur Ableitungsrichtung ist.

Um kleine Störungen nicht zu berücksichtigen und das Ergebnis genau auf den betrachteten Bildpunkt zu legen, kann man diesen Operator auf den symmetrischen Gradienten erweitern. Da jeweils nur die übernächste Zeile bzw. Spalte in die Differenzbildung miteinbezogen wird, gehen kleine Störungen benachbarter Zeilen bzw. Spalten nicht in das Ergebnis ein. Damit wird der Operator etwas unempfindlicher gegenüber kleinen Störungen. Dieser Operator ist ebenfalls nicht isotrop.

$$\Delta_x f(x,y) = \begin{pmatrix} 0 & 0 & 0 \\ -1 & 0 & 1 \\ 0 & 0 & 0 \end{pmatrix} \qquad \Delta_y f(x,y) = \begin{pmatrix} 0 & -1 & 0 \\ 0 & 0 & 0 \\ 0 & 1 & 0 \end{pmatrix}$$

Zur Erzeugung des binären Kantenbildes werden die berechneten Gradientenwerte mit einem Schwellwert verglichen (siehe Abschnitt 11.2 und Abschnitt 11.10.2).

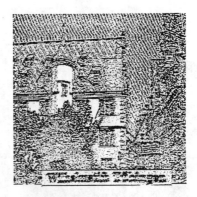

Abbildung 11.4: Differenzierung in x-Richtung (links) und in y-Richtung (rechts) und Darstellung des betragsmäßigen Ergebnisses (unten).

11.4.3 Der Roberts-Operator

Der *Roberts-Operator* berechnet die Differenzen in diagonaler Richtung [RK76]. Daher wird dieser Operator auch oft mit *Roberts-Cross* bezeichnet.

$$\Delta_1 f(x,y) = \begin{pmatrix} 0 & -1 & 0 \\ 1 & 0 & 0 \\ 0 & 0 & 0 \end{pmatrix} \quad \Delta_2 f(x,y) = \begin{pmatrix} -1 & 0 & 0 \\ 0 & 1 & 0 \\ 0 & 0 & 0 \end{pmatrix}$$

Für den Roberts-Operator gelten dieselben Vor- und Nachteile wie für den einfachen Differenzoperator. Der einzige Unterschied ist, daß mit dem Roberts-Operator diagonal verlaufende Kanten besser detektiert werden. Dies kann in der Praxis gelegentlich von Vorteil sein.

11.5 Differenzoperator mit einfacher Mittelwertbildung

Wie am Roberts-Operator deutlich wurde, ist die einfache Differenz-

Abbildung 11.5: Vergleich des Ergebnisses des symmetrischen Gradienten (links) in x- und y-Richtung mit dem Roberts-Operator (rechts). In beiden Bildern ist das Ergebnis des Gradienten auf den maximal darstellbaren Grauwertbereich normiert.

bildung (erste Ableitung) in der Praxis zu anfällig gegenüber Störungen wie etwa Rauschen. Aus diesem Grunde werden zur Differenzbildung auch die Grauwerte weiterer Nachbarn verwendet und zusätzlich noch gemittelt. Dadurch wird eine Glättungswirkung senkrecht zur Richtung der Differenzbildung erzielt. Erkauft wird diese geringere Rauschanfälligkeit aber mit einer etwas verbreiterten Kante im ungestörten Fall.

11.5.1 Der Prewitt-Operator

Der *Prewitt-Operator* beinhaltet sowohl eine Glättung durch einfache Mittelwertbildung über eine 3-Punkte Nachbarschaft senkrecht zur Differenzierungsrichtung, als auch die Glättungswirkung des symmetrischen Gradienten [RK76], [BB82].

$$\Delta_x f(x,y) = \begin{pmatrix} -1 & 0 & 1 \\ -1 & 0 & 1 \\ -1 & 0 & 1 \end{pmatrix} \quad \Delta_y f(x,y) = \begin{pmatrix} -1 & -1 & -1 \\ 0 & 0 & 0 \\ 1 & 1 & 1 \end{pmatrix}.$$

```
#define SKALIERUNG 2.0    /* Skalierungsfaktor f. Betragsgradient  */
#define RAND       1       /* Zusaetzlicher Rand der Breite 1 Pixel */

void Prewitt(int BildNr1, int BildNr2)
/* BildNr1 = Originalbild                                           */
/* BildNr2 = Ergebnisbild; skalierter und geklippter Bereich        */
```

```
{
  long  z, s;              /* Variablen fuer Zeilen-/Spaltenindex */
  long  Zwerg1, Zwerg2;    /* Variablen fuer Zwischenergebnisse   */

  ClearTextWindow(35,18,80,25);
  WriteText(35,18,"* Anwendung des Prewitt-Operators *");

  /* Erzeugung eines 1 Pixel breiten Randes zur einf. Berechnung */
  Erzeuge_Rand(BildNr1, RAND);
  /* Nun die eigentliche Faltung/Kantendetektion durchfuehren     */
  for (z=1; z<(Picture[BildNr1].Zeilen+1); z++}
      for (s=1; s<(Picture[BildNr1].Spalten+1); s++) {
          Zwerg1 = -Picture[BildNr1].Bild[z-1][s-1]
                   -Picture[BildNr1].Bild[z  ][s-1]
                   -Picture[BildNr1].Bild[z+1][s-1]
                   +Picture[BildNr1].Bild[z-1][s+1]
                   +Picture[BildNr1].Bild[z  ][s+1]
                   +Picture[BildNr1].Bild[z+1][s+1];
          Zwerg2 = -Picture[BildNr1].Bild[z-1][s-1]
                   -Picture[BildNr1].Bild[z-1][s  ]
                   -Picture[BildNr1].Bild[z-1][s+1]
                   +Picture[BildNr1].Bild[z-1][s-1]
                   +Picture[BildNr1].Bild[z-1][s  ]
                   +Picture[BildNr1].Bild[z-1][s+1];
          /* Betragsgradienten berechnen. Koennte auch        */
          /* approximiert werden, da genauer Zahlenwert hier   */
          /* nicht von Interesse.                              */
          Zwerg1 = (int)(sqrt((double)(Zwerg1*Zwerg1 +
                                  Zwerg2*Zwerg2))/SKALIERUNG);
          /* Gradient speichern und Extremwerte ggf. klippen   */
          Picture[BildNr2].Bild[z][s] =
                         (Zwerg1>WEISS) ? WEISS : Zwerg1;
      }
  /* Stellt das Bild im Ursprungsformat ohne Rand wieder her    */
  Loesche_Rand(BildNr1, RAND);

  /* Endgueltige Skalierung des Gradientenbildes mit Klipping   */
  Skalier_Histo(BildNr2, 5);          /* obere 5 Prozent klippen */
}
```

11.5.2 Der Sobel-Operator

Ein sehr häufig verwendeter Kantenfilter ist der *Sobel-Operator* [Pra78]. Er enthält eine Glättung quer zur Differenzierungsrichtung mit einer (1 2 1) Binomial-Filtermaske, d.h. einer Filtermaske, die über die Binomial-Verteilung berechnet wurde. Die Binomial-Verteilung wird als diskrete Ap-

proximation der Gauß-Verteilung verwendet. Dabei steigt die Approxima-
tionsgüte mit der Größe der Maske, d.h. mit der Ordnung des Binoms.
Mit dieser speziellen Gewichtung soll die Entstehung von Artefakten bei
der Filterung verhindert und die Auswirkung im Ortsfrequenzraum regional begrenzt bleiben (die Gauß-Funktion ist neben der Dirac-Funktion die
einzige Funktion, die im Orts- und im Ortsfrequenzraum dieselbe Form hat
(vergleiche Kapitel 8, Abschnitte 11.8.1 und 11.8.2)).

$$\Delta_x f(x,y) = \begin{pmatrix} -1 & 0 & 1 \\ -2 & 0 & 2 \\ -1 & 0 & 1 \end{pmatrix} \quad \Delta_y f(x,y) = \begin{pmatrix} -1 & -2 & -1 \\ 0 & 0 & 0 \\ 1 & 2 & 1 \end{pmatrix}$$

Für die diagonalen Richtungen lassen sich ebenso entsprechende Masken
definieren. Die Übertragungsfunktionen unterscheiden sich aber von denen
der achsenparallelen Varianten [Jä89].

$$\Delta_3 f(x,y) = \begin{pmatrix} -2 & -1 & 0 \\ -1 & 0 & 1 \\ 0 & 1 & 2 \end{pmatrix} \quad \Delta_4 f(x,y) = \begin{pmatrix} 0 & -1 & -2 \\ 1 & 0 & -1 \\ 2 & 1 & 0 \end{pmatrix}$$

Zur einfacheren Berechnung des Sobel-Operators können die Masken
zerlegt werden, so daß nur noch Additionen notwendig sind [Hed88].

$$\Delta_x f(x,y) = \begin{pmatrix} -1 & 0 & 1 \\ -2 & 0 & 2 \\ -1 & 0 & 1 \end{pmatrix} = \begin{pmatrix} -1 & -1 & 0 \\ -1 & 0 & 1 \\ 0 & 1 & 1 \end{pmatrix} + \begin{pmatrix} 0 & 1 & 1 \\ -1 & 0 & 1 \\ -1 & -1 & 0 \end{pmatrix}$$

Die Zerlegung der anderen Maske erfolgt entsprechend.

11.6 Differenzoperator zweiter Ordnung

Bei der Verwendung der zweiten Ableitung zur Lokalisierung von Kanten
befindet sich eine mögliche Kante im Nulldurchgang der zweiten Ableitung.
Diese zweite Ableitung wird im diskreten Fall wieder approximiert und kann
auf die Approximation der ersten Ableitung (Vorwärts- und Rückwärtsgradient) zurückgeführt werden.

11.6.1 Der Laplace-Operator

Wie man bei den Masken für den Sobel-Operator gesehen hat, werden
horizontale und vertikale Kanten bevorzugt detektiert. Soll der Operator
möglichst richtungsunabhängig (isotrop) sein, so muß eine punktsymme-
trische Maske verwendet werden. Dies ist bei Differenzoperatoren zweiter
Ordnung möglich. Am bekanntesten ist hierbei der *Laplace-Operator*, der
im kontinuierlichen Fall als

$$\nabla^2 f(x,y) = \frac{\partial^2 f(x,y)}{\partial x^2} + \frac{\partial^2 f(x,y)}{\partial y^2}$$

definiert ist. Im diskreten Fall ($t = 1$) wird die zweite Ableitung durch

$$
\begin{aligned}
\frac{\partial^2 f(x,y)}{\partial x^2} &\approx \frac{\partial(f(x+1,y)-f(x,y))}{\partial x} \\
&\approx f(x+1,y)-f(x,y)) - (f(x,y)-f(x-1,y) \\
&= f(x-1,y)-2f(x,y)+f(x+1,y)
\end{aligned}
$$

angenähert. Analog errechnet sich die partielle Ableitung nach y. Als grobe Annäherung für den kontinuierlichen Fall lautet die Maske dann

$$
\Delta_{xy} f(x,y) = (1 - 2\ 1) + \begin{pmatrix} 1 \\ -2 \\ 1 \end{pmatrix} = \begin{pmatrix} 0 & -1 & 0 \\ -1 & 4 & -1 \\ 0 & -1 & 0 \end{pmatrix}
$$

Die eigentliche Kantendetektion mit Hilfe dieses Operators kann auf zwei unterschiedliche Arten erfolgen. Zum einen können in der Ergebnismatrix nach der Faltung die Nulldurchgänge gesucht werden, d.h. die Stellen, an denen das Vorzeichen wechselt. Zum anderen kann ein Schwellwertverfahren auf den Betrag der Ergebnisse angewendet werden. Wegen der Einfachheit wird letzteres meist verwendet. Der Operator wird in diesem Fall dann oft als *Absoluter-Pseudo-Laplace-Operator* bezeichnet [Wah84].

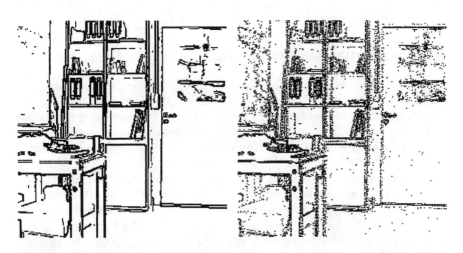

Abbildung 11.6: Ergebnis des Prewitt-Operators (links) und des Laplace-Operators (rechts), angewandt auf dieselbe Bildvorlage. Das Kantenbild wurde mit Hilfe eines Schwellwertverfahrens aus dem Betrags-Ergebnisbild erzeugt. Deutlich ist die wesentlich höhere Rauschempfindlichkeit des Laplace-Operators zu erkennen.

Der Laplace-Operator ist anfälliger gegenüber Bildstörungen und ohne eine vorherige Tiefpaßfilterung zumindest bei Bildern mit mittlerem bis niedrigem Signal-zu-Rausch-Verhältnis relativ nutzlos. Die hohe Empfindlichkeit gegenüber Störungen wird besonders deutlich, wenn man das Verhalten der obigen Maske gegenüber einzelnen Punkten und Linien im Betrags-Ergebnisbild betrachtet. Punkte werden dabei viermal so stark wie eine Kante, ein Linienende dreimal und eine 1-Pixel breite Linie doppelt so stark detektiert, was normalerweise die Ergebnisse verfälscht. Diese Effekte können aber bei der Mustererkennung unter Umständen positiv ausgenutzt werden. Der Laplace-Operator liefert, angewendet auf eine beliebig geneigte Ebene den Wert 0, obwohl die Gradienten dieser Fläche nicht notwendig den Wert 0 haben.

Die hier vorgestellte gebräuchlichste Approximation des Laplace-Operators ist nur für niederfrequente Bildanteile isotrop [Jä89]. Die Isotropie soll daher folgende Maske verbessern:

$$\Delta_{xy}f(x,y) = \begin{pmatrix} -1 & -2 & -1 \\ -2 & 12 & -1 \\ -1 & -2 & -1 \end{pmatrix}$$

Eine Reihe weiterer 3×3-Approximationen sind noch bekannt, die aber alle ähnliche Eigenschaften besitzen [Pra78], [Hor86]:

$$\Delta_{xy} = \begin{pmatrix} -1 & -1 & -1 \\ -1 & 8 & -1 \\ -1 & -1 & -1 \end{pmatrix} \qquad \Delta_{xy} = \begin{pmatrix} 1 & 0 & 1 \\ 0 & -4 & 0 \\ 1 & 0 & 1 \end{pmatrix} \qquad \Delta_{xy} = \begin{pmatrix} 1 & 4 & 1 \\ 4 & -20 & 4 \\ 1 & 4 & 1 \end{pmatrix}$$

11.7 Template-Matching

Bei den *Template-Matching-Operatoren* werden die Filtermasken T_i als Sätze von Schablonen (Templates) verwendet, die dann eine diskrete Approximation von Modellkanten in verschiedenen Orientierungen darstellen. Schon der vorgestellte Prewitt- oder Sobel-Operator kann in seiner Form als Template für eine mögliche Kante/Kantenrichtung aufgefaßt werden.

Es wurden verschiedene Verfahren entwickelt, die mit Hilfe eines festen Satzes von Modellkanten, oder mit variabler, vom Bildinhalt selbst abhängiger Schablonenfunktionen eine Kantendetektion durchführen.

Die Richtung einer Kante ergibt sich dann aus der Orientierung der Maske, die die beste Übereinstimmung ergibt. Über die Faltungsoperation wird für jede der Schablonen ein Maß für die Übereinstimmung zwischen der Filtermaske (und damit der zugehörigen Modellkante) und der darunterliegenden Bildfunktion bestimmt. Diejenige Schablone, die an einem Punkt das betragsmäßig größte Filterergebnis F_{out} liefert, bestimmt zum einen die Ergebnishöhe in diesem Punkt und zum anderen die Richtung der potentiellen Kante. Diese kann an der Orientierung der Schablone abgelesen werden.

$$F_{out}(x,y) = \max_j | \sum_{k=-m}^{m} \sum_{l=-m}^{m} I_{in}(x-k,y-l)\,T_j(k,l)|$$

Dabei bezeichnet F_{out} das Filterergebnis, I_{in} die Bildfunktion und $(2m+1)$ die Größe der Filtermasken T_j. Über den Index j ist die Filtermaske und damit gleichzeitig die Orientierung festgelegt.

Exemplarisch sei hier der Kompaß-Gradient für 8 Richtungen angegeben:

$$\begin{pmatrix} 1 & 1 & 1 \\ 1 & -2 & 1 \\ -1 & -1 & -1 \end{pmatrix} \quad \begin{pmatrix} 1 & 1 & 1 \\ -1 & -2 & 1 \\ -1 & -1 & 1 \end{pmatrix} \quad \begin{pmatrix} -1 & 1 & 1 \\ -1 & -2 & 1 \\ -1 & 1 & 1 \end{pmatrix} \quad \begin{pmatrix} -1 & -1 & 1 \\ -1 & -2 & 1 \\ 1 & 1 & 1 \end{pmatrix}$$
$$\text{Nord} \qquad\qquad \text{NO} \qquad\qquad \text{Ost} \qquad\qquad \text{SO}$$

$$\begin{pmatrix} -1 & -1 & -1 \\ 1 & -2 & 1 \\ 1 & 1 & 1 \end{pmatrix} \quad \begin{pmatrix} 1 & -1 & -1 \\ 1 & -2 & -1 \\ 1 & 1 & 1 \end{pmatrix} \quad \begin{pmatrix} 1 & 1 & -1 \\ 1 & -2 & -1 \\ 1 & 1 & -1 \end{pmatrix} \quad \begin{pmatrix} 1 & 1 & 1 \\ 1 & -2 & -1 \\ 1 & -1 & -1 \end{pmatrix}$$
$$\text{Süd} \qquad\qquad \text{SW} \qquad\qquad \text{West} \qquad\qquad \text{NW}$$

Weiterhin ist der Kirsch-Operator mit seinen unterschiedlichen Orientierungen eine gängige Maske beim Template-Matching.

$$\begin{pmatrix} 3 & 3 & -5 \\ 3 & 0 & -5 \\ 3 & 3 & -5 \end{pmatrix}$$

Insgesamt kann jede Filtermaske durch geeignete Wahl der Koeffizienten als Template verwendet werden. In [NB80] wurde der Prewitt-Operator auf eine 5×5-Maske erweitert und die Koeffizienten wurden so berechnet, daß 6 Filtermasken mit den Orientierungen 0, 30, 60, 90, 120 und 150 Grad erzeugt wurden. Wegen der Symmetrie kann damit der gesamte Bereich von 0 bis 360 Grad in Schritten von 30 Grad abgedeckt werden. Damit als Maskenkoeffizienten Ganzzahlen verwendet werden können, wurde die Maske mit dem Faktor 100 skaliert. Als Beispiel resultieren daraus folgende Masken (alle anderen analog):

$$\begin{pmatrix} -100 & -100 & 0 & 100 & 100 \\ -100 & -100 & 0 & 100 & 100 \\ -100 & -100 & 0 & 100 & 100 \\ -100 & -100 & 0 & 100 & 100 \\ -100 & -100 & 0 & 100 & 100 \end{pmatrix} \quad \begin{pmatrix} -100 & 32 & 100 & 100 & 100 \\ -100 & -78 & 92 & 100 & 100 \\ -100 & -100 & 0 & 100 & 100 \\ -100 & -100 & -92 & 78 & 100 \\ -100 & -100 & -100 & -32 & 100 \end{pmatrix}.$$
$$\text{0 Grad} \qquad\qquad\qquad \text{30 Grad}$$

Untersuchungen mit Hilfe der FOM (siehe Abbildung 11.3) zeigen, daß die Qualität der mit den Template-Matching-Operatoren ermittelten Kanten mit den Ergebnissen des Prewitt- oder Sobel-Operators vergleichbar ist. Als einziger Vorteil bestimmt die Verwendung der Schablonen gleichzeitig die lokale Kantenrichtung. Die Genauigkeit hängt von der Anzahl der verwendeten Masken (Orientierungen) und deren Größe ab [Wah84].

11.8 "Optimale" Operatoren

Alle bisher vorgestellten einfachen Differenzoperatoren benutzen lediglich die offensichtlichen Eigenschaften von Kanten, nämlich die hohen Werte der Ableitungen am Ort der Kante bzw. die Homogenität der Gebiete zu beiden Seiten der Kante. Ein bestimmtes Kantenmodell, d.h. quantitative Vorstellungen über das zu erwartende Ergebnis lagen diesen Operatoren nicht zugrunde.

Bei den *optimalen Operatoren* werden nun detaillierte Vorstellungen über die zu suchenden Bildeigenschaften wie Kantenmodell, Maße für die Genauigkeit und Fehler bei der Detektion verwendet. Aufgrund unterschiedlicher Vorstellungen und Schwerpunkte lassen sich damit auch die verschiedensten "optimalen" Operatoren ableiten. Es ist aber klar, daß es sich immer nur um eine Optimalität im Rahmen der Definition der Kante handelt (bedingte Optimalität).

11.8.1 Der Marr-Hildreth-Operator

Der *Marr-Hildreth-Operator* [MH80], [Hil83] ist ein Bandpaßfilter, also eine Kombination eines Tiefpaßfilters mit einem Hochpaßfilter. Die Hintergrundtheorie basiert auf neurophysiologischen Untersuchungen, bei denen ein Modell der ersten Bildvorverarbeitungsstufen im menschlichen Sehen entwickelt werden sollte.

Unter der Annahme, daß es nicht möglich ist, einen für alle Ortfequenzbereiche optimalen Kantenoperator zu finden, forderten Marr und Hildreth, daß ein optimaler Operator eine begrenzte Bandbreite haben muß. Diese sollte über entsprechende Parameter einstellbar sein. Aus der Beobachtung, daß Intensitätsänderungen überwiegend örtlich begrenzt sind, wurde die zweite Anforderung der örtlichen Lokalisierung der Kanten im Ausgangsbild des Operators abgeleitet. Der optimale Operator mußte daher die beiden gegensätzlichen Anforderungen der begrenzten Bandbreite im Ortfrequenzraum und dem begrenzten Einzugsbereich im Ortsraum minimieren.

Diese gegensätzlichen Bedingungen sind schon in der klassischen Unschärferelation der Fourier-Transformation enthalten:

Genaue Lokalisation in einem Raum, sei es auch nur durch steile Kanten, führt zu einer Verschmierung über weite Bereiche im reziproken Raum.

Bekanntermaßen ist die Gauß-Funktion (Glockenkurve) neben der Dirac-Funktion die einzige Funktion, die im Orts- und im Ortsfrequenzraum ihre Form beibehält und somit zur Minimierung der Forderung verwendet werden kann.

In Anlehnung an die klassische Vorstellung eines Kantenoperators, bestehend aus Glättungsfilter und Ableitungsoperator, wird daher die Gauß-Funktion zur Glättung verwendet.

Als Ableitungsoperator wird aus Effizienzgründen, aber auch gestützt auf die physiologischen Erkenntnisse, der Laplace-Operator als einfacher linearer und rotationssymmetrischer Operator verwendet.

Der erste Schritt beim Marr-Hildreth-Filter ist die Glättung des Ausgangsbildes durch

$$f_{glatt}(x,y) = G_\sigma(x,y) * f(x,y)$$

mit $G_\sigma(x,y)$ als Gauß-Filter mit der Standardabweichung σ und $*$ als Faltungsoperator, wobei gilt

$$G_\sigma(x,y) = \frac{1}{2\pi\,\sigma^2}\exp[-(\frac{x^2+y^2}{2\sigma^2})]$$

so daß sich insgesamt bei einer Filtergröße von $(2r+1){\times}(2r+1)$

$$f_{glatt}(x,y) = \frac{1}{2\pi\,\sigma^2}\sum_{i=-r}^{+r}\sum_{j=-r}^{+r}\exp[-(\frac{i^2+j^2}{2\sigma^2})]\,f(x+i,y+j)$$

ergibt.

Sigma = 1.5
Radius = 6

Sigma = 2.5
Radius = 6

0	0	0	0	0	0	0	0	0	0	0	0	0
0	0	0	-1	-2	-3	-4	-3	-2	-1	0	0	0
0	0	-1	-4	-8	-13	-15	-13	-8	-4	-1	0	0
0	-1	-4	-11	-21	-27	-27	-27	-21	-11	-4	-1	0
0	-2	-8	-21	-26	-7	9	-7	-26	-21	-8	-2	0
0	-3	-13	-27	-7	71	125	71	-7	-27	-13	-3	0
0	-4	-15	-27	9	125	200	125	9	-27	-15	-4	0
0	-3	-13	-27	-7	71	125	71	-7	-27	-13	-3	0
0	-2	-8	-21	-26	-7	9	-7	-26	-21	-8	-2	0
0	-1	-4	-11	-21	-27	-27	-27	-21	-11	-4	-1	0
0	0	-1	-4	-8	-13	-15	-13	-8	-4	-1	0	0
0	0	0	-1	-2	-3	-4	-3	-2	-1	0	0	0
0	0	0	0	0	0	0	0	0	0	0	0	0

-3	-6	-11	-16	-20	-23	-24	-23	-20	-16	-11	-6	-3
-6	-12	-19	-25	-29	-31	-31	-31	-29	-25	-19	-12	-6
-11	-19	-27	-31	-29	-24	-21	-24	-29	-31	-27	-19	-11
-16	-25	-31	-26	-8	13	22	13	-8	-26	-31	-25	-16
-20	-29	-29	-8	33	76	95	76	33	-8	-29	-29	-20
-23	-31	-24	13	76	141	169	141	76	13	-24	-31	-23
-24	-31	-21	22	95	169	200	169	95	22	-21	-31	-24
-23	-31	-24	13	76	141	169	141	76	13	-24	-31	-23
-20	-29	-29	-8	33	76	95	76	33	-8	-29	-29	-20
-16	-25	-31	-26	-8	13	22	13	-8	-26	-31	-25	-16
-11	-19	-27	-31	-29	-24	-21	-24	-29	-31	-27	-19	-11
-6	-12	-19	-25	-29	-31	-31	-31	-29	-25	-19	-12	-6
-3	-6	-11	-16	-20	-23	-24	-23	-20	-16	-11	-6	-3

Abbildung 11.7: Eine Filtermaske für den Marr-Hildreth-Operator (links $\sigma = 1.5$, rechts $\sigma = 2.5$). Die Einträge am Rand der linken Maske sind fast Null, so daß keine nennenswerten Fehler entstehen. In der rechten Maske sind die Randwerte aber noch relativ groß, so daß hier sichtbare Fehler entstehen können. Für das gewählte σ ist die rechte Maske zu klein. Durch die Multiplikation mit einem geeigneten Faktor (=200) wurden alle Einträge in den Ganzzahlbereich transformiert.

Nach der Glättung wird im zweiten Schritt dann mit dem klassischen Laplace-Operator eine Anhebung der hohen Frequenzen durchgeführt.

$$f_{ausgang}(x,y) = \nabla^2 f_{glatt}(x,y)$$

Da beide Filter linear und ortsunabhängig sind, können sie zu einem Filter, dem sogenannten Marr-Hildreth-Operator (*Laplacian-of-Gaussian, LoG*), kombiniert werden. Der Operator wird auch oft wegen seiner charakteristischen Form "Mexikanischer Hut" genannt.

$$f_{ausgang}(x,y) = \nabla^2(G_\sigma(x,y) * f(x,y)) = (\nabla^2 G_\sigma(x,y)) * f(x,y)$$

$$\nabla^2 G_\sigma(x,y) = \frac{1}{\pi\sigma^4}(\frac{(x^2+y^2)}{2\sigma^2} - 1)(\exp -\frac{(x^2+y^2)}{2\sigma^2})$$

Da es insgesamt nur auf die Detektion von Nullstellen ankommt, kann der Vorfaktor $1/\pi\sigma^4$ durch einen beliebigen, für die Berechnung günstigen Skalierungsfaktor ersetzt werden. Die Nulldurchgangssuche erfolgt lokal innerhalb einer 3×3-Umgebung. Dadurch, daß die Nullstelle in der Regel nicht exakt auf das diskrete Raster fällt, wird die Position zu dem nächstgelegenen Bildpunkt gerundet. So entsteht eine Verschiebung der Kante.

Als Parameter wird nur die Standardabweichung σ benötigt, woraus die Filtergröße zwischen $3w$ und $4w$ mit $w = 2\sqrt{2}\sigma$ für die innere positive Filterregion gewählt werden kann (vergleiche Abbildung 11.7).

Untersuchungen [SB89] haben gezeigt, daß eine Filtergröße von $4w$ ausreichend ist, ein $3w$ großer Filter jedoch schon zu sichtbaren Fehlern führen kann. Dies führt bei üblichen Werten von σ im Intervall $[2,10]$ zu relativ großen Filtermasken (Weite 10-100). Der LoG zählt daher auch zu den regionalen Operatoren. Die detektierten Kanten sind aufgrund der Nulldurchgangssuche immer 1-Pixel breit (eine Skelettierung ist nicht mehr notwendig; vergleiche Kapitel 12) und bilden immer geschlossene oder am Rand des Bildes endende Kurven, wie in [TP86] bewiesen wurde.

Eine Verschiebung der detektierten Kante gegenüber der tatsächlichen Kantenposition kann entstehen, wenn mehrere Kanten innerhalb des zentralen Bereichs des LoG-Operators (w) liegen, was natürlich abhängig von σ [Ber84], [LB86] und von der Größe der Filtermaske ist.

In verrauschten Bildern können prinzipiell keine Kreuzungspunkte mit einer ungeraden Anzahl sich treffender Kanten detektiert werden. Das Ergebnis an diesen Stellen ist instabil, d.h. extrem rauschabhängig (siehe Abbildung 11.9). Diejenigen Kantenpunkte, die fälschlicherweise nicht als mit dem Kreuzungspunkt verbunden detektiert werden, bilden andere geschlossene Kanten, die offensichtlich oftmals über weite Strecken falsch sind [MC*89].

Gänzlich fehlt diesem Operator ein Maß für die Stärke einer Kante. Leichte Variationen in einer Fläche mit ansonsten konstantem Grauwert werden genauso als Kanten detektiert wie ideale steile Kanten (vergleiche Ergebnisse in Abbildung 11.8). Versuche, über die erste Ableitung eine entsprechende Schwelle anzulegen, funktionieren zwar, führen aber zu Lücken in den ansonsten geschlossenen Kanten.

Wie schon erwähnt, scheint im menschlichen Gehirn der größte Teil der für einen solchen Filter nötige "Hardware" vorhanden zu sein. Schon Ernst Mach stellte 1865 fest, daß bei der visuellen Wahrnehmung die räumlichen Schwankungen in der Lichtintensität offenbar verstärkt werden (Mach-Band-Effekt). Diese Verstärkung vermutete er in einem neuronalen Mechanismus. Mitte dieses Jahrhunderts konnte dann gezeigt werden, daß die

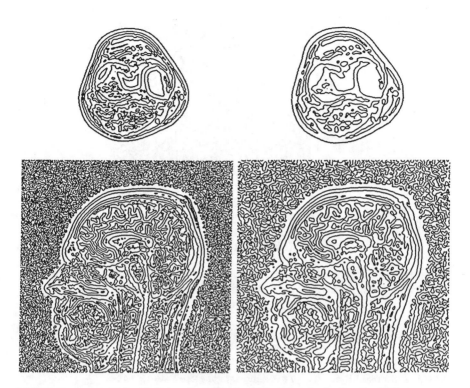

Abbildung 11.8: Die Nulldurchgänge im Filterergebnis des LoG-Operators bei verschieden großer Standardabweichung. Links: $\sigma = 2.0$. Rechts: $\sigma = 3.0$. Oben: CT-Aufnahme aus dem Bereich des Kniegelenks. Unten: MRT-Aufnahme des Kopfes. Deutlich ist bei den unteren Bildern die Rauschempfindlichkeit zu erkennen.

Netzhaut etwas ganz ähnliches tut, wie der oben beschriebene Zentrum-Umkreis-Filter. Die Differenz der Filterantworten zweier Gauß-Filter mit unterschiedlicher Standardabweichung (*Difference-of-Gaussians, DoG*) beschreiben dieses Verhalten sehr gut. Im Anhang von [MH80] wird gezeigt, daß der Marr-Hildreth-Operator eine Approximation des DoG darstellt.

Jede der Nervenfasern, die die Signale zum Gehirn weiterleiten, ist mit einer Gruppe von Photorezeptoren verbunden. Bei bestimmten Sehnervenzellen ist das rezeptive Feld in Zentrum und Umkreis unterteilt. Die Helligkeit im Zentrum des rezeptiven Feldes erregt die Sehnervenzelle, Helligkeit in einem umgebenden Ring hemmt deren Erregung, also genau so, wie es bei der Laplace-Ableitung einer Gauß-Funktion der Fall ist. Man sagt auch oft, das rezeptive Feld hat ein AN-Zentrum und einen AUS-Umkreis. Bei anderen Sehnervenzellen ist es genau umgekehrt. Dies ist notwendig, da

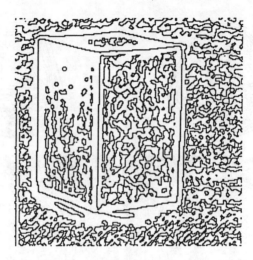

Abbildung 11.9: An Stellen, an denen sich eine ungerade Anzahl von Kanten trifft, entstehen beim Marr-Hildreth-Operator Fehler. In leicht verrauschten Gebieten werden Pseudokanten detektiert

Nerven keine Signale mit "negativem"-Vorzeichen weiterleiten können.

```
#define FAKTOR 200        /* Faktor zur Transform. in Ganzzahlber. */
#define SCHWELLE 5        /* "Mindeststaerke" der Kante            */

void Marr_Hildreth(int BildNr1, int BildNr2)
/* BildNr1 = Originalbild                                         */
/* BildNr2 = Ergebnisbild; binaeres Kantenbild                   */
{
   int Matrix_MH[50][50];  /* Matrix fuer Marr-Hildreth Operator  */
   float Sigma;            /* Standardabweichung                  */
   float Sigma_Quadrat;    /* Sigma*Sigma                         */
   int Radius;             /* Halbe Groesse der Filtermaske       */
   int z, s, x, y;         /* Variablen fuer Zeilen-/Spaltenindex */
   float Zwerg;            /* Variable fuer Zwischenergebnisse    */

   ClearTextWindow(35,18,80,25);
   WriteText(35,18,"* Anwendung des Marr-Hildreth-Operators *");

   /* Zuerst Filter-Matrix (=Filterkern) berechnen. Dazu gibt der */
   /* Benutzer die Werte fuer Sigma und den Filterradius ein.     */
   Sigma = Read_Float("Sigma (1.0 - ...)    ", 1.0, '?' );
   /* Filterkern = 4w mit w=2*sqrt(Sigma); Radius=2w              */
   do
```

```
     Radius=Read_Int("Reichweite (max. 25)? ",
                                   (int)4*sqrt(Sigma), ':' );
while ((Radius > 25) || (Radius < 1));


/* Die Filtermaske ist nun mit den Werten zu initialisieren    */
Sigma_Quadrat=Sigma*Sigma;
for (y= -Radius; y<=Radius; y++)
    for (x= -Radius; x<=Radius; x++) {
        Abstand = (float)(x*x + y*y);
        Zwerg   = FAKTOR * (Abstand/(2.0*Sigma_Quadrat) - 1) *
                         exp(-Abstand/(2.0*Sigma_Quadrat));
        /* Abbildung in den Ganzzahlenbereich und Rundung       */
        Matrix_MH[i+Radius][j+Radius]=
                (Zwerg>0.0) ? (int)(Zwerg+0.5):(int)(Zwerg-0.5);
    }
/* Erzeugung eines "Radius"-Pixel breiten Randes zur einf. Ber.*/
Erzeuge_Rand(BildNr1, Radius);


/* Nun die eigentliche Faltung der Maske mit dem Bildinhalt     */
for (z=Radius; z<(Radius+Picture[BildNr1].Zeilen); z++)
    for (s=Radius; s<(Radius+Picture[BildNr1].Spalten); s++) {
        Zwerg = 0.0;
        for (y= -Radius; y<=Radius; y++)
            for (x= -Radius; x<=Radius; x++)
                Zwerg += Matrix_MH[x+Radius][y+Radius] *
                        Picture[BildNr1].Bild[z+y][s+x];


        /* Ergebnis auf die normalen Grauwerte abbilden und ...*/
        /* ... wenn notwenig klippen.                          */
        Picture[BildNr2].Bild[z-Radius][s-Radius] =
          (Zwerg<SCHWARZ) ? SCHWARZ:((Zwerg>WEISS) ? WEISS:Zwerg);
    }
Picture.[BildNr2].Zeilen = Picture[BildNr1].Zeilen;
Picture.[BildNR2].Spalten= Picture[BiuldNr1].Spalten;


/* Zum Schluss noch die Nulldurchgangssuche vornehmen und      */
/* dabei gleich ein Binaerbild erzeugen.                       */
for (z=0; z<(Picture[BildNr2].Zeilen-1); z++) {
    for (s=0; s<(Picture[BildNr2].Spalten-1); s++) {
        if ((Picture[BildNr2].Bild[z][s]==0) &&
            (Picture[BildNr2].Bild[z][s+1]>=SCHWELLE) ||
            (Picture[BildNr2].Bild[z][s]>=SCHWELLE) &&
            (Picture[BildNr2].Bild[z][s+1]==0)         ||
            (Picture[BildNr2].Bild[z][s]==0) &&
            (Picture[BildNr2].Bild[z+1][s]>=SCHWELLE) ||
            (Picture[BildNr2].Bild[z][s]>=SCHWELLE) &&
```

```
        (Picture[BildNr2].Bild[z+1][s]==0) )
          Picture[BildNr2].Bild[z][s]=WEISS;    /* Kantenpixel */
      else
          Picture[BildNr2].Bild[z][s]=SCHWARZ; /* Hintergrund */
    }
    Picture[BildNr2].Bild[z][s]=SCHWARZ;  /* rechter Rand noch */
  }
}
```

11.8.2 Der Canny-Operator

Canny geht bei der Herleitung seiner "optimalen" Operatoren streng mathematisch vor [Can83], [Can86]. Nach der Aufstellung einiger grundsätzlicher Annahmen und Optimierungs-Kriterien (geringe Fehlerrate, gute Lokalisation und nur eine Filterantwort auf eine einzige Kante) wird durch Anwendung von Variationsmethoden und ihrer numerischen Lösung die Operator-Funktion gefunden.

Die so für eine Stufenkante berechnete Filterfunktion approximiert Canny mit Hilfe der ersten Ableitung der Gauß-Funktion. Während sich eine Kante in einer Dimension allein durch eine Koordinate beschreiben läßt, besitzt sie in zwei Dimensionen auch eine Orientierung. Unter Orientierung versteht man dabei die Richtung der Tangente an die Kontur, die durch die einzelnen Kantenelemente beschrieben wird. Diese Orientierung läßt sich mit Hilfe des Gradienten der geglätteten Bildfunktion $f(x,y)$ bestimmen, da der Gradient gerade senkrecht zur Kantenrichtung steht, also in Richtung der Normalen $\vec{n}$ zur Kantenrichtung. Im diskreten Fall gilt dies allerdings nur näherungsweise.

Zur Kantendetektion mit dem *Canny-Operator* wird zuerst die Bildfunktion $f(x,y)$ mit den Richtungsableitungen der Gauß-Funktion in x- und y-Richtung gefaltet:

$$D_x(x,y) = \frac{\partial}{\partial x}(G_\sigma(x,y) * f(x,y)) = \frac{\partial G_\sigma(x,y)}{\partial x} * f(x,y)$$

$$D_y(x,y) = \frac{\partial}{\partial y}(G_\sigma(x,y) * f(x,y)) = \frac{\partial G_\sigma(x,y)}{\partial y} * f(x,y)$$

Dabei ist

$$G_\sigma(x,y) = \exp\left(\frac{-(x^2 + y^2)}{2\sigma^2}\right)$$

bis auf einen Skalierungsfaktor die Gauß-Funktion mit der Standardabweichung σ und dem Faltungsoperator $*$. Für die Normierung der Gauß-Funktion verwendet man im allgemeinen den Skalierungsfaktor $1/(\sqrt{2\pi}\sigma)^2$.

Damit berechnet sich die erste Ableitung der Gauß-Funktion in x-Richtung als:

$$\frac{\partial G_\sigma(x,y)}{\partial x} = \frac{-x}{\sigma^2}\exp\left(\frac{-(x^2 + y^2)}{2\sigma^2}\right)$$

Wie sich leicht nachweisen läßt, wird eine Normierung der ersten Richtungsableitung der Gauß-Funktion durch einen Skalierungsfaktor von $\sqrt{2\pi}\sigma$ erzielt [Kor88], [WS90]. Die Normierung der Richtungsableitungen ist vor allem bei der Bearbeitung der Bilder in mehreren Auflösungsstufen, d.h. mit verschiedenen Standardabweichungen (*Multiscale-Ansatz, Multiscale Image Processing*; Filterung und Kantendetektion in einer Bildvorlage bei unterschiedlichen Auflösungen), wichtig. In diesem Zusammenhang sei erwähnt, daß bei unterschiedlichen Auflösungsstufen durch die Gauß-Funktion keine neuen Kanten entstehen.

Der Gradient $\vec{D}$ der Gauß-geglätteten Bildfunktion an der Stelle (x, y) lautet:

$$\vec{D}(x, y) = D_x(x, y)\vec{e}_x + D_y(x, y)\vec{e}_y$$

Der Gradient $\vec{D}$ zeigt immer in Richtung des stärksten Anstieges (hier der Gauß-geglätteten Bildfunktion) und steht damit immer senkrecht zur Kantenrichtung am untersuchten Ort (x, y). Die Richtung des Gradienten wird durch die Komponenten D_x und D_y festgelegt.

Der Betrag des Gradienten $\vec{D}$

$$D(x, y) = |\nabla(G_\sigma(x, y) * f(x, y))| = \sqrt{D_x(x, y)^2 + D_y(x, y)^2}$$

entspricht der Größe der Änderung der Gauß-geglätteten Bildfunktion am Ort (x,y) und liefert damit ein gutes Maß für die Stärke der Kante.

Für die Verwendung in einem digitalen Rechner muß die Filterfunktion zum einen gekappt werden, da die erste Ableitung der Gauß-Funktion nur asymptotisch gegen Null geht, und zum anderen muß sie abgetastet (diskretisiert) werden. Für die verwendete Filtergröße empfiehlt Canny, die Filterfunktion an der Stelle zu kappen, an der die Filterwerte 0.1% des größten Wertes unterschreiten.

Die Standardabweichung der Gauß-Funktion ist auch hier der einzige veränderbare Parameter der verwendeten Filterfunktion. Durch Vergrößerung der Standardabweichung wird eine größere Glättungswirkung erzielt, mit dem Nachteil einer schlechteren Lokalisation der Kanten. Bei größeren Filtermasken beeinflussen sich benachbarte Kanten, sofern sie gleichzeitig in dem Bereich derselben Maske liegen. Auf diesen Umstand haben schon Marr und Hildreth [MH80] hingewiesen und aus diesem Grund für die Verwendung möglichst kleiner Filtermasken plädiert. Canny hat diesen Fall durch seine Grundannahme, daß nur eine Kante im Bereich der Filterfunktion liegt, ausgeschlossen. Diese Annahme ist aber nicht realistisch.

Im nächsten Schritt wird beim Canny-Operator die vorhandene Information über die Gradientenrichtung und -stärke in dem Kanten-Nachbearbeitungsverfahren der Non-Maxima-Supression ausgenutzt (siehe Abschnitt 11.10.1).

In der Version des Non-Maxima-Supression-Verfahrens von Canny wird die lokale Richtung des Gradienten durch seine Komponenten $D_x(x, y)$ und $D_y(x, y)$ bestimmt. Daraus berechnet sich die lokale Normale $\vec{n}$ zur Kante

11. Kantendetektion

als (vergleiche Abbildung 11.10):

$$\vec{n}(x,y) = n_x(x,y)\vec{e}_x + n_y(x,y)\vec{e}_y$$

mit den Komponenten

$$n_x(x,y) = \frac{D_x(x,y)}{\sqrt{D_x(x,y)^2 + D_y(x,y)^2}} \quad \text{und} \quad n_y(x,y) = \frac{D_y(x,y)}{\sqrt{D_x(x,y)^2 + D_y(x,y)^2}}$$

Problematisch ist, daß die Bildfunktion und das Filterergebnis nur auf einem diskreten Gitter vorliegen und daß die Gradientenrichtung im allgemeinen nicht genau in Richtung eines Gitterpunktes aus der 8-Punkte-Umgebung zeigt. Aus diesem Grunde werden beim Canny-Operator die zwei gesuchten angrenzenden Gradientenwerte näherungsweise durch lineare Interpolation der Gradientenwerte, die der Gradientenrichtung am nächsten liegen, berechnet. Mit Hilfe des folgenden Beispiels soll die Funktionsweise des Interpolationsverfahrens erläutert werden:

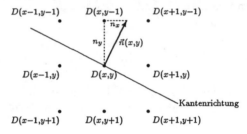

Abbildung 11.10: Suche nach dem lokalen Maximum in Gradientenrichtung.

Entsprechend dem Beispiel in Abbildung 11.10 berechnen sich die beiden interpolierten Gradienten D_1 und D_2 zu:

$$D_1 = \frac{n_x}{n_y}D(x+1,y-1) + \frac{n_y - n_x}{n_y}D(x,y-1)$$

$$D_2 = \frac{n_x}{n_y}D(x-1,y+1) + \frac{n_y - n_x}{n_y}D(x,y+1)$$

Analog ergeben sich die interpolierten Werte D_1 und D_2 für die sieben anderen möglichen Richtungen (Oktanten). Die Auswahl der richtigen Richtung erfolgt durch Fallunterscheidung an jedem Punkte anhand der Normalenrichtung.

Ein Maximum liegt dann vor, wenn $D(x,y) \geq D_1$ und $D(x,y) \geq D_2$ [MD86]. Dieses Vorgehen bedeutet, daß die Kantenpunkte im Gebiet der höheren Intensität gewählt werden.

Nach einer anschließenden Schwellwertbildung der so vorselektierten Kantenpunkte erhält man mit Hilfe des Non-Maximum-Suppression-Verfahrens 1-Pixel breite Kanten, die den Ort der stärksten Grauwertänderung bestimmen. Daher kann dieser Algorithmus auch als intelligentes

Skelettierungs-Verfahren angesehen werden (vergleiche Abschnitt 12), das nicht nur die geometrische Anordnung der Punkte wertet wie traditionelle Methoden, sondern auch die Information aus der vorangehenden Kanten-detektionsstufe.

Aus der bisher berechneten Menge von möglichen Kantenpunkten muß durch ein geeignetes Schwellwertverfahren entschieden werden, ob es sich bei einem Punkt aufgrund seines Gradientenwertes um einen Kantenpunkt handelt oder nicht. Ein solches Verfahren, das nicht einen festen Wert, sondern einen Bereich verwendet, ist das Hysteresis-Threshold-Verfahren [Can83] (vergleiche Abschnitt 11.10.2).

Die Annahme für die Definition der Optimalität des Canny-Operators, daß sich jeweils nur eine Kante im örtlichen Einzugsbereich des Kanten-operators befindet, ist in der Praxis natürlich nicht haltbar. Dies führt zu Unterbrechnungen und falschen Verbindungen vor allem im Bereich von Kreuzungen (siehe Abbildung 11.11). Ein zusätzliches Kanten-Nach-bearbeitungsverfahren, das Constraint-Thinning [Gru91], kann diese Lücken teilweise wieder schließen (vergleiche Abschnitt 11.10.3).

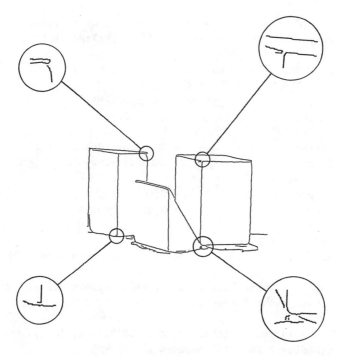

Abbildung 11.11: Beim normalen Canny-Operator entstehen an Stellen, an denen sich mehrere Kanten treffen, kaum sichtbare Lücken.

Aufgrund dieser gesamten Vorgehensweise liefert der Canny-Operator gute Ergebnisse bei der Anwendung auf reale Bilder. Die Verwendung der ersten Ableitung entspricht einer "natürlichen" Definition des Ortes einer

11. Kantendetektion

Kante. Gleichzeitig ist damit die Rauschempfindlichkeit wesentlich geringer als z.B. bei dem Marr-Hildreth-Operator. Leider wird die Geschlossenheit der Konturen nicht garantiert (vergleiche Abschnitt 11.8.1).

```
/*******************************************************************/
/* Aufgrund der Laenge des Algorithmus wird er hier nur im         */
/* prinzipiellen Ablauf beschrieben.                               */
/*******************************************************************/

#define MAX_RAND       20   /* maximale Randgroesse um das Bild  */
#define TH_CONSTR_THIN 70   /* Schwellwert fuer Constraint-Thin. */

void Canny(int BildNr1, int BildNr2)
{
  /* separierte Faltungsmasken  G = G1 * G2                        */
  /* Gx = [(-x/Sigma^2)*exp{-x^2/2Sigma^2}]*[exp{-y^2/2Sigma^2}] */
  float G1[2*MAX_RAND+1];         /* Faltungsmasken 1              */
  float G2[2*MAX_RAND+1];         /* Faltungsmasken 2              */

  /* Hilfsfelder fuer die Berechnung; G, Gx, Gy = Gradientenfeld.*/
  float Temp_Pic[Z_RES_MAX+MAX_RAND][S_RES_MAX+MAX_RAND];
  float G[Z_RES_MAX][S_RES_MAX];
  float Gx[Z_RES_MAX][S_RES_MAX];
  float Gy[Z_RES_MAX][S_RES_MAX];
  unsigned char Markierung[Z_RES_MAX][S_RES_MAX];
  unsigned char Kante[Z_RES_MAX][S_RES_MAX];

  float Zwerg;               /* Zwischenergebnis                  */
  float Sigma;               /* Standartabweichung Sigma          */
  double e, Abstand;
  double Sigma_Quadrat;      /* Sigma * Sigma                     */
  int Radius;                /* Operatorradius                    */

  ClearTextWindow(35,18,80,25);
  WriteText(35,18,"* Anwendung des mod. Canny-Operators *");

  /* Zuerst separierte Filter-Matrix (=Filterkern) berechnen.     */
  Sigma = Read_Float("Sigma (1.0 - ...)    ", 1.0, '?' );
  do
    Radius=Read_Int("Reichweite (max. 20)? ", 4, ':' );
  while ((Radius > 20) || (Radius < 1));
  Sigma_Quadrat=(double)(Sigma*Sigma);

  /* Eigentliche Berechnung der separierten Faltungsmasken        */
  for (i= -Radius; i<=Radius; i++) {
    Abstand=(double)(i*i);
    e = exp(-Abstand/(2.0*Sigma_Quadrat));
```

164

```
      G1[i+R] = (float)e * -1.0 * i / Sigma_Quadrat;
      G2[i+R] = (float)e;
}
/* Erzeugung eines "Radius"-Pixel breiten Randes zur einf. Ber.*/
Erzeuge_Rand(BildNr1, Radius);

/* Differenzierung in X-Richtung:                               */
/*                  1) Faltung in x-Richtung (Ableitung)        */
/*                     Faltung mit der ersten Maske             */
for (z=Radius; z<(Radius+Picture[BildNr1].Zeilen); z++)
    for (s=Radius; s<(Radius+Picture[BildNr1].Spalten); s++) {
        Zwerg = 0.0;
        for (x= -Radius; x<=Radius; x++)
            Zwerg += G1[x+Radius] *
                     Picture[BildNr1].Bild[z][s+x];
        Temp_Pic[z-Radius][s-Radius]=Zwerg;
    }
/* Rand auch um das Zwischenergebnis erzeugen                   */
Erzeuge_Rand(Temp_Pic, Radius);

/* Differenzierung in X-Richtung:                               */
/*                  2) Faltung in x-Richtung (Glaettung)        */
/*                     Faltung mit der zweiten Maske            */
for (z=Radius; z<(Radius+Picture[BildNr1].Zeilen); z++)
    for (s=Radius; s<(Radius+Picture[BildNr1].Spalten); s++) {
        Zwerg = 0.0;
        for (y= -Radius; y<=Radius; y++)
            Zwerg += G2[y+Radius] * Temp_Pic[z+y][s];
        Gx[z-Radius][s-Radius] = Zwerg;
    }

/* Differenzierung in Y-Richtung:                               */
/*                  1) Faltung in y-Richtung (Ableitung)        */
/*                     Faltung mit der ersten Maske             */
...

/* Rand auch um das Zwischenergebnis erzeugen                   */
Erzeuge_Rand(Temp_Pic, Radius);

/* Differenzierung in Y-Richtung:                               */
/*                  2) Faltung in y-Richtung (Glaettung)        */
/*                     Faltung mit der zweiten Maske            */
for (z=Radius; z<(Radius+Picture[BildNr1].Zeilen); z++)
    for (s=Radius; s<(Radius+Picture[BildNr1].Spalten); s++) {
        ...
        /* Bestimmung des Gradienten im untersuchten Punkt      */
```

```
        G[z-Radius][s-Radius] = sqrt((double)
                Gx[z-Radius][s-Radius]*Gx[z-Radius][s-Radius] +
                Gy[z-Radius][s-Radius]*Gy[z-Radius][s-Radius]);
    }


/***************** Non-Maxima Suppression ********************/
/* G        = Gradientenmatrix                              */
/* Gx       = Ableitung in horizontaler Richtung            */
/* Gy       = Ableitung in vertikaler Richtung              */
/* Markierung = Ergebnisarray mit den berechneten Markierungen */
NonMaxSuppression(G, Gx, Gy, Markierung, Picture[BildNr1].Zeilen,
                                Picture[BildNr1].Spalten);


/***************** Hysteresis-Threshold *********************/
/* G        = Gradientenmatrix                              */
/* Markierung = Markierungen aus dem Non-Maxima-Supression  */
/* Kante    = Ergebnisarray mit den Kantenpunkten           */
HysteresisThreshold(G, Markierung, Kante,Picture[BildNr1].Zeilen,
                                Picture[BildNr1].Spalten);


/***************** Constraint-Thinning *********************/
/* G        = Gradientenmatrix                              */
/* Kante    = Kantenpunkten aus dem Non-Maxima-Supression   */
/* BildNr2  = Ergebnisbild mit alten und zusaetzlichen Punkt.*/
ConstraintThinning(G, Kante, BildNr2, Picture[BildNr1].Zeilen,
                                Picture[BildNr1].Spalten);
}
```

11.9 3D-Operatoren

3D-Kantenfilter können durch direkte Übersetzung der 2D-Filter auf drei Dimensionen erzeugt werden. Bei den Differenzoperatoren hat Liu [Liu77] als einer der ersten den Roberts-Operator auf 3D erweitert. Analog sieht die $3\times3\times3$-Version des Prewitt-Operators aus.

Die entsprechend rotierten Filtermasken werden in den drei Koordinatenrichtungen angewendet.

Der Marr-Hildreth-Operator in drei Dimensionen lautet demnach:

$$\nabla^2 G_\sigma(x,y,z) = \frac{1}{\pi\sigma^4}(\frac{(x^2+y^2+z^2)}{2\sigma^2}-1)(\exp-\frac{(x^2+y^2+z^2)}{2\sigma^2})$$

Analog läßt sich der 3D-Canny-Operator definieren [MD86].

Anwendung können solche Operatoren in all den Gebieten finden, in denen 3D-Datensätze anfallen, z.B. bei CT-/MRT-Aufnahmen in der Medizin. Die Abtastverhältnisse sind dann aber von besonderer Wichtigkeit, da oftmals keine isotropen Abtastdichten vorliegen. Dies muß in den Maskenkoeffizienten der Operatoren entsprechend berücksichtigt werden.

Ist beispielsweise das Abtastverhältnis $\frac{\Delta x}{\Delta z} = \frac{1}{4}$, so sind die Filterkoeffizienten in den z-Ebenen ± 1 um die zentrale z-Ebene bei dem 3D-Canny-Operator mit einer Standardabweichung von $\sigma = 1$ bereits um den Faktor $\exp(-4^2/2) \approx 0.00033$ niedriger als die Maskenkoeffizienten der zentralen Ebene. Eine Berücksichtigung dieser Werte lohnt sich dann nicht, so daß der Operator wieder zu einer 2D-Version degeneriert.

Im Fall isotroper Abtastung oder hoher Korrelation zwischen den Schichten wird jedoch ein höherer Rauschabstand erzielt als bei den zweidimensionalen Operatoren. Gleichzeitig steigt aber der Rechenaufwand um ein Vielfaches.

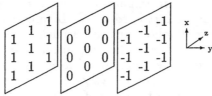

Abbildung 11.12: Eine Maske des 3D-Prewitt-Operators.

11.10 Kanten-Nachbearbeitung

Alle vorgestellten Kantenoperatoren liefern nach verschiedenen Vorverarbeitungsschritten wie Glättung usw. eine Ergebnis-Matrix mit Information über die potentiellen Kantenpunkte, z.B. lokale Kantenstärke und Kantenrichtung.

Die im nachfolgenden besprochenen Verfahren zur *Kanten-Nachbearbeitung* setzen auf diese Information auf und versuchen, diese Daten besser als mit den einfachen Schwellwertverfahren auf den Betragsgradientenbildern auszuwerten. Aufgrund dieser Vorgehensweise können die Kanten-Nachbearbeitungsverfahren aber auch im Zusammenhang mit den Differenzoperatoren verwendet werden.

11.10.1 Non-Maxima-Suppression

Einer der ersten Nachbearbeitungsschritte wurde schon beim Canny-Operator beschrieben; das Beseitigen der Nicht-Kantenpunkte im *Non-Maxima-Supression*-Verfahren.

In vielen Kantendetektionsverfahren wird die Richtung des Gradienten nicht ausgewertet, sondern aufgrund einer globalen Schwelle z.B. über den Betragsgradienten Punkt für Punkt entschieden, ob an dieser Stelle eine Kante vorliegt oder nicht. Dadurch entstehen je nach Kantenform und -verlauf größere Flächen, in denen eine mögliche Kante liegt. Durch Skelettierung (vergleiche Kapitel 12) wird dann die Mittelachse als Ort der eigentlichen Kante festgelegt.

Bei einem einfachen Non-Maxima-Supression-Verfahren kann in einer Umgebung um den aktuellen Punkt ungerichtet untersucht werden, ob der

Betragsgradient im betreffenden Pixel ein lokales Maximum darstellt. Ist dies nicht der Fall, wird das Pixel gelöscht.

In einer verbesserten Version des Verfahrens wird zusätzlich die Gradientenrichtung ausgenutzt. Der zentrale Gradientenwert wird dazu mit zwei angrenzenden Gradientenwerten verglichen, die in Gradientenrichtung, aber auf verschiedenen Seiten des zentralen untersuchten Punktes liegen. Alle die Punkte, die innerhalb einer 8-Punkte-Umgebung kein lokales Maximum darstellen, werden dann auf Null gesetzt, d.h. für die weitere Bearbeitung unterdrückt. Daher auch die Bezeichnung Non-Maxima-Suppression.

Da in dem diskreten Gitter die Gradientenrichtung im allgemeinen nicht genau in Richtung eines Gitterpunktes aus der 8-Punkte-Umgebung zeigt, muß die Richtung angenähert werden. Als Lösungsmöglichkeit bietet sich die Auswahl von zwei Punkten aus der 8-Punkte-Umgebung an, die der Gradientenrichtung am nächsten liegen [Kor88], oder die näherungsweise Ermittlung der zwei gesuchten angrenzenden Gradientenwerte durch lineare Interpolation der Gradientenwerte (vergleiche Abschnitt 11.8.2), die der Gradientenrichtung am nächsten liegen [Can83]. Als Kantenpunkte werden die Punkte im Gebiet der höheren Intensität gewählt.

Andere Arten von Non-Maxima-Supression-Verfahren sind denkbar und in [Gen86], [Kor88] und [Lac88] beschrieben.

11.10.2 Hysteresis-Threshold

Über das Non-Maxima-Supression-Verfahren wurde die Anzahl der potentiellen Kantenpunkte erheblich reduziert. Aus dieser Menge kann jetzt durch ein geeignetes Schwellwertverfahren entschieden werden, ob es sich bei einem Punkt aufgrund seines Gradientenwertes um einen Kantenpunkt handelt oder nicht.

Bei dem *Hysteresis-Threshold*-Verfahren wird nicht ein einzelner Schwellwert, sondern ein Intervall verwendet [Can83].

Die Entwicklung dieses Verfahrens beruht auf der Beobachtung, daß die Kanten, die mit Hilfe einfacher Schwellwertverfahren erzeugt wurden, häufig Unterbrechungen aufweisen. Diese Unterbrechungen kommen durch stückweises Über- und Unterschreiten des Schwellwertes zustande. Damit wird die Schwierigkeit der richtigen Wahl *eines* Schwellwertes deutlich, mit dessen Hilfe zutreffende Kanten von Rauschen und schwachen Kanten möglichst weitgehend getrennt werden sollen.

Basierend auf der realistischen Annahme, daß ein Kantenstück, das aus schwachen Kantenpunkten besteht, eher als falsch detektiert angesehen werden muß, als wenn dieses Kantenstück zu einer Kante gehört [NB86], die auch starke Kantenpunkte enthält, gelangt man zu diesem Schwellwertverfahren mit zwei Schwellwerten [Can83]. Punkte, an denen der Gradientenbetrag den hohen Schwellwert TH_{high} überschreitet, werden verwendet, um neue Konturen zu beginnen, während Punkte mit Gradientenbeträgen über dem niedrigeren Schwellwert TH_{low} der Fortsetzung dienen. TH_{low} ist die untere Grenze, unterhalb der die Grauwertdiskontinuitäten entweder dem

Rauschen im Bild oder unwichtigen, weil zu schwachen Details zugeschrieben werden.

Das Hysteresis-Threshold-Verfahren kann daher als einfacher Konturverfolgungs-Algorithmus interpretiert werden.

Für die Abschätzung der Wirkung des Hysteresis-Threshold-Verfahrens sind vor allem zwei Beobachtungen interessant:

- Eine Kontur, auf der zwar alle Gradientenbeträge zwischen TH_{high} und TH_{low} liegen, TH_{high} aber nicht erreichen, wird nicht anerkannt.

- Es genügt ein einziger Punkt mit Gradientenbetrag größer TH_{high}, damit eine gesamte Kontur, entlang der sonst kein weiterer Gradientenbetrag TH_{high} übersteigt, anerkannt wird.

Diese so berechneten "sicheren" Kantenpunkte werden als "Kristallisationspunkte" für komplette Kanten verwendet. Aufgrund der Ergebnisse bei verschiedenen Testbildern hat sich als sinnvolles Verhältnis zwischen oberer und unterer Schwelle ein Wert von 2-3 ergeben [Can83], [Gru91]. Die obere Schwelle wird wieder in Abhängigkeit der Gradientenwerte bei gleichzeitiger Unterdrückung von Extremwerten berechnet (vergleiche Abschnitt 11.2).

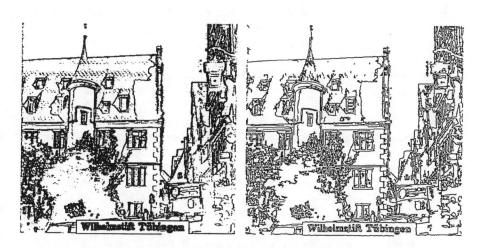

Abbildung 11.13: Vergleich des Ergebnisses des einfachen Schwellwertverfahrens (links) mit dem Hysteresis-Threshold-Verfahren (rechts).

In entsprechenden Untersuchungen [Gru91] erwies sich das Hysteresis-Threshold-Verfahren als sehr robust. Es war selbst bei festen Schwellwerten ohne Änderung erfolgreich auf eine größere Anzahl verschiedener Bilder übertragbar. Die erzeugten Kanten waren über wesentlich längere Strecken nicht unterbrochen, als es selbst bei langwieriger Hand-Optimierung mit

11. Kantendetektion

Hilfe eines einfachen Schwellwertverfahrens möglich gewesen wäre. Auch gegenüber Änderungen des Verhältnisses zwischen den Schwellwerten erwies sich das Verfahren als recht robust. Prinzipiell bewirkt aber eine zu hohe Wahl von TH_{high}, daß auch lange "gute" Kantenstücke nicht anerkannt werden. Eine Verminderung von TH_{low} fördert die Verbindung von einzelnen Kantenstücken und führt damit zu langen fortgesetzten Konturen. Im Extremfall eines sehr niedrig gewählten TH_{low} kann es daher dazu kommen, daß einige wenige "Saatpunkte" mit Gradientenbeträgen größer TH_{high} genügen, um praktisch alle Punkte, solange sie nur Gradientenbeträgen größer als TH_{low} aufweisen, als Kantenpunkte anzuerkennen.

```
#define MARK_TH1      128    /* Markierungen fuer das ...        */
#define MARK_TH2      254    /* Hystheresis-Threshold-Verfahren  */
#define MARK_EDGE     255
#define TH_LOW         20    /* THlow  fuer Hysteresis-Threshold. */
#define TH_HIGH        90    /* THhigh fuer Hysteresis-Threshold. */


HysteresisThreshold(float Grad[Z_RES_MAX][S_RES_MAX],
                    unsigned char Markierung[Z_RES_MAX][S_RES_MAX],
                    unsigned char Kante[Z_RES_MAX][S_RES_MAX],
                    int Dim_Zeilen, int Dim_Spalten)
/* Grad       = Gradientenmatrix                                  */
/* Markierung = Markierungen aus dem Non-Maxima-Supression        */
/* Kante      = Ergebnisarray mit den Kantenpunkten (MARK_EDGE)   */
/* Dim_Zeilen = Anzahl der Zeilen des Bildes                      */
/* Dim_Spalten= Anzahl der Spalten des Bildes                     */
{
  unsigned char Temp_Pic1[Z_RES_MAX][S_RES_MAX];  /* Hilfs-Array */
  int z, s;                              /* Zeilen-/Spaltenindex */

  /* Als Kantenpunkte kommen nur solche in Frage, die beim Non-  */
  /* Maxima-Supression als lokale Maxima markiert wurden und die */
  /* im Gradientenbild mindestens die untere Schwelle ueber-     */
  /* schreiten.                                                  */
  /* Es wird dabei zwischen Sicheren-Kantenpunkten (> TH_HIGH)   */
  /* und Moeglichen-Kantenpunkten (<= TH_HIGH und > TH_LOW)      */
  /* unterschieden.                                              */
  for (z=0; z<Dim_Zeilen; z++)
    for (s=0; s<Dim_Spalten; s++) {
        if      (Markierung[z][s] == 0) Temp_Pic1[z][s]=0;
        else if (Grad[z][s] > TH_HIGH)  Temp_Pic1[z][s]=MARK_TH2;
        else if (Grad[z][s] > TH_LOW)   Temp_Pic1[z][s]=MARK_TH1;
        else                            Temp_Pic1[z][s]=0;

        Kante[z][s]=0;             /* Ergebnis-Bild initialisieren*/
    }
```

```
/* Sichere-Kantenpunkte im Hilfs-Array suchen und ausgehend    */
/* davon die moegliche Kante verfolgen.                         */
for (z=0; z<Dim_Zeilen; z++)
    for (s=0; s<Dim_Spalten; s++)
        if (Temp_Pic1[z][s] == MARK_TH2)
            /***************** Kantenverfolgung **************/
            /* (z,s)     = Koordinate des sicheren Kantenpunktes*/
            /* Temp_Pic1 = Array mit den sicheren und moeglichen*/
            /*             Kantenpunkten                       */
            /* Kante     = Ergebnis-Array mit den gefundenen   */
            /*             Kantenpunkten (verfolgten).         */
            /*             Die Kantenpunkte werden in beiden   */
            /*             Arrays mit MARK_EDGE gekennzeichnet. */
            Verfolge_Kante(z, s, Temp_Pic1, Kante);
}
```

11.10.3 Das Constraint-Thinning

Wie schon erwähnt, kommt es in Kombination mit dem Non-Maxima-Supression-Verfahren zu Fehlern, wenn sich mehrere Kanten im Einzugsbereich des Operators befinden. Die starke Kante dominiert in diesem Bereich und schwächere Kanten können nicht mehr ermittelt werden. Bei theoretischen Untersuchungen wird dieser Fehler meist dadurch ausgeschlossen, daß angenommen wird, es liege jeweils nur eine Kante im Bereich des Kantenoperators. Dies ist in der Praxis aber normalerweise nicht erfüllt.

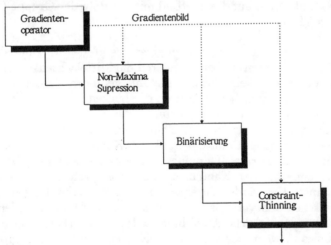

Abbildung 11.14: Einordnung des Constraint-Thinning-Verfahrens.

Mit dem *Constraint-Thinning*-Verfahren ist es nun möglich, diese Lücken in den meisten Fällen wieder zu schließen. Das Verfahren ordnet sich folgendermaßen in einen Kantendetektionsprozeß ein:

171

11. Kantendetektion

Mit Hilfe eines zusätzlichen einfachen Schwellwertverfahrens wird ein Binärbild des Gradientenbildes erstellt. Anschließend wird dieses Binärbild im eigentlichen Constraint-Thinning-Prozeß mit einem Skelettierungs-Verfahren skelettiert (siehe Kapitel 12), allerdings unter der Bedingung, daß die in der ersten und zweiten Stufe markierten Maxima nicht gelöscht werden dürfen. Daher auch die Bezeichnung Constraint-Thinning.

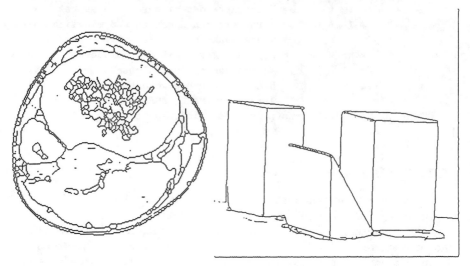

Abbildung 11.15: Ergebnis des Canny-Operators mit dem Constraint-Thinning nach der Anwendung auf eine CT-Aufnahme aus dem Bereich des Knies (links) und auf das Testbild mit der Polyeder-Gruppe (vergleiche Abbildung 11.11).

Auf diese Weise erhält man zum einen die lokalen Maxima als Ortsbeschreibung von Kanten und zum anderen die Mittelachsenkonturen an Orten, an denen vorher keine lokalen Maxima gefunden wurden. Im Idealfall schließen diese zusätzlichen Konturen die Lücken, die beim Non-Maxima-Suppression-Verfahren entstanden sind.

Nachteilig machen sich in Einzelfällen einige fälschlicherweise als Kantenpunkte berechneten Punkte bemerkbar. Kommt es bei der Schwellwertbildung in der Constraint-Thinning-Stufe zu einer teilweisen Überlappung sehr nahe benachbarter Kanten, so kann dies nach dem Verdünnen der Bereiche unter Umständen zu einer Vielzahl an Verbindungen ("Leitereffekt") zwischen den vormals getrennten, aber dicht beieinanderliegenden Kanten führen (vergleiche Abbildung 11.15, links). Dieser Effekt tritt vor allem dann auf, wenn der verwendete Kantenoperator einen großen örtlichen Einzugsbereich hat, was zu einer weiträumigen "Verschmierung" der Kanten führt, wenn der Schwellwert zu niedrig gewählt wurde.

Im allgemeinen hat es sich daher als günstig erwiesen, einen eher hohen Schwellwert für das Constraint-Thinning zu verwenden. Gute Ergebnisse konnten erzielt werden, wenn der Schwellwert der Constraint-Thinning-

Stufe etwas niedriger gewählt wurde als der hohe Schwellwert TH_{high} des Hysteresis-Threshold-Verfahrens zur Binärisierung der lokalen Maxima.

Aufgaben

Aufgabe 1

Gegeben ist das folgende Bild mit abwechselnd schwarzen (=0) und weißen (=255) Linien (Wellenlänge=2 Pixel). Geben Sie jeweils das Ergebnis der Faltung mit folgenden beiden Masken (Sobel und Laplace) an. Interpretieren Sie das Ergebnis.

-1	-2	-1
0	0	0
1	2	1

0	1	0
1	-4	1
0	1	0

Aufgabe 2

Gegeben sei ein Bildausschnitt aus einem Graukeil:

0	15	30	45	60	75	90	105	...
0	15	30	45	60	75	90	105	...
0	15	30	45	60	75	90	105	...
0	15	30	45	60	75	90	105	...
0	15	30	45	60	75	90	105	...
0	15	30	45	60	75	90	105	...

Wenden Sie auf diesen Bildausschnitt den Laplace-Operator an. Wie lautet das Ergebnis?

Aufgabe 3

In einem Bild, das nur aus Hintergrund (Grauwert 240-255) und Text (Grauwert 0-20) besteht, existieren Störungen (Rauschen) in Form von vereinzelten isolierten Punkten (Grauwert 0-50). Wie kann der Laplace-Operator zur Herausfilterung dieser Störungen eingesetzt werden?

Aufgabe 4

Bestimmen Sie die Richtung(en) der 1-Pixel breiten Linie(n), die die stärkste Antwort bei folgenden Liniendetektionsmasken hervorrufen.

a.

0	1	0
-1	0	-1
0	1	0

b.

1	-2	1
-2	4	-2
1	-2	1

12. Skelettierung

Im Hinblick auf Bildinterpretation oder Mustererkennung muß die in den Bildvorlagen vorhandene Information auf die für die weitere Verarbeitung wichtigen Bestandteile reduziert und abstrahiert werden. Die bisher beschriebenen Verfahren, hierbei im besonderen die Kantendetektion, sind ein wichtiger Schritt in diese Richtung. Die detektierten Kanten sollten dabei möglichst genau die einzelnen Gebiete (Umrisse der Objekte) umschließen. Einige Kantenoperatoren liefern jedoch mehrere Pixel breite Kanten, wie z.B. der Prewitt- und der Sobel-Operator, was zu einer größeren Ungenauigkeit und zu Problemen bei der weiteren Verarbeitung führt. Ausgehend von den Kantenmodellen (siehe Abschnitt 11.1) kann man definieren, daß die wirkliche Kantenposition genau in der Mitte der mehrere Pixel breiten Kante liegt. Diese Mitte ist mit geeigneten Verfahren zu berechnen.

Nicht nur bei Kanten, sondern allgemein bei flächenhaften Objekten, kann die Mittellinie, das sogenannte *Skelett*, als abstrahierte Repräsentation der Figur verwendet werden. Die *Skelettierung* (*Thinning*) wird daher oft auch als Mittelachsen- oder Medialachsentransformation bezeichnet.

Die Berechnung solch eines Skeletts geschieht theoretisch durch die Berechnung der Entfernung von Punkten innerhalb der Kante/Figur zum Rand hin. Dadurch werden die nächsten Randpunkte bestimmt. Punkte, die mehrere nächste Randpunkte (gleiche Entfernung) besitzen, bilden die Mittelachse (Skelett) des Objekts (siehe Abbildung 12.1). Dies impliziert, daß Skelettpunkte die Mittelpunkte von Kreisen mit maximalem Radius sind, die vollständig in der Figur liegen.

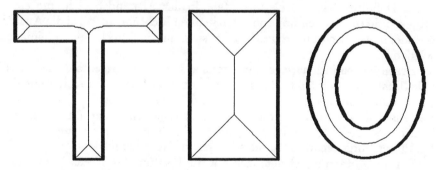

Abbildung 12.1: Das aus der Definition resultierende Skelett von Figuren. Ein Skelettpunkt ist zu mehreren Randpunkten gleichweit entfernt.

Leider ist diese anschauliche Definition nur sehr schwer in ein effizientes Programm umzusetzen, da die Berechnungen enorme Zeit in Anspruch nehmen. Daher gibt es verschiedene Ansätze, das Skelett über eine Art "Erosions-Vorschrift" zu erzeugen. Die einzelnen Verfahren sind unterschiedlich empfindlich gegenüber Störungen, liefern verschiedene Verkürzungen von Strecken und besitzen unterschiedliche Genauigkeiten.

12. Skelettierung

Die Güte eines Skelettierungs-Verfahrens wird nach

- der Dicke des Skeletts (ideal: nur ein Pixel),

- der Genauigkeit, der Abweichung der berechneten von den idealen Skelettpunkten,

- der Beibehaltung der Topologie der Figur (das Skelett einer zusammenhängenden Figur sollte ebenfalls zusammenhängend sein),

- der Möglichkeit der Rekonstruktion der Originalfigur aus dem Skelett durch Anwendung der inversen Skelettierungs-Vorschrift,

- der Empfindlichkeit gegenüber Störungen und

- der Beibehaltung der absoluten bzw. relativen Größen der Figuren (Verkürzung von Strecken)

bewertet. Schon die Berechnung des idealen Skeletts in Abbildung 12.1 zeigt, daß die Beibehaltung der Topologie der Ausgangsfigur in einigen Fällen zu Problemen führen kann. Besonders bei dicken oder fast quadratischen oder kreisförmigen Objekten liefert das Skelett wenig Information über die ursprüngliche Gestalt.

12.1 Ein einfacher Algorithmus

Die Schwierigkeit der programmtechnischen Realisierung der theoretischen Definition eines Skeletts besteht in der Abstandsberechnung eines Objektpunktes zu allen Randpunkten in allen Richtungen. Wird die Anzahl der möglichen Richtungen beschränkt, so kann die Berechnung vereinfacht werden.

Besonders einfach wird es, wenn man sich auf die horizontale oder vertikale Richtung beschränkt. Bei der zeilen- oder spaltenweisen Abtastung der Figur muß dann der Skelettpunkt nur noch als Mittelpunkt einer Strecke berechnet werden. Das Verfahren wird daher auch mit *Scan-Line-Thinning* bezeichnet. Jede Abtastzeile/-spalte, die durch die Figur verläuft, enthält bei dieser Vorgehensweise mindestens einen Skelettpunkt.

Bei der Abtastung ist demnach nur die Position des Wechsels zwischen Hintergrund und Objekt sowie die Position des nächsten Wechsels zwischen Objekt und Hintergrund zu speichern. Die Position des Skelettpunktes ergibt sich dann durch Mittelung der Spaltenpositionen (bei zeilenweiser Abtastung) bzw. der Zeilenpositionen (bei spaltenweiser Abtastung). In Abbildung 12.2 ist diese Vorgehensweise an Beispielen verdeutlicht.

Je nach Ausgangsfigur liefert dieser einfache Skelettierungs-Algorithmus mehr oder minder viele Fehler. Diese betreffen alle die genannten Gütekriterien, von denen als einzige die Skelettstärke von einem Pixel und die Lage des Skeletts erfüllt werden.

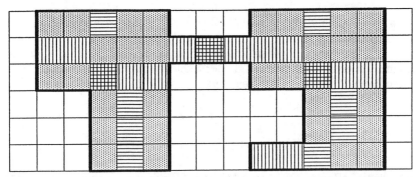

Abbildung 12.2: Das von dem einfachen Skelettierungs-Algorithmus berechnete Skelett. Die horizontal gestreiften Felder sind das Ergebnis der horizontalen Abtastung, die vertikal getreiften Felder die vertikalen. Einige Punkte werden bei beiden Abtastrichtungen als Skelettpunkte erkannt. An einigen Stellen liefert dieses Verfahren gute Ergebnisse. In den meisten Fällen entstehen aber Skelettpunkte, die den genannten Anforderungen nicht genügen.

Daß das mit diesem Verfahren erzeugte Skelett einer zusammenhängenden Figur nicht unbedingt zusammenhängend sein muß, zeigt das Bildbeispiel deutlich. Durch die Vereinigung der Ergebnisse von horizontaler und vertikaler Abtastung kann dieser Fehler allerdings auf Kosten neuer topographischer Fehler beseitigt werden. Durch diese Kombination wird eine bessere Berücksichtigung der Umgebung erreicht.

12.2 Verfahren mit 3×3-Masken

Wie das Beispiel des einfachen Skelettierungs-Algorithmus gezeigt hat, ist es für die Berechnung der Mittelachse unbedingt notwendig, die Umgebung eines Objektpunktes zu berücksichtigen. Dann erst kann korrekt entschieden werden, ob es sich um einen möglichen Skelettpunkt handelt oder nicht. Ideal wäre natürlich eine so große Umgebung, daß mindestens ein Randpunkt der Figur in dieser Umgebung liegt. Zur Beschleunigung der Rechenzeit und zur leichteren Handhabung wird bei den meisten Verfahren aber nur eine 1-Punkte-Umgebung in einer 3×3-Maske verwendet. In Abhängigkeit der Konstellation der 8 Nachbarn wird der mittlere Punkt als möglicher Skelettpunkt markiert oder gelöscht. Werden alle 8 direkten Nachbarn in die Berechnung mit einbezogen, so spricht man von einer 8er-Nachbarschaft. Algorithmen zur Skelettierung bei einer 4er-Nachbarschaft finden vereinzelt ebenfalls Anwendung.

Werden alle Kombinationen in der 8er-Nachbarschaft berücksichtigt, so sind $2^8 = 256$ verschiedene 3×3-Masken notwendig. Einige davon scheiden sofort aus, da sie kein Teil eines möglichen Skeletts darstellen. Rund 50 Masken sind aber immer noch notwendig [Kre77]. Aus Symmetriegründen ist es aber möglich, diese Anzahl auf 20 relevante Masken zu reduzieren. Die Erosions-Vorschrift kann daher mit einigen wenigen festen Masken definiert werden. Diese Masken geben an, unter welchen Nachbarschaftsbeziehungen ein mittleres Pixel kein möglicher Skelettpunkt ist und somit gelöscht werden kann. Dies sind zum Beispiel:

0	0	x		0	0	0		0	x	x
0	1	1		x	1	x		0	1	1
x	1	x		1	1	x		0	x	1

wobei 1 = "Rand-/Objektpunkt", 0 = "Hintergrundpunkt" und x = "die Punktzugehörigkeit ist nicht von Interesse" bedeuten. Alle diese Masken werden nun zeilen- und spaltenweise über das Bild gelegt. Wird an einer Stelle eine in einer der Masken dargestellte Kombination gefunden, so kann der mittlere Punkt gelöscht werden, da er keinen Skelettpunkt darstellt. Diese Masken werden solange auf das Bild angewandt, bis in einem kompletten Durchlauf keine Änderung mehr erfolgt ist, d.h. bis ein stationärer Zustand erreicht ist.

Durch diese Art der Skelettierung werden die Objekte in ihren Abmessungen im Skelett etwas kleiner. Wieviel, ist abhängig von der Dicke der Objekte. Ein großer Vorteil dieser 3×3-Masken ist die leichte Implementierbarkeit in Software und auch in Hardware mittels UND-, ODER-Gatter und Invertern.

Die einzelnen Skelettierungs-Algorithmen, die auf solchen 3×3-Masken aufbauen, unterscheiden sich im wesentlichen darin, welche der möglichen Masken in welcher Reihenfolge verwendet wird. Damit nicht nur von einer Seite erodiert wird, müssen die Masken in unterschiedlichen Richtungen über das Bild bewegt werden. Die abwechselnd zeilenweise Bearbeitung von links oben nach rechts unten im einen Durchgang und dann zeilenweise von rechts unten nach links oben bewirkt, daß das resultierende Skelett in etwa in der Objektmitte liegt. Die Anzahl der Iterationsschritte ist abhängig von der maximalen Dicke der Objekte bzw. Kanten.

12.2.1 Der Zhang/Suen-Algorithmus

Trotz der Einfachheit der verwendeten Masken werden die Algorithmen aufgrund der großen Anzahl meist unübersichtlich. Die Abarbeitung dauert durch die vielen Vergleiche und das iterative Vorgehen relativ lange. Betrachtet man die für eine Skelettierungs-Vorschrift in Frage kommenden 3×3-Masken genauer, so werden gewisse Gemeinsamkeiten und Systematiken im Aufbau deutlich. Mit dieser Erkenntnis können alle Masken in einigen wenigen Vorschriften zusammengefaßt werden.

Das Verfahren von Zhang/Suen [ZS84] verwendet die in [SR71] beschriebenen Vorschriften. Eine Erweiterung der Vorschriften soll das Verschieben des Skeletts zu einer Seite hin verhindern. Die Vorgehensweise kann wie folgt beschrieben werden:

- Zuerst baut man eine 3×3-Maske auf und kennzeichnet die einzelnen Nachbarn wie folgt:

P_9	P_2	P_3
P_8	P_1	P_4
P_7	P_6	P_5

- Danach definiert man die verschiedenen Nachbarschaftsbeziehungen, bei denen der Mittelpunkt P_1 für ein Skelett keine Rolle spielt.

- Im dritten Schritt werden diese Nachbarschaftsbeziehungen auf das ganze Bild angewandt, in der Regel abwechselnd von links oben nach rechts unten und umgekehrt, um eine Verschiebung des Skeletts durch die lokalen Operationen in eine Richtung zu verhindern.

- Oftmals wird noch eine weitere Skelettierungs-Vorschrift abwechselnd zu der im dritten Schritt verwendeten benutzt. Diese soll die Fehler, die durch die Lokalität der Operationen entstehen, noch weiter vermindern.

Der eigentliche Algorithmus lautet dann wie folgt:

(a) $2 \leq N(P_1) \leq 6$

(b) $S(P_1) = 1$

(c) $P_2 \cdot P_4 \cdot P_6 = 0$

(d) $P_4 \cdot P_6 \cdot P_8 = 0$

wobei $N(P_1)$ die Anzahl der von Null verschiedenen Nachbarn von P_1 ist (hier wird $0 =$ "Hintergrundpunkt" und $1 =$ "Rand-/Objektpunkt" verwendet) und $S(P_1)$ die Anzahl der 0-1-Übergänge in der geordneten Reihenfolge der P_i ($i = 2, 3, \ldots 9, 2$). Bei der Anwendung der Vorschriften in umgekehrter Richtung (von rechts unten nach links oben) bleiben die Bedingungen (a) und (b) bestehen. Nur (c) und (d) werden ersetzt durch

(c') $P_2 \cdot P_4 \cdot P_8 = 0$

(d') $P_2 \cdot P_6 \cdot P_8 = 0$

Sind alle Bedingungen erfüllt worden, so kann Punkt P_1 als zu löschend markiert werden. Nach jedem vollendeten Schritt werden alle markierten Punkte wirklich gelöscht. Wird bei beiden Durchläufen kein Punkt gelöscht, so ist ein stationärer Zustand erreicht; das Skelett ist ermittelt.

Um eine zu starke Verkürzung von Strecken zu verhindern, kann die erste Bedingung in

(a) $3 \leq N(P_1) \leq 6$

12. Skelettierung

Abbildung 12.3: Das Skelettbild (rechts) wurde aus dem Originalbild (links) nach dem Verfahren von Zhang/Suen berechnet.

abgeändert werden.

Die unterschiedlichen Abwandlungen dieses Verfahrens [Pav82], [LW85], [O'G90] variieren in der Richtung der Anwendung, in der Anzahl der von Null verschiedenen Nachbarn und in kleineren Zusatzbedingungen. Allen Versionen gemeinsam ist aber der Nachteil der Verkürzung von Strecken und die große Empfindlichkeit gegenüber Störungen im Ausgangsbild. Punktuelle Störungen können an einigen Stellen zu einem vollkommen geänderten Aussehen des Skeletts führen. Abhilfe können Verfahren schaffen, die nicht sofort auf einen Punkt Stärke reduzieren, sondern noch die Strukturen von 2-3 Punkten Stärke belassen. Die dabei verwendeten Regeln müssen nicht so viele Sonderfälle berücksichtigen, so daß gleichzeitig eine Glättung punktueller Störungen durchgeführt werden kann. Danach können die geglätteten und verdünnten Strukturen mit einem genaueren Verfahren auf einen Punkt reduziert werden (hierarchisches Vorgehen).

```
#define ERFUELLT     15

void Thinning(BildNr)
{
  long z, s;                /* Zeilen- und Spaltenzaehler        */
  long Zeilenzahl, Spaltenzahl;
  int  i, Anzahl;
  int  Bedingung;           /* zur Zaehlung der Bedingungen a - d */
  int  Aenderung;           /* Zaehler fuer die geloeschten Pixel */
  int  Ende;
  int  P[11];               /* die 8 direkten Nachbarn            */
```

180

```
ClearTextWindow(35,18,80,25);
WriteText(35,18,"* Skelettierung Zhang/Suen *");

Spaltenzahl = Picture[BildNr].Spalten;
Zeilenzahl  = Picture[BildNr].Zeilen;

/* Iterativ verduennen nach modifiziertem Zhang/Suen-Algorith. */
Ende = FALSE;
do {
   Aenderung=0;
   for (z=1; z<(Zeilenzahl-1); z++) {
      for (s=1; s<(Spaltenzahl-1); s++) {
         if (Picture[BildNr].Bild[z][s]) {
            /* Nachbarn ermitteln. Zur leichteren Berechnung */
            P[2] = Picture.Bild[z-1][s  ];
            P[3] = Picture.Bild[z-1][s+1];
            P[4] = Picture.Bild[z  ][s+1];
            P[5] = Picture.Bild[z+1][s+1];
            P[6] = Picture.Bild[z+1][s  ];
            P[7] = Picture.Bild[z+1][s-1];
            P[8] = Picture.Bild[z  ][s-1];
            P[9] = Picture.Bild[z-1][s-1];
            P[10]=P[2]; /* Fuer 0-1-Uebergang von P[9]-P[2] */

            Bedingung=0;
            Anzahl   =0; /* Anzahl der weissen Nachbarn       */
            for (i=2; i<=9; i++)
                if (P[i]) Anzahl++;

            /* diese erste Bedingung weicht von Zhang/Suen ab*/
            if ((3<=Anzahl) && (Anzahl<=6))   /* 3<=S(P1)<=6 */
                Bedingung += 1;
            if (!(P[2] && P[4] && P[6]))       /* P2*P4*P6=0  */
                Bedingung += 2;
            if (!(P[4] && P[6] && P[8]))       /* P4*P6*P8=0  */
                Bedingung += 4;

            Anzahl=0;
            for (i=2; i<10; i++)
                if (!P[i] && P[i+1]) Anzahl++;  /* 01-Muster */

            if (Anzahl==1) Bedingung += 8;
            /* Falls alle Bedingungen a-d erfuellt, markieren*/
            if (Bedingung==ERFUELLT) {
                Picture.Bild[z][s] = GRAU; /* Pixel markieren */
                Aenderung++;
```

12. Skelettierung

```
            }
          }
        }
      }
      Ende = (Aenderung==0);

      /* Nach einem Durchlauf nun alle markierten Pixel loeschen  */
      for (z=0; z<Zeilezahl; z++)
          for (s=0; s<Spaltenzahl; s++)
              if (Picture.Bild[z][s]==GRAU)
                  Picture.Bild[z][s]=SCHWARZ;

      /* Nun von rechts unten nach links oben Skelett berechnen   */
      Aenderung=0;
      for (z=(Zeilenzahl-2); z>=1; z--) {
          for (s=(Spaltenzahl-2); s>=1; s--) {
              if (Picture[BildNr].Bild[z][s]) {
                  /* Nachbarn ermitteln. Zur leichteren Berechnung */
                  P[2] = Picture.Bild[z-1][s  ];
                  P[3] = Picture.Bild[z-1][s+1];
                  P[4] = Picture.Bild[z  ][s+1];
                  P[5] = Picture.Bild[z+1][s+1];
                  P[6] = Picture.Bild[z+1][s  ];
                  P[7] = Picture.Bild[z+1][s-1];
                  P[8] = Picture.Bild[z  ][s-1];
                  P[9] = Picture.Bild[z-1][s-1];
                  P[10]=P[2];  /* Fuer 0-1-Uebergang von P[9]-P[2] */

                  Bedingung=0;
                  Anzahl    =0; /* Anzahl der weissen Nachbarn      */
                  for (i=2; i<=9; i++)
                      if (P[i]) Anzahl++;

                  /* diese erste Bedingung weicht von Zhang/Suen ab*/
                  if ((3<=Anzahl) && (Anzahl<=6))    /* 3<=S(P1)<=6 */
                      Bedingung += 1;
                  if (!(P[2] && P[4] && P[8]))        /* P2*P4*P8=0  */
                      Bedingung += 2;
                  if (!(P[2] && P[6] && P[8]))        /* P2*P6*P8=0  */
                      Bedingung += 4;

                  Anzahl=0;
                  for (i=2; i<10; i++)
                      if (!P[i] && P[i+1]) Anzahl++;  /* 01-Muster */

                  if (Anzahl==1) Bedingung += 8;
```

```
        /* Falls alle Bedingungen a-d erfuellt, markieren*/
        if (Bedingung==ERFUELLT) {
            Picture.Bild[z][s] = GRAU; /* Pixel markieren */
            Aenderung++;
        }
      }
    }
  }
  Ende = (Ende && (Aenderung==0));


  /* Nach einem Durchlauf nun alle markierten Pixel loeschen */
  for (z=0; z<Zeilezahl; z++)
      for (s=0 ; s<Spaltenzahl; s++)
          if (Picture.Bild[z][s]==GRAU)
              Picture.Bild[z][s]=SCHWARZ;


 } while (!Ende);        /* Ende erst, falls keine Aenderung mehr */
}
```

12.2.2 Skelettierung durch "Mittelachsenberechnung"

Im Prinzip stellt diese Überschrift eine Tautologie dar. Jedoch läßt sich damit der Ansatz von Zhang/Wang [ZW88] zur Skelettierung am besten beschreiben.

Statt über entsprechende Masken direkt Pixel an dem Konturrand abzutragen, werden die einzelnen Bildpunkte in Abhängigkeit ihrer horizontalen und vertikalen Nachbarn gewichtet. Diese Gewichtung wird solange durchgeführt, bis ein Mindestwert, der bei jeder Iteration entsprechend erhöht wird, nicht mehr überschritten wird.

Im Initialisierungsschritt erhalten alle Objektpunkte den Wert 1. Der Mindestwert wird ebenfalls mit 1 vorbelegt. Jeder Objektpunkt wird dann durch die Summe der jeweiligen Werte der vier orthogonalen Nachbarn ersetzt. Nach dem kompletten Durchlauf wird der Mindestwert mit 4 multipliziert und geprüft, ob mindestens ein neu gewichteter Objektpunkt den Mindestwert überschreitet. Ist dies der Fall, so wird eine neue Gewichtung mit den bereits gewichteten Punkten berechnet. Der Mindestwert wird nach jedem Durchlauf auf das Vierfache vergrößert. Dies geschieht solange, bis dieses Minimum nicht mehr durch die gewichteten Objektpunkte erreicht werden kann.

Aufgrund dieser speziellen Vorgehensweise ergibt sich eine Gewichtung, in der die in etwa in der Mitte einer breiteren Kontur liegenden Bildpunkte am stärksten gewichtet sind.

Zur einfacheren weiteren Berechnung wird die Matrix mit den Gewichtungen in eine normierte Form umgerechnet, wo nur noch die Werte von $0, \ldots, 4$ enthalten sind. Diese neue Matrix wird *Vergleichsmatrix* genannt. Je größer ein Punktwert in dieser Vergleichsmatrix ist, desto näher liegt

12. Skelettierung

der Punkt an der Mittelachse. Alle Punkte mit dem Wert 0 können sofort gelöscht werden. Danach werden alle Punkte mit dem Wert 1 untersucht und entfernt, wenn in ihrer direkten Umgebung noch größere Werte vorhanden sind, der Punkt kein Endpunkt ist und der Zusammenhang des Objektes bestehen bleibt. Diese Berechnung wird mit den Werten 2, 3 und 4 ebenfalls durchgeführt. Punkte mit dem Wert 4 sind fast immer Punkte der Mittelachse.

2	12	12	2				
	2	11	3				
		2	10	2			
			3	11	2		
			3	12	2		
			2	3			
				3	2		
			2	12	3		
				3	11	2	

0	4	4	1				
	0	2	1				
		0	3	0			
			1	3	2		
			2	4	1		
			0	3			
				3	0		
			0	4	2		
				1	3	1	

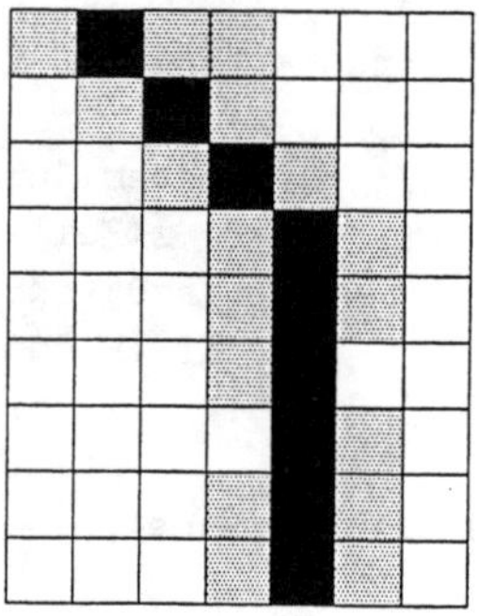

Abbildung 12.4: Das linke Bild zeigt einen Ausschnitt mit den aufsummierten Gewichten. In der Mitte ist die zugehörige Vergleichsmatrix und im rechten Bild das skelettierte Ergebnis zu sehen (aus [ZW88]).

```
void Mittelachsen_Thinning(int BildNr);
/* Ausschnitt aus dem Algorithmus zur Skelettierung durch die   */
/* ''Mittelachsenberechnung'' nach Zhang/Wang 1988              */
{
  int Matrix1[Z_RES_MAX][S_RES_MAX];    /* Vergleichsmatrix      */
  int Matrix2[Z_RES_MAX][S_RES_MAX];    /* Aufsummierte Gewichte */
  int Nachbar[8];                       /* 8 direkte Nachbarn    */
  int Gewicht, Maximum;
  long s,z;                             /* Zeilen-/Spaltenvar.   */
  int Zeilen, Spalten;                  /* Groesse des Bildes    */
  int k, Ende, Mittelachse;

  Zeilen = Picture[BildNr].Zeilen;
  Spalten= Picture[BildNr].Spalten;

  /* Zuerst die Matrix mit den Werten 0 und 1 erzeugen          */
  for (z=0; z<Zeilen; z++)
    for (s=0; s<Spalten; s++)
      Matrix2[z][s]=(Picture[BildNr].Bild[z][s]==WEISS) ? 1:0;

  Ende = FALSE;     /* Kennzeichnung, dass Additionsmatrix ber. */
  Gewicht = 1;
  while (!Ende) {
```

```
for (z=0; z<Zeilen; z++) /* Ausgangsbild zuerst duplizieren */
    for (s=0; s<Spalten; s++)
        Matrix1[z][s] = Matrix2[z][s];

/* aktuelles Gewicht ueber Summe der Nachbarn berechnen     */
for (z=1; z<(Zeilen-1); z++)
    for (s=1; s<(Spalten-1); s++)
        if (Matrix1[z][s] == Gewicht)
            Matrix2[z][s] = Matrix1[z-1][s] + Matrix1[z][s+1] +
                            Matrix1[z+1][s] + Matrix1[z][s-1];
Gewicht *= 4;   /* Gewicht nach Regel erhoehen               */
Maximum = 0;
for (z=0; z<Zeilen; z++)
    for (s=0; s<Spalten; s++)
        if (Matrix2[z][s] > Maximum)
            Maximum = Matrix2[z][s];
Ende = (Maximum < Gewicht);      /* Ende-Bedingung erfuellt? */
}


/* Vergleichsmatrix ueber die Additionsmatrix berechnen      */
for (z=1; z<(Zeilen-1); z++)
    for (s=1; s<(Spalten-1); s++) {
        Nachbar[0]=Matrix2[z-1][s ]; Nachbar[1]=Matrix2[z-1][s+1];
        Nachbar[2]=Matrix2[z ][s+1]; Nachbar[3]=Matrix2[z+1][s+1];
        Nachbar[4]=Matrix2[z+1][s ]; Nachbar[5]=Matrix2[z+1][s-1];
        Nachbar[6]=Matrix2[z ][s-1]; Nachbar[7]=Matrix2[z-1][s-1];

        Mittelachse = TRUE;
        /* Koennte Punkt ein Mittelachsenpunkt sein ?            */
        for (k=0; k<4; k++) {
            if (!((Nachbar[k ]< Matrix2[z][s]) &&
                  Nachbar[k+4]<=Matrix2[z][s])) ||
                ((Nachbar[k ]<=Matrix2[z][s]) &&
                  Nachbar[k+4]< Matrix2[z][s])) )
                Mittelachse=FALSE;

        Gewicht=0;
        for (k=0; k<4; k++) {
            if ((Nachbar[k ]<=Matrix2[z][s]) &&
                (Nachbar[k+4]<=Matrix2[z][s])) Gewicht++;

        Matrix1[z][s] = (Mittelachse) ? Gewicht : 0;
    }

/* Alle Punkte mit dem Gewicht 0 sind automatisch geloescht   */
Gewicht = 1;
```

```
for (z=1; z<(Zeilen-1); z++)
    for (s=1; s<(Spalten-1); s++)
        if (Matrix1[z][s] == Gewicht) {
            /* Loesche Punkt falls in der Umgebung (3x3) noch   */
            /* ein Punkt mit einem groesseren Gewicht existiert,*/
            /* der Punkt kein Endpunkt ist und der Zusammenhang */
            /* des Objekts erhalten bleibt.                     */
        }


/* Zum Schluss Skelettpunkte wieder auf WEISS setzen            */
for (z=0; z<Zeilen; z++)
    for (s=0; s<Spalten; s++)
        Pictur[BildNr].Bild[z][s]=(Matrix2[z][s]) ? WEISS:SCHWARZ;
}
```

Bleibt die Gewichtung in der Vergleichsmatrix ebenso wie die aufsummierten Werte der ersten Matrix erhalten, so kann daraus in etwa die ursprüngliche Breite der Objekte wieder berechnet werden. Ähnliches könnte auch mit der normalen iterativen Skelettierung rekonstruiert werden, sofern die Anzahl der Iterationen gespeichert wird.

```
/* ... Rueckrechnung der urspruenglichen Dicke der Objektes     */
/* Matrix1 = Vergleichsmatrix mit den Werten 1...4              */
/* Matrix2 = Matrix mit den aufaddierten Gewichten              */
for (z=0; z<Zeilen; z++) {
    Gewicht = 0;
    do {
        Gewicht++;
    while ( (pow(4,Gewicht)<= Matrix2[z][s]) &&
            (Matrix2[z][s] <= pow(4,(Gewicht+1))) );

    /* War der Punkt laut skelettierte Vergleichsmatrix ein     */
    /* Skelettpunkt?                                            */
    if (Matrix1[z][s] == 0)
        Picture[BildNr].Bild[z][s] = SCHWARZ;
    else {                               /* ... dann expandieren */
        for (k=1; k<=Gewicht; k++) {
            Picture[BildNr].Bild[z+k][s  ] = WEISS;
            Picture[BildNr].Bild[z-k][s  ] = WEISS;
            Picture[BildNr].Bild[z  ][s+k] = WEISS;
            Picture[BildNr].Bild[z  ][s-k] = WEISS;
        }
    }
}
```

12.2.3 Skelettierung mit Hilfe der Euler-Charakteristik

In dem Algorithmus von Neusius/Olszewski [NO90] werden die Bildpunkte als rechteckige Flächen aufgefaßt und die Euler-Charakteristik wird in einer 3×3-Maske berechnet.

Die Euler-Charakteristik faßt topologische Merkmale von Körpern oder Flächen in einer ganzen Zahl zusammen. Im Eulerschen Polyedersatz für dreidimensionale konvexe Körper ist die Zahl eine Konstante:

$$2 = e - k + f$$

mit e=Anzahl der Ecken, k=Anzahl der Kanten und f=Anzahl der Flächen.

Bei der Skelettierung von zweidimensionalen Bildern gibt die Euler-Charakteristik E die Anzahl der zusammenhängenden Bildobjekte innerhalb der 3×3-Maske an. Sie berechnet sich nach

$$E = e - k + f$$

mit e=Anzahl der Ecken der Objektpunkte, k=Anzahl der Kanten der Objektpunkte und f=Anzahl der Objektpunkte. Gemeinsame Ecken oder gemeinsame Kanten von Objektpunkten werden in dieser Formel nur einmal gezählt.

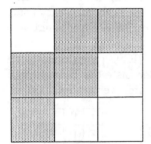 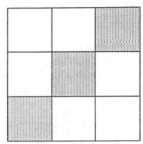

Abbildung 12.5: Die Euler-Charakteristik des linken Bildes ist $E = 1$, auch wenn der mittlere Bildpunkt entfernt wird. Im rechten Beispiel ist der Mittelpunkt der Maske ein Skelettpunkt. Die Euler-Charakteristik ändert sich daher nach dem Entfernen des Bildpunktes von $E = 1$ auf $E = 2$.

Damit eine Verschiebung des Skeletts zum Objektrand vermieden wird, kann auch bei diesem Verfahren wieder eine abwechselnde Bearbeitung des Bildes von links oben nach rechts unten und umgekehrt erfolgen. In [NO90] wird noch eine andere Variante beschrieben. Dort werden abwechselnd in dem einen Durchgang alle Punkte mit gerader Zeilen-/Spaltenkoordinate und im anderen mit ungerader bearbeitet. Auch mit diesem Verfahren bleibt der topologische Zusammenhang erhalten.

Beendet wird das Verfahren, wenn nur noch Skelettpunkte oder Endpunkte existieren. Ein Bildpunkt ist Endpunkt, wenn er nur einen Nachbarn besitzt.

12.3 Kontur-Folge-Verfahren

Bei den Kontur-Folge-Verfahren [Kwo88], [Xia88], [Ji89] wird nicht jeder Bildpunkt auf die Eigenschaft hin untersucht, "Skelettpunkt" zu sein, sondern es werden in einem ersten Schritt (Initialisierungsschritt) alle Randpunkte eines jeden Objektes bestimmt. Nur diese Randpunkte werden dann auf ihre Skelett-Eigenschaft hin untersucht. Ist ein Punkt kein Skelettpunkt, so wird er aus der Liste der Randpunkte entfernt und ein oder mehrere Nachbarpunkte können dadurch neue Randpunkte werden.

Die Kontur-Folge-Verfahren sind bei steigender Dicke der Objekte wesentlich schneller als die Verfahren mit den 3×3-Masken. Jedoch können sie nicht parallel, sondern nur sequentiell durchgeführt werden.

12.3.1 Das Verfahren von Ji

Das Verfahren von Ji [Ji89] gehört zu den Kontur-Folge-Verfahren. Im Initialisierungsschritt werden zuerst alle Randpunkte in einem Puffer zwischengespeichert. Randpunkte sind solche Objektpunkte, die in der direkten Nachbarschaft einen oder mehrere Hintergrundpunkte haben (3×3-Maske). Im folgenden werden dann mit Hilfe von 3×3-Masken nur noch diese Konturpunkte daraufhin untersucht, ob es sich um Skelettpunkte handelt. Die gefundenen Skelettpunkte werden in einem Ergebnisbild abgelegt, die anderen Randpunkte gelöscht und deren Nachbarschaft daraufhin getestet, ob neue Randpunkte entstanden sind. Neue Randpunkt werden dann in den Puffer eingetragen.

In einer Erweiterung des Algorithmus [KF90] werden folgende Masken zur Bestimmung der Skelettpunkte aus der Liste der Randpunkte bei horizontalen, vertikalen und diagonalen Verläufen verwendet:

x	0	x
1	p	1
x	0	x

x	1	x
0	p	0
x	1	x

x	0	1
x	p	0
x	x	x

x	x	x
x	p	0
x	0	1

x	x	x
0	p	x
1	0	x

1	0	x
0	p	x
x	x	x

und für Endpunkte die Masken

0	1	0
0	p	0
0	0	0

0	0	0
0	p	1
0	0	0

0	0	0
0	p	0
0	1	0

0	0	0
1	p	0
0	0	0

wobei x in diesen Masken bedeutet, daß der Punkt nicht von Interesse ist, bei 1 handelt es sich um einen Randpunkt und bei 0 um einen Hintergundpunkt.

Stimmt die Umgebung des Randpunktes p mit einer dieser Masken überein, so stellt p einen Skelettpunkt dar und darf nicht entfernt werden.

Durch diese Art der Definition von Rand- und Skelettpunkten wird verhindert, daß sich das Skelett einer Kontur nach einer Seite (z.B. Abtastrichtung) hin verschiebt.

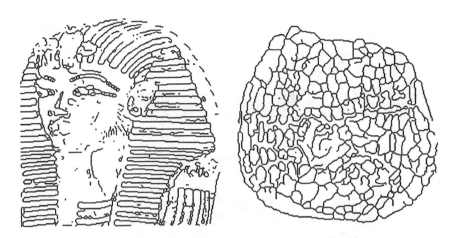

Abbildung 12.6: Ergebnisse der Skelettierung nach dem Verfahren von Ji. An beiden Bildern wurde eine Kantendetektion mit dem Prewitt-Operator vorgenommen und das Binärbild anschließend skelettiert. Das linke Bild zeigt die Totenmaske des Tutanchamun. Für das rechte Bild ist die Aufnahme der Kalkschale einer Ostrakode (Muschelkrebs) verwendet worden (vergleiche Abbildung 14.5). Muschelkrebse spielen als Leitfossilien in der Paläontologie eine besondere Rolle. Die maschenartigen Muster auf der Oberfläche dienen dabei zur Identifizierung [Kol91].

Aufgaben

Aufgabe 1

Wie sieht das ideale Skelett eines Quadrats und eines Kreises aus?

Aufgabe 2

Um wieviel Bildpunkte wird der nachfolgend dargestellte Buchstabe "H" bei der Skelettierung mit 3×3-Masken nach dem Verfahren von Zhang/Suen verkürzt?

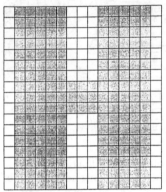

Aufgabe 3

Berechnen Sie die Euler-Charakteristik E des folgenden Bildes (siehe Abschnitt 12.2.3). Wie ändert sich das Ergebnis nach dem Entfernen des mittleren Punktes? Handelt es sich dabei um einen Skelettpunkt?

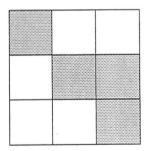

13. Vektorisierung

Durch Kantendetektion und Skelettierung der berechneten Kanten werden die Bildinhalte auf die wichtigsten Informationen beschränkt. Trotzdem ist die reduzierte Menge an relevanten Bildpunkten noch zu groß, um eine direkte Bildinterpretation oder Mustererkennung durchzuführen. Die gesuchten Strukturen müssen daher erst mit geeigneten Masken (Templates) extrahiert (siehe Kapitel 14) oder durch Zusammenfassung der Bildpunkte zu komplexeren Objekten (Strecke, Rechteck, Kreis usw.) gebildet werden.

Für den Aufbau solcher geometrischer Primitive aus den binären Bildpunkten ist die *Vektorisierung* ein wichtiger Schritt. Hierbei werden Punkte, die auf einer möglichen Gerade liegen zu einer Strecke bzw. einem Vektor mit Anfangs- und Endpunkt zusammengefaßt. Das resultierende Vektorbild kann zur Suche nach komplexeren Strukturen weiter verwendet oder beliebig transformiert werden.

Die Erzeugung der Vektorinformation kann auf unterschiedliche Art und Weise geschehen. Als Gütekriterien seien hier genannt

- schnelle und einfache Berechnung,

- hohe Genauigkeit,

- möglichst lange resultierende Vektoren und

- Unempfindlichkeit gegenüber kleinen Störungen.

Zwei unterschiedliche Verfahren werden im folgenden beschrieben, wobei das erste nicht direkt eine Liste von Vektoren aus den Bildpunkten erzeugt.

13.1 Der Freeman-Kettenkode

Bei dem Kettenkode nach Freeman [FD77] wird nicht direkt eine Liste von Vektoren erzeugt, sondern die Konturen von Objekten werden beschrieben. Dabei wird ausgenutzt, daß in dem Bildpunktraster jeder Punkt nur 8 direkte Nachbarn besitzt und eine Strecke nur in eine dieser 8 Richtungen verlaufen kann. Die Richtungen werden mit den Zahlen 0-7 kodiert (siehe Abbildung 13.1).

Um den Kettenkode für ein Objekt aufzubauen, wird die Vorlage zeilenweise nach dem ersten Objektpunkt durchsucht. Die Nachbarschaft dieses Punktes wird dann getestet und die Richtung, in der der nächste Nachbar liegt, mit der zugehörigen Richtungszahl kodiert. So beschreibt z.B. die Kette 000066444422 ein zu den Rändern des Bildes paralleles Rechteck.

Wird bei der Abtastung wieder der Ausgangspunkt erreicht, so ist die Kontur geschlossen. Um alle Richtungsänderungen durch den Kettenkode

13. Vektorisierung

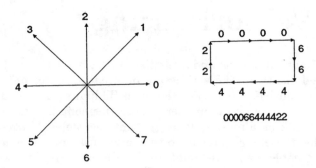

Abbildung 13.1: Die 8 möglichen Richtungen werden mit den Zahlen 0-7 kodiert (links). Durch entsprechende Abtastung der Umrisse von Objekten wird eine Zahlenfolge erzeugt, die die Objektkontur beschreibt (rechts).

korrekt zu erfassen, muß das Bild nach einem bestimmten Schema abgetastet werden. Wird das Bild zeilenweise von links oben nach rechts unten hin untersucht, sollten die Objekte im mathematisch negativen Sinn abgetastet werden, damit keine Bildpunkte übersehen werden. Es sind dann nicht mehr alle 8 Richtungen zu untersuchen, sondern maximal noch 6, da die anderen beiden durch die Vorgehensweise bei der Abtastung schon bearbeitet worden sind. Die verbleibenden 6 Richtungen müssen im selben Umlaufsinn wie die Objektabtastung kontrolliert werden. Damit wird jeder mögliche Richtungswechsel korrekt erfaßt (siehe Abbildung 13.2).

Um aus diesen Zahlenkodes Vektoren zu erzeugen, müssen gleiche aufeinanderfolgende Richtungen einfach zusammengefaßt und Anfangs- und Endpunktkoordinaten gespeichert werden. Damit ist eine Vektorisierung der Objektkonturen erreicht.

Aber schon der Kettenkode alleine enthält eine große Informationsmenge. So kann durch das dominante Vorkommen zweier entgegengesetzter Richtungen die Hauptausdehnungsrichtung eines Objektes grob bestimmt werden. Eine Transformation in eine normierte Lage ist somit einfach möglich. Sind alle Richtungen etwa gleichhäufig, so ist das Objekt annähernd kreisförmig. Kommen im wesentlichen nur 4 Richtungen (zwei Richtungen und ihre entgegengesetzten Richtungen) vor, so ist die Form des Objekts in etwa rechteckig. Die Lage kann über die vorkommenden Richtungen einfach ermittelt werden. Ist die Differenz zweier aufeinanderfolgender Richtungszahlen Modulo 8 gleich 2, so existiert an dieser Stelle im Objekt ein rechter Winkel. Einzelne Ausreißer (Störungen) lassen sich ebenso einfach ermitteln und damit auch beseitigen. Damit ist auch gleichzeitig eine Abstraktion des durch den Kettenkode beschriebenen Objektes möglich.

Eine weitere Vereinfachung ist durch die Berücksichtigung von nur 4 Richtungen möglich. Dies kann dann interessant sein, wenn im Originalbild, bis auf Störungen, nur diese 4 Richtungen vorkommen.

Im *differentiellen Kettenkode* wird nicht jede Richtung, sondern nur die

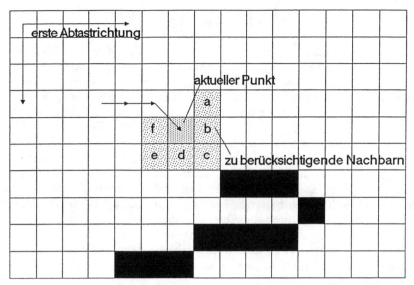

Abbildung 13.2: Wird das Bild bis zum ersten Objektpunkt zeilenweise abgetastet, so müssen für die Erzeugung des Kettenkodes nicht alle Richtungen untersucht werden. Es reicht aus, wenn nur die Nachbarn im Umlaufsinn der Abtastung, ausgehend von der senkrechten Richtung zur aktuellen Richtung untersucht werden. In den Beispielen sind dies jeweils die Nachbarn a, b, ..., f.

Richtungsänderung abgespeichert. Dazu sind zwar auch 8 Richtungen zu berücksichtigen, diese sind aber in der Praxis nicht gleichverteilt. Die Richtungsänderungen 0 und ±1 kommen wesentlich häufiger vor als alle anderen. Es liegt daher nahe, diese Richtungen speziell zu kodieren, um insgesamt weniger Speicherplatz zu belegen (vergleiche Abschnitt 15.2). Das Resultat ist der *variable Kettenkode*, bei dem z.B. die Richtungsänderung mit $0 = 0, +1 = 01, -1 = 011, +2 = 0111, \ldots$ kodiert werden kann [Pav82].

Für die Erzeugung des Kettenkodes muß das Objekt nicht unbedingt skelettiert sein. Durch die spezielle Vorgehensweise bei der Abtastung wird immer nur der äußere Rand betrachtet. Der Kettenkode umschließt dann das Objekt komplett. Die umschlossene Fläche muß dann entsprechend markiert werden, damit sie nicht bei der weiteren Abtastung berücksichtigt wird.

Ein Kettenkode ist beendet, wenn entweder der Ausgangspunkt wieder erreicht wurde (geschlossene Kontur) oder kein Bildpunkt in der Nachbarschaft liegt, der nicht schon berücksichtigt wurde. Es ist daher wichtig, alle abgetasteten Bildpunkte entsprechend zu markieren.

13.2 Direkte Vektorisierung

Bei einer direkten Vektorisierung muß die Vorlage ebenfalls abgetastet und müssen benachbarte Bildpunkte daraufhin untersucht werden, ob sie auf einer möglichen Geraden liegen. Bei den meisten Verfahren wird diese Menge von Punkten mit Hilfe der linearen Regression (Methode der kleinsten Fehlerquadrate) oder über den Euklidschen Abstand berechnet [Kre77], [SG79], [JN82], [CF*84], [KFJ85], [Par88]. Der Rechenaufwand bei diesen Verfahren ist relativ hoch.

In dem hier vorgestellten Verfahren [Ste89] wird daher ein anderer Weg beschritten. Geht man im ersten Schritt davon aus, daß die zu vektorisierende Vorlage aus einer mit dem Computer erstellten Strichzeichnung stammt, so sind die enthaltenen Linien z.B. mit dem Bresenham-Algorithmus oder dem DDA (digital differential analyzer) erzeugt worden [NS81]. Der Gedanke liegt daher nahe, das umgekehrte Verfahren zur Vektorisierung zu verwenden. Wird dieser Algorithmus dann auf reale, skelettierte Binärbilder angewendet, so zeigt es sich, daß diese Vorgehensweise auch bei diesen Vorlagen sinnvoll ist.

13.2.1 Der Algorithmus

Das Kernstück dieses Vektorisierungsverfahrens ist der Bresenham-Algorithmus zum Zeichnen von Vektoren, der hier in einer leicht modifizierten Form zum Vektorisieren verwendet wird.

Es gilt dabei, das Objekt möglichst genau durch Vektoren darzustellen und gleichzeitig möglichst lange Vektoren zu erhalten. Die maximale Genauigkeit wird erreicht, wenn immer nur zwei benachbarte Bildpunkte zu einem Vektor zusammengefaßt werden. Die Vektoren mit zwei Punkten Länge stellen aber weder eine Abstraktion des Objektes noch eine Speicherersparnis dar, da ja für jeden Vektor Anfangs- und Endpunktkoordinaten gespeichert werden müssen.

Daher ist es notwendig eine Ungenauigkeit bei der Vektorisierung zu tolerieren. Wie groß dieser Fehler ist, wird bei diesem Verfahren durch den Fehlerterm aus dem Bresenham-Algorithmus bestimmt.

Die Vorgehensweise kann algorithmisch wie folgt beschrieben werden (das detaillierte Listing ist aufgrund der Länge hier nicht abgedruckt):

```
/* Die am rechten Rand in Klammern befindlichen Zahlen dienen   */
/* zur Referenzierung im Text.                                   */


void Vektorisierung(Bild)
{
  Taste Bild komplett ab
  if (ein Pixel==Kantenfarbe) {
    Suche alle Nachbarn;                                      (1)
    for (alle Nachbarn) {
      Berechne mit jeweils zwei Punkten eine Hauptrichtung;
```

```
Suche die Nachbarn der Nachbarn in Hauptrichtung (auch
    schon markierte Punkte sind als Nachbarn moeglich);    (2)
for (alle Nachbarn der Nachbarn) {
    Stelle fuer jeweils 3 erhaltene Punkte eine Hypothese
        fuer eine Gerade auf (Bresenham);
    while (diese Gerade erweiterbar ist) {
        Versuche aus dieser Geradendefinition den naechsten
            Punkt (x,y) zu berechnen;
        if (dieser Punkt (x,y) existiert) {
            Erweitere Gerade;
            Markiere Punkt;
            Aktualisiere Fehlerterm (Bresenham);               (3)
        }
        else {
            Suche Nachbarpunkte in Hauptrichtung der
                bisherigen Geraden;                            (4)
            if (es einen Nachbarpunkt gibt, so dass die neue
                Gerade < EPSILON von der alten abweicht) {
                Erweitere Gerade;
                Markiere Punkt;                               (5)
            }
            else {
                Gerade ist nicht erweiterbar;                 (6)
                Speichere Anfangs- und Endpunkt;
            }
        }
    }
}
}
```

Wie man an diesem Algorithmus erkennt, werden alle Bildpunkte berücksichtigt. Einzelne Punkte (die meist nur eine Störung/Rauschen darstellen) werden automatisch herausgefiltert. Auch 2-Punkte lange Strecken gehen verloren, da mit zwei Punkten noch keine mit Hilfe des Bresenham-Algorithmus gezeichnete Strecke in ihrer Richtung genau genug bestimmbar ist (siehe Tabelle 13.2.1 und Abbildung 13.3).

Ein Punkt kann Startpunkt für mehrere Strecken sein. Aus diesem Grunde werden alle Nachbarn (1) und deren Nachbarn (2) betrachtet, was hier schon eine Hauptrichtung festlegt (durch die 3-Punkte lange Strecke). Eine somit einmal festgelegte Richtung kann nicht mehr geändert werden. Sollte daher ausgerechnet der Anfangspunkt gestört sein (siehe Abbildung 13.4), so weicht der erhaltene Vektor vom ursprünglichen ab, liegt aber immer noch innerhalb der Toleranz (1-Punkte Umgebung).

Diese Verschiebung tritt am stärksten bei horizontalen oder vertikalen Strecken auf, bei denen der erste Punkt etwas versetzt liegt (Abbildung

13. Vektorisierung

Länge in Punkten	Max. Öffnungswinkel in Grad
2	53.13°
3	36.87°
4	28.07°
5	22.62°
6	18.92°
7	16.26°
8	36.87°
13	9.53°
24	4.98°
59	1.98°
78	1.49°

Tabelle 13.1: Maximaler Öffnungswinkel bei Bresenham-Strecken in Abhängigkeit von der Länge (vergleiche Abbildung 13.3).

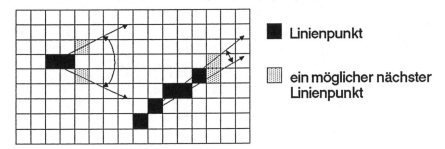

■ Linienpunkt

▨ ein möglicher nächster Linienpunkt

Abbildung 13.3: Der Öffnungswinkel bei Strecken, die mit Hilfe des Bresenham-Algorithmus erzeugt werden.

13.4). Für den Einsatz bei speziellen Vorlagen, wie z.B. technische Zeichnungen o.ä. mit vielen horizontalen/vertikalen Strecken, kann noch die Steigung fast horizontaler/vertikaler Strecken näher untersucht werden, um gegebenenfalls den Anfangspunkt zu korrigieren und somit Verschiebungen zu eliminieren. Dies geschieht einfach durch Fehlerbetrachtung und Vergleich der Strecke, die durch die normale Abtastrichtung erhalten worden ist, mit der, die man durch Abtastung vom Endpunkt her (falls dieser korrekt ist) bekommt.

Wie man in Abbildung 13.4 sieht, entsteht kein Unterschied zwischen Original und Vektorisierung mehr, falls mehr als ein Punkt am Anfang der Strecke von der Hauptrichtung abweichen. Am Ende müssen es mehr als zwei Punkte sein. Die entsprechende Figur wird dann durch mehrere Vektoren repräsentiert.

Kann eine 3-Punkte-Strecke verlängert werden ((3) oder (4)), so wird die Hauptrichtung neu (genauer) berechnet und es wird versucht, diese neue

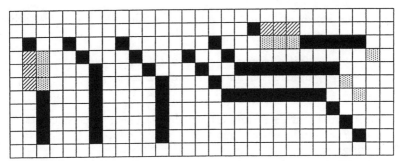

Abbildung 13.4: Ergebnis des Verfahrens bei vertikalen und horizontalen Strecken mit gestörtem Anfangspunkt.

■ = Übereinstimmung Original-Vektorisierung.

▨ = Neuer Punkt durch die Vektorisierung.

▨ = Alter Punkt, der aber durch die neuen Vektoren nicht mehr gezeichnet wird.

Strecke zu erweitern. Dies geschieht solange, bis entweder kein Verlängerungspunkt mehr vorhanden ist, oder bis die Strecke, die durch Hinzunahme des neuen Punktes entsteht, an irgendeiner Stelle um mehr als einen Punkt von den Originalbildpunkten abweicht (6).

Jeder betrachtete Punkt wird markiert (5) und kann für andere Geraden weiter verwendet werden. Damit werden Lücken bei sich schneidenden Geraden vermieden. Jedoch darf der Anfangspunkt eines Vektors noch nicht für einen anderen Vektor verwendet worden sein.

13.2.2 Fehlerbetrachtung

Die Gründe für die Verwendung des Bresenham-Algorithmus zur Vektorisierung sind klar. Das Verfahren ist seit langem bekannt, wird vielfältig eingesetzt und kann schnell und einfach berechnet werden [NS81], [FvD84].

Normalerweise bestimmt eine Fehlergröße e, welcher Punkt als nächster mit dem Algorithmus betrachtet werden soll. Im Bresenham-Algorithmus wird daher bei jeder Iteration die Liniensteigung $\triangle y/\triangle x$ (o.B.d.A. $\triangle x \geq \triangle y$) zu der Fehlergröße addiert. Zuvor muß über das Vorzeichen von e die Rechenrichtung der y-Koordinate des laufenden Punktes festgelegt werden. Ein e mit positivem Vorzeichen bedeutet, daß der Linienverlauf über dem aktuellen Punkt liegt; somit wird die y-Koordinate erhöht und e um eins dekrementiert. Ist e negativ, so bleibt die y-Koordinate unverändert. Die x-Koordinate wird mit jedem Schritt inkrementiert. Der Abstand, hier also die vertikale Entfernung zwischen dem Linienverlauf und gewähltem Punkt, ist daher immer kleiner oder gleich 0.5.

Für den Fehler e ergeben sich daher:

$$\text{Initialisierung:} \quad e = \triangle y/\triangle x - 0.5$$
$$\text{Rechenschritt 1:} \quad e = e - 1$$
$$\text{Rechenschritt 2:} \quad e = e + \triangle y/\triangle x$$

13. Vektorisierung

Durch Multiplikation mit 2 und $\triangle x$ erhält man folgende Ganzzahl-Rechnungen ($e' = 2\ e\ \triangle x$):

Initialisierung: $e' = 2\ \triangle y - \triangle x$
Rechenschritt 1: $e' = e' - 2\ \triangle x$
Rechenschritt 2: $e' = e' + 2\ \triangle y$

Falls der Algorithmus so formuliert wurde, daß sich Rechenschritt 1 und 2 gegenseitig ausschließen, so lautet der Fehler e' in Rechenschritt 1 mit Berücksichtigung der Größe aus Rechenschritt 2

$$e' = e' - 2\ \triangle x + 2\ \triangle y.$$

Die Fehlergröße e' kann nun in einem Intervall von $2\ \triangle x$ liegen, wobei die untere und obere Grenze durch die Steigung der jeweiligen Strecke aus der Initialisierung festgelegt werden.

Steigung	Intervall von e'
Steigung $= 0$	$e' = -\triangle x$
$0 <$ Steigung < 1	$2\ (\triangle y - \triangle x) < e' < 2\ \triangle y$
Steigung $= 1$	$e' = \triangle x$

Tabelle 13.2: Maximales Intervall des Fehlers e' in Abhängigkeit der Steigung

Die Schwierigkeit beim Vektorisieren mit Hilfe des Bresenham-Algorithmus liegt nun darin, daß die endgültige Länge der Strecke während der Linienverfolgung noch unbekannt ist. Der Fehlerterm e' muß somit immer dann aktualisiert werden, wenn die Gerade normal erweiterbar ist, d.h. ein Punkt, der nach dem Bresenham-Algorithmus berechnet wurde, auch wirklich als Fortsetzungspunkt der momentanen Strecke im Bild vorhanden ist. Der Fehler zu jedem Punkt wird in einem Fehlervektor abgespeichert. Bei einer möglichen Erweiterung werden die bisherigen Fehlergrößen nicht neu berechnet, sondern es wird nur ab dem neuen Punkt der neue Fehler verwendet. Durch das Abbruchkriterium (siehe unten) ist sichergestellt, daß auch im Anfangsbereich die ermittelte Strecke nicht mehr als ein Punkt von den Originalpunkten abweicht.

Konnte eine Strecke nicht normal nach dem Bresenham-Algorithmus erweitert, sondern mußte ein Nachbarpunkt verwendet werden, dann wird der Fehlerterm e' nicht mehr aktualisiert; $\triangle x$ bleibt auch unverändert. Der Fehlervektor dieser vollkommen neuen Strecke wird mit dem bisherigen verglichen. Ist die Summe des Fehlers jeweils entsprechender Punkte (die Anzahl der Punkte pro Strecke ist gleich bzw. um eins größer, wenn sich die Strecken nur um einen Punkt im Endpunkt unterscheiden, da sie von der Größe $\triangle x$ bestimmt wird. Es gilt: *Anzahl Punkte/Strecke* $= \triangle x +$ 1) kleiner als $2\ \triangle x_{alt}$ (vergleiche oben), so weicht die neue Strecke nicht

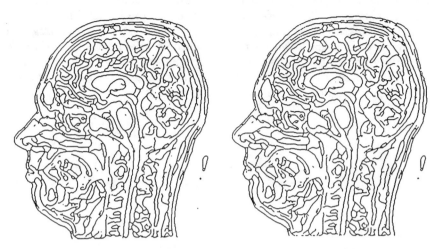

Abbildung 13.5: Originalbild (links, schon skelettiert) und Ergebnis der Vektorisierung. Zu beachten ist das Löschen punktueller Störungen und die glättende Wirkung.

mehr als 0.5 Punkte von der Bresenham-Strecke ab und somit maximal ein Punkt von den Originalbildpunkten. Je nach Strecke kann dadurch eine Bresenham-Strecke durch Suche von Nachbarpunkten mindestens auf die doppelte Länge vergrößert werden, bis das Abbruchkriterium

$$| e'_{alt} + e'_{neu} | \leq 2 \ | \triangle x_{alt} |$$

in Kraft tritt.

Sollen Strecken genauer vektorisiert werden, so ist der zulässige Fehler zu verringern (z.B. auf 1.5 $\triangle x$ oder $\triangle x$). Dadurch erhält man natürlich mehr kurze Vektoren. Genauso kann man auf der anderen Seite durch Vergrößerung des zulässigen Fehlers eine weitere Glättung erreichen. Die Vektoren weichen dann aber in einigen Fällen mehr als ein Punkt von den Originalpunkten ab.

Durch die anfänglich ermittelten zwei bzw. drei Startpunkte ist die grobe Richtung der Strecke festgelegt. Jedoch sind noch Abweichungen von einem Punkt (keine Richtungsänderungen!) zu der Idealstrecke erlaubt. In solchen Fällen wirkt sich das hier vorgestellte Vektorisierungsverfahren positiv aus, da seine glättende Wirkung zum Tragen kommt.

Dadurch, daß gewisse Schwankungen der Strecken/Punkte erlaubt sind und das Verfahren trotzdem nicht abbricht, sind die erhaltenen Vektoren im Vergleich zu anderen Verfahren [Par88] relativ lang. Bei Tests mit den unterschiedlichsten Bildvorlagen waren die Vektoren durchschnittlich mehr als 5-8 Bildpunkte lang. Dies wirkt sich natürlich direkt auf die erhaltene Anzahl von Vektoren und die Speicheranforderung aus. Auch die nachfolgende Bearbeitung kann sich vereinfachen, wenn weniger, dafür aber längere

Vektoren bei trotzdem hoher Genauigkeit zu verarbeiten sind.

Ebenfalls positiv für die Weiterverarbeitung ist die automatische Vorsortierung der Vektoren, die man durch die systematische Abtastrichtung (von links nach rechts, von oben nach unten) erhält. Befindet sich der Punkt (0,0) links oben im Bild und wird mit x die Spaltenzahl, mit y die Zeilenzahl bezeichnet, so sind die Ergebnisvektoren in lexikographisch aufsteigender Reihenfolge bezüglich des Anfangspunktes sortiert.

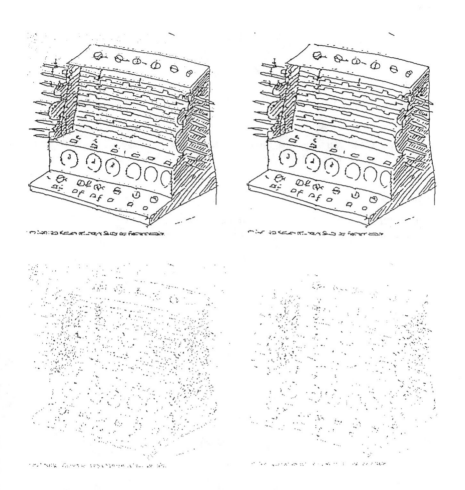

Abbildung 13.6: Originalbild, Vektorbild und Differenzbilder
Das Bild zeigt die Skizze der von Wilhelm Schickard 1623 in Tübingen konstruierten Rechenmaschine. Links oben: skelettiertes Originalbild.
Rechts oben: Ergebnis der Vektorisierung.
Links unten: Originalbild - Vektorisiertes Bild (unberücksichtigte Punkte, Rauschen).
Rechts unten: Vektorbild - Originalbild (zusätzlich erhaltene Bildpunkte).

Aufgaben

Aufgabe 1

1. Zeichnen Sie die Kurve, deren Kettenkode durch die Folge
$$000000555333$$
gegeben ist.

2. Geben Sie die Kodierung dieser Kurve mittels differentiellem Kettenkode an.

3. Charakterisieren Sie die Kettenkodes aller Rechtecke, deren Seiten horizontal bzw. vertikal sind.

Aufgabe 2

Wieso wird bei dem beschriebenen Verfahren zur direkten Vektorisierung eine Störunterdrückung und eine Glättung durchgeführt?

14. Bildsegmentierung

Mit der *Bildsegmentierung* beginnt der Übergang von der rein numerischen Darstellung des Bildes in einer Grauwertmatrix zu einer symbolischen Darstellung. Im Unterschied zur Mustererkennung (siehe Kapitel 16) werden bei der Bildsegmentierung nur einfache Objekte wie Linien, Flächen und Punkte ermittelt, aber nicht Linien oder Flächen mit symbolischen Namen wie "Umriss eines Hauses", "Silhouette eines Baumes" usw. versehen. Für die Segmentierung wird in der Regel kein explizit repräsentiertes Wissen oder nur wenig Information verwendet. Diese Informationen können Eigenschaften der zu segmentierenden Objekte wie der Grauwert, die Form, die Größe oder die Lage im Bild sein.

Das Ziel der Bildsegmentierung, nämlich die Unterteilung des Bildes in Teilbereiche mit gleichen Eigenschaften, wird meist mit Verfahren aus der Kanten- und Flächendetektion erreicht. Dadurch werden die für die Anwendung "interessanten Objekte" extrahiert, um sie leichter weiterverarbeiten zu können. Als Beispiele seien hier die Trennung von Text und Graphik zur Dokumentenanalyse und die Separierung von Organen, Zellen, Chromosomen usw. bei der biomedizinischen Bildverarbeitung genannt. Damit erfolgt eine erste Bedeutungszuweisung zu einzelnen Gebieten im Bild. Die Bildsegmentierung gehört daher nicht mehr zur klassischen Bildvorverarbeitung sondern zählt schon zur Mustererkennung und Bildinterpretation.

Die Unterteilung des Bildes in homogene Abschnitte geschieht nach verschiedenen Kriterien. Normalerweise werden die einzelnen Gebiete über Kantendetektoren oder Flächen-Wachstums-Algorithmen selektiert. Aber auch andere Kriterien wie "Lage im Bild" oder "Veränderung zum vorhergehenden Bild" sind denkbar. Falls es sich bei den Vorlagen um Farbbilder handelt, kann die zusätzliche Farb-Information ebenfalls zur Segmentierung verwendet werden.

14.1 Schwellwertbildung zur Bildsegmentierung

Eines der einfachsten Verfahren zur Bildsegmentierung ist die Anwendung eines *Schwellwertverfahrens*, um aus dem Grauwertbild ein Binärbild oder ein Bild mit reduzierten Graustufen (Quantisierung; siehe Kapitel 10) zu erzeugen. Dies ist vor allen Dingen bei solchen Bildern sinnvoll, bei denen der Bildinhalt schon in "Hintergrund" und "Objekt von Interesse" eingeteilt werden kann. Typische Beispiele dafür sind Dokumente/Texte und Strichzeichnungen.

Jeder Bildpunkt wird dabei in Abhängigkeit einer Schwelle T entweder auf die Hintergrundfarbe (Grauwert $\leq T$) oder auf die Objektfarbe (Grauwert $> T$) gesetzt. Um eine zu starke Verästelung beider Regionen zu verhindern, ist eine vorherige Glättung durch Tiefpaßfilterung (Medianfilter, Mittelwertfilter) empfehlenswert. Da die Gebietszuordnung nur von dem

Grauwert des aktuellen Bildpunktes und der Schwelle T abhängt, bezeichnet man diese Segmentierungsverfahren auch als punktorientierte Verfahren [Jä89].

Wie schon bei den digitalen Halbtonverfahren (siehe Kapitel 6) deutlich wurde, existiert keine Schwelle T, die universell für alle Bildvorlagen einsetzbar ist. Die Schwelle muß daher für jedes Bild neu berechnet werden.

Besitzt die Vorlage schon binären Charakter, so kann die Schwelle einfach über das Histogramm ermittelt werden. Dieses besitzt dann ein bimodales Verhalten, d.h. es existieren im Histogramm zwei deutlich voneinander unterscheidbare Maxima. Auch bei natürlichen Aufnahmen ist eine solche Histogrammform meist zu erkennen und kann daher zur Schwellwertberechnung verwendet werden (siehe Abbildung 14.1).

Zur genaueren Bestimmung des lokalen Minimums (oder der Minima) ist eine Glättung des erstellten Histogramms durch Mittelwertbildung (siehe Abbildung 14.2) oder Berechnung des Medians von benachbarten Histogrammwerten günstig [Pav82].

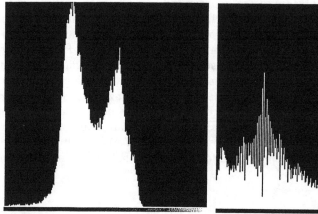
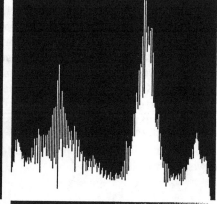

Abbildung 14.1: Über das bimodale Verhalten des Histogramms kann ein an die Bildvorlage adaptierter Schwellwert zur Segmentierung berechnet werden.

Selbstverständlich können auch mehrere unterschiedliche Schwellwerte verwendet werden, falls mehrere lokale Maxima im Histogramm auftreten und diese mit Gebieten von Interesse im Originalbild korrespondieren. Dies entspricht dann einer nicht äquidistanten Quantisierung.

Ist die relative Objektgröße bzw. der Flächenanteil der Objekte am Gesamtbild bekannt, kann der Schwellwert prozentual über das kumulative Histogramm berechnet werden. Dazu werden ausgehend von dem sicheren (bekannten) Objektgrauwert soviele Bildpunkte auf den Objektgrauwert gesetzt, bis der entsprechende Prozentsatz erreicht ist. Alle anderen Bildpunkte werden auf den Hintergrundgrauwert gesetzt. Analog kann natürlich auch vom Hintergrund ausgegangen werden.

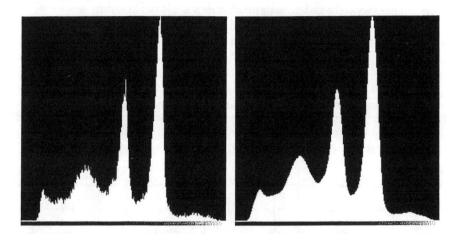

Abbildung 14.2: Die Glättung des Original-Histogramms (links) erfolgt durch Berechnung des gleitenden Mittelwerts. In dem geglätteten Histogramm (rechts) können lokale Minima leichter bestimmt werden.

Weitere Schwierigkeiten kommen hinzu, wenn Grauwerte des Hintergrunds auch in den Objekten auftreten bzw. umgekehrt. In diesen Fällen können Techniken mit dynamischem Schwellwert verwendet werden. Der Schwellwert T wird dabei für jeden Bildpunkt in Abhängigkeit von seiner Umgebung neu berechnet. Geht man davon aus, daß Hintergrund und Objekt in einem $m \times n$-Ausschnitt etwa gleich häufig auftreten, so kann man den Mittelwert dieses Ausschnittes als Schwellwert verwenden. Trifft diese Annahme nicht zu, ist es möglich, durch Bimodalitätsprüfung des Histogramms einen geeigneten Schwellwert zu finden. Diese Vorgehensweise ist dann ähnlich der adaptiven Histogrammeinebnung (siehe Abschnitt 10.3.2).

14.2 Segmentierung über Templates

Ist die Anzahl der im Bild vorkommenden unterschiedlichen Objekte eng begrenzt und die jeweilige Form bekannt, so kann aufgrund dieses Vorwissens eine Segmentierung direkt über entsprechende *Schablonen* (*Templates*) erfolgen. Solche Segmentierungsverfahren eignen sich besonders in der industriellen Umgebung, wo mit konstanten Aufnahmeparametern gute Bedingungen für die Bildverarbeitung geschaffen werden können.

Durch die fast ideale Beleuchtung in solchen Einsatzgebieten enthält das zu segmentierende Bild nur noch wenige Graustufen. Die einzelnen Schablonen werden dann in den möglich vorkommenden Orientierungen an alle

Positionen auf das Bild gelegt und dann die darunterliegenden Bildpunkte analysiert. Entsprechen diese in der Form und im Grauwert komplett oder zu einem hohen Prozentsatz der Schablone und schließen keine weiteren Bildpunkte mit demselben Grauwert direkt an, so wird das von der Schablone bedeckte Gebiet dem entsprechenden Objekt zugeordnet.

Bei diesem Schritt wird somit nicht nur eine Segmentierung sondern auch schon eine Bedeutungszuweisung vorgenommen. Diese Information kann direkt für die weitere Verarbeitung, z.B. Sortierung oder Auszählung benutzt werden.

Wenn, wie in diesen Einsatzgebieten häufig der Fall, nur wenige unterschiedliche Objekte, oft sogar noch mit fester Orientierung vorkommen, kann die Segmentierung mit einer geringen Anzahl Templates sehr schnell durchgeführt werden.

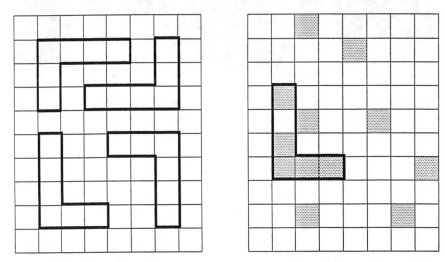

Abbildung 14.3: Segmentierung mit Hilfe von Templates. Alle vorkommenden Formen werden durch entsprechende Schablonen in allen möglichen Orientierungen (links) repräsentiert. Stimmt eine Schablone zum größten Teil mit dem darunterliegenden Bildteil überein (rechts), so wird aufgrund der Information über die Schablone das zugehörige Objekt und seine Lage bestimmt.

14.3 Segmentierung mit Hilfe der Kantendetektion

Wie schon im Kapitel 11 beschrieben, entsprechen die in einem Bild detektierten Kanten oft den Konturen bzw. Grenzen der zugehörigen physikalischen Objekte. Kantendetektionsverfahren sind daher für Bildsegmentierung und Bedeutungszuweisung wichtig.

Während bei der Segmentierung über Schwellwerte oder durch Gebietswachstum die einzelnen Objekte als Flächen extrahiert werden, werden mit Hilfe der Kantendetektionsverfahren die Umrandungen der Objekte bestimmt. Wie schon bei den Kantenoperatoren (siehe Kapitel 11) deutlich wurde, muß diese Umrandung nicht unbedingt geschlossen sein.

Kleinere Lücken lassen sich noch leicht mit geeigneten Filtermasken schließen (vergleiche Kapitel 10). Bei größeren Unterbrechungen kann eine Konturverfolgung mit der weiteren Suche in der Hauptrichtung der Kontur bei Lücken zum Erfolg führen.

Die komplett umrandeten Gebiete müssen zum Schluß noch mit Hilfe von Füllalgorithmen [FvD*90] genau bestimmt werden. Unterschiedliche Größen von Füllelementen erlauben hier ebenfalls das Schließen kleinerer Lücken. Das stufenweise Verwenden von zuerst großen Füllmustern und danach immer kleineren bis zum Schluß auf Pixel-Größe kann gleichzeitig eine hohe Genauigkeit erzielen und ein Ausfließen beim Füllen der offenen Objekte verhindern.

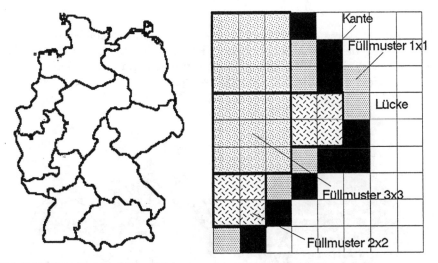

Abbildung 14.4: Das linke Bild zeigt das Ergebnis der Kantendetektion für eine Segmentierung. Rechts ist das stufenweise Vorgehen mit drei unterschiedlich großen Füllmustern bei offenen Umrandungen schematisch dargestellt.

14.4 Segmentierung durch Gebietswachstum

Bei der Segmentierung durch *Gebietswachstum* wird in der Hauptsache das Wissen über den Grauwert bzw. die Farbe der gesuchten Objekte ausgenutzt. Im Bild wird dann ein Repräsentant dieser Klasse gesucht und als Ausgangspunkt für das Gebietswachstum verwendet. Danach wird die

14. Bildsegmentierung

Umgebung betrachtet und alle die Bildpunkte werden mit einbezogen, die ebenfalls in diese Klasse fallen, d.h. mit ihrem Wert (bis auf einen Toleranzwert) mit dem Vertreter der Klasse übereinstimmen. Diese Segmentierungsmethode gehört zu den regionenorienten Verfahren [Jä89].

Eine Variation des Verfahrens besteht darin, nicht den Wert einzelner Punkte, sondern immer den der ganzen Umgebung zu betrachten. Solange das so berechnete Gebiet noch gleichförmig ist, werden neue Punkte mit einbezogen. Dadurch werden kleine Störungen wie Rauschen unterdrückt.

Eine Region R wird als gleichförmig bezeichnet, falls für den Wert $f(P)$ eines Punktes P gilt

$$\max_{P \in R} |f(P) - m| < T$$

wobei T ein anwendungsabhängiger Schwellwert und m der mittlere Wert der Region R mit N Punkten ist.

$$m = \frac{1}{n} \sum_{P \in R} f(P)$$

Sind die Werte der einzelnen Klassen unbekannt, so können diese durch Ermittlung der lokalen Maxima im Histogramm berechnet werden. Aufgrund der Breite der Verteilungskurve kann auch eine sinnvolle Größenangabe zu dem Schwellwert T gemacht werden.

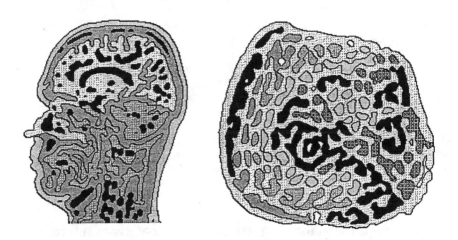

Abbildung 14.5: Segmentierung durch Gebietswachstum bei komplett umschlossenen Gebieten mit unterschiedlichen Grauwerten (vergleiche Abbildung 12.6).

14.5   Morphologische Operatoren

Skelettierung (siehe Kapitel 12), Erosion und Dilatation gehören zu den morphologischen Operatoren; ihre Anwendung verändert die Gestalt eines Objekts [Sch89], [BB91]. Die Skelettierung ist dabei eine spezielle Version der Erosion [CH89].

14.5.1   Erosion – Dilatation

Die *Erosion* beschreibt einen Vorgang, bestimmte Punkte vom Objektrand bzw. Objektinneren zu entfernen. Dazu ist analog zur Skelettierung die Umgebung des aktuellen Bildpunktes zu betrachten. Im gebräuchlichsten Fall ist diese Umgebung wieder durch eine 3×3-Maske festgelegt. Bei der Erosion wird ein Bildpunkt eines Objekts in das Ergebnis übertragen, falls mindestens T Punkte aus der Maske mit den Bildpunkten übereinstimmen. Meist wird $T = 9$ bei einer 3×3-Maske benutzt. Alle Bildpunkte unter der Maske müssen also entweder Objektpunkte oder Hintergrundpunkte sein.

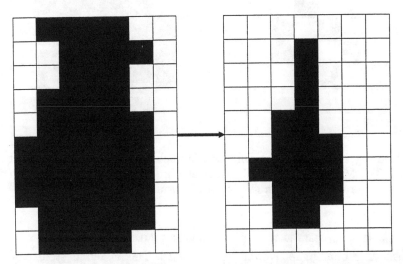

Abbildung 14.6: Das linke Bild wurde nach der Erosionsvorschrift mit einer 3×3-Maske und $T = 9$ bearbeitet. Im rechten Bild ist das Ergebnis dieser Operation zu sehen (Weiß=Hintergrund, Schwarz=Objekt).

Ist $(2n+1) \times (2n+1)$ die Maskengröße und $f(x,y)$ der aktuelle Bildpunkt, so berechnet sich der neue Punkt $f'(x,y)$ in einem Binärbild mit den Werten 0 (=Hintergrund) und 1 (=Objekt) aus

$$f'(x,y) = \begin{cases} 1 & \text{falls } \sum_{i=-n}^{n} \sum_{j=-n}^{n} f(x+i,y+j) \geq T \\ 0 & \text{sonst} \end{cases}$$

Die Erosion beseitigt somit Störungen. Die Größe der entfernten Störungen ist von der gewählten Schwelle T abhängig.

Die *Dilatation* beschreibt, wie der Name schon sagt, einen Wachstums- oder Ausdehnungsvorgang. Auch hier wird innerhalb einer Bildpunktumgebung entschieden, ob der aktuell betrachtete Punkt gesetzt werden soll oder nicht. Um einen Punkt im Ergebnisbild zu setzen, müssen mindestens T Bildpunkte unter der Maske mit dem Objekt übereinstimmen. Meist wird $T = 1$ benutzt. Dilatation und Erosion unterscheiden sich also nur durch die verwendete Schwelle T und die unterschiedliche Vorschrift des Setzens und Löschens eines Punktes.

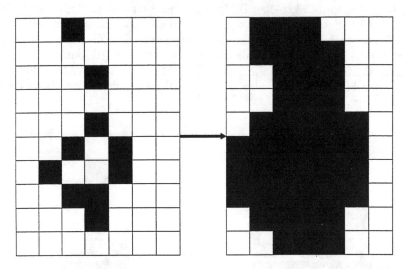

Abbildung 14.7: Das linke Bild wurde nach der Dilatationsvorschrift mit einer 3×3-Maske und $T = 1$ bearbeitet. Im rechten Bild ist das Ergebnis dieser Operation zu sehen (Weiß=Hintergrund, Schwarz=Objekt).

Die Erosion liefert den Teil des Originalbildes, der komplett von der Maske in Abhängigkeit von T bedeckt wird. Das Ergebnis stellt eine Art "Schnittmenge" dar. Die Dilatation hingegen liefert die "Vereinigungsmenge" von Originalbild und Maske, sofern nur mindestens T Bildpunkte mit der Maske übereinstimmen. Die Wirkung beider Operatoren ist zwar gegenläufig, die Operatoren sind aber nicht invers, da die morphologischen Operatoren nicht linear sind.

Nicht nur die Größe der Schwelle T, auch die Form der Maske beeinflußt stark das Aussehen des Ergebnisbildes. Die Form der Maske ist in der Ergebnisstruktur oder in Teilen davon wiederzufinden. Somit lassen sich gezielt bestimmte Formen bevorzugen (z.B. Kreise durch eine kreisförmige Maske) oder auch unterdrücken.

14.5.2 Opening – Closing

Wie schon gezeigt wurde, läßt sich der Effekt einer Erosion mittels einer Dilatation zwar kompensieren, nicht aber korrigieren. Die Wirkung beider Operatoren hebt sich nicht auf. Ebenso ist die Anwendung dieser Operatoren nicht kommutativ. Die Anwendung einer Erosion nach einer Dilatation liefert ein anderes Ergebnis als die Anwendung einer Dilatation auf eine Erosion. Beide Kombinationen können aber jeweils eine spezielle gewünschte Wirkung haben.

Als *Opening* wird die Anwendung einer Erosion gefolgt von einer Dilatation bezeichnet. Diese Kombination dient im wesentlich zur Beseitigung von Störungen in Form vereinzelter Bildpunkte, kleiner Strukturen oder Auswüchse. Die Störungen müssen dabei jeweils kleiner als die Erosions-Maske sein.

Beim *Closing* wird nach einer Dilatation eine Erosion angewendet. Wie die Bezeichnung schon andeutet, werden kleinere Lücken geschlossen. Je nach Schwellwert T werden bei Masken der Größe $(2n+1) \times (2n+1)$ sogar Lücken bis zur Größe $2n$ durch Closing geschlossen.

Die Opening-/Closing-Operationen können auch gezielt dazu genutzt werden, bestimmte Strukturen in einem Bild zu detektieren. Dazu kann eine solche Maskengröße und Maskenform für das Opening verwendet werden, damit garantiert die Objekte von Interesse gelöscht werden. Das Ergebnisbild enthält dann alle größeren Strukturen in einer geglätteten Form sowie den Hintergrund. Dieses Bild ist mit dem Originalbild mittels einer XOR-Funktion zu verknüpfen. In diesem Bild sind die gesuchten Objekte, die Ränder der größeren Strukturen (die durch das Opening erodiert wurden) und kleinere Strukturen wie Störungen. Mit einer weiteren, speziellen Maske wird eine zusätzliche Erosion durchgeführt. Diese Maske berücksichtigt die spezielle Form der gesuchten Objekte und löscht daher alle anderen Strukturen. Eine nachfolgende Dilatation reproduziert die gesuchten Objekte in etwa wieder in Originalgröße. Das Ergebnisbild markiert so die Stellen, an denen im Originalbild die gesuchten Objekte vorkommen.

14.6 Split-and-Merge

Die Vorgehensweise des *Split-and-Merge* zur Bildsegmentierung ist ähnlich der Quadtree-Kodierung (siehe Kapitel 15). Das Ausgangsbild wird dazu in vier gleich große Teile - in der Regel Quadrate - aufgeteilt und diese jeweils weiter unterteilt [Pav82], [GW87].

Das Split-and-Merge-Verfahren beginnt bei einer beliebigen Unterteilungstiefe. Zuerst wird untersucht, ob die aktuelle Teilfläche dem Gleichförmigkeitskriterium genügt. Dieses Kriterium kann besagen, daß

- die Fläche im Quadranten denselben Grau-/Farbwert besitzt,

- die Grau-/Farbwerte in einem bestimmten Intervall liegen,

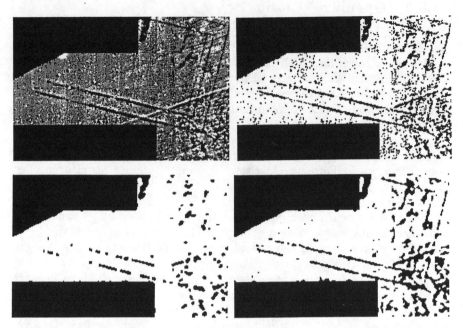

Abbildung 14.8: Links unten: das Ergebnis einer Opening-Operation. Rechts unten: eine Closing-Operation auf dasselbe Beispielbild (rechts oben) angewendet. Das Originalbild ist links oben zu sehen und zeigt den Grundriß eines römischen Militärlagers bei Hüfingen (Schwarzwald-Baar-Kreis) [JF90]. Die Daten wurden durch geomagnetische Prospektion mit einem Meßintervall von 0.5 m von Dr. H. G. Jansen ermittelt (Größe 120 m *times* 80 m) und für diese Abbildung freundlicherweise zur Verfügung gestellt.

- eine bestimmte Verteilung der Grau-/Farbwerte in dem Quadranten zu finden ist usw. (siehe Abschnitt 14.4).

Gleichförmige Flächen werden zusammenfügt (*merge*), nicht gleichförmige weiter unterteilt (*split*). Durch diese Vorgehensweise wird indirekt ein Quadtree aufgebaut. Dieser Baum wird aber nicht zur Kodierung o.ä. verwendet, sondern er beschreibt nur die Abtastung und Aufteilung des Originalbildes.

Der Vorteil dieses Verfahrens liegt in der einfachen algorithmischen Implementierung sowie in der Berücksichtigung gleichförmigen Flächen. Wird bis zur höchsten Auflösung unterteilt, so können beliebig geformte Flächen beschrieben werden.

Die jeweils als gleichförmig akzeptierten Flächen werden zusammengefügt und in das Ergebnisbild übertragen. Im Ergebnis und für die Weiterverarbeitung wird der aufgebaute Baum nicht mehr verwendet.

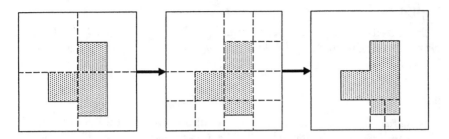

Abbildung 14.9: Vorgehensweise beim Split-and-Merge.

Aufgaben

Aufgabe 1

Beschreiben Sie verbal einen Füllalgorithmus, der auch Gebiete füllen kann, deren Umrandung Lücken bis zu zwei Pixel aufzeigt, ohne dabei "auszulaufen".

Aufgabe 2

Welches Ergebnis erhält man, wenn auf das Originalbild von Abbildung 14.6 eine Erosion mit der Schwelle $T = 6$ vorgenommen wird? Vergleichen Sie das Resultat mit Abbildung 14.6.

Aufgabe 3

Welches Ergebnis erhält man, wenn auf das Originalbild von Abbildung 14.7 eine Dilatation mit der Schwelle $T = 4$ vorgenommen wird? Vergleichen Sie das Resultat mit Abbildung 14.7.

Aufgabe 4

Bei der Kantendetektion mit dem modifizierten Canny-Operator entstehen durch das Contraint-Thinning (siehe Abschnitt 11.10.3) Verbindungen ("Leitereffekt") von dicht beieinanderliegenden Kanten. Beschreiben Sie ein Verfahren, das diese Nebeneffekte mittels morphologischer Operatoren beseitigt.
Welche neuen Probleme ergeben sich dadurch?

15. Bildkodierung

Mit dem Begriff *Bildkodierung* soll in diesem Zusammenhang nicht die Verschlüsselung von Bilddaten, sondern die Umrechnung der Bildinformation in eine andere Form verstanden werden. Diese neue Form erlaubt es, Bilddaten mit geringerem Speicherbedarf abzuspeichern oder die Übertragungszeiten beispielsweise in einem Netzwerk zu reduzieren.

Daß solche Verfahren in der Praxis notwendig sind, zeigen einige Rechenbeispiele. Ein Grauwertbild mit 512×512 Punkten und 256 Graustufen (8-Bit) benötigt 256 KByte Speicher, ein Echtfarbenbild mit 1 280×1 024 Punkten und je 8-Bit für Rot, Grün und Blau belegt fast 4 MB Speicher. Soll ein DIN-A4-Farbbild mit einem Scanner mit 300 dpi Auflösung und 24-Bit Farbtiefe (3×8-Bit) digitalisiert werden, so werden rund 26 MB Speicher für dieses Bild benötigt.

Es ist daher notwendig, Verfahren einzusetzen, die diesen Speicherbedarf reduzieren. Dabei werden zwei prinzipielle Vorgehensweisen unterschieden.

1. Datenkompression
   Bei der *Datenkompression* werden die Originaldaten in eine andere Darstellungsform transformiert, die weniger Speicherplatz benötigt. Durch die inverse Transformation kann das Original wieder eindeutig und fehlerfrei erzeugt werden. Die Datenkompression ist eine Redundanz-Reduktion, d.h. es wird lediglich redundante Information eliminiert.

2. Datenreduktion
   Die *Datenreduktion* erzielt eine Speicherplatzersparnis durch das Weglassen nicht relevanter Bestandteile des Originalbildes. Aufgrund dieses Informationsverlustes ist es jedoch nicht mehr möglich, das Originalbild fehlerfrei wiederherzustellen.

Indirekt wurden in den vorangegangenen Kapiteln schon verschiedene Kompressionsverfahren angesprochen, unter anderem die Verwendung von Farbtabellen statt Farbtripeln bei einer geringen Anzahl von Farben.

15.1 Kodierung von Binärbildern

Handelt es sich bei den zu kodierenden Vorlagen um Binärbilder, so können in einem Byte 8 Bildpunkte Bit-kodiert verlustfrei gespeichert werden. Dies bedeutet eine Datenkompression um den Faktor 8. Eventuell muß dem komprimierten Bild der Grauwert der beiden Stufen vorangestellt werden. Ähnliches ist auch bei einer reduzierten Anzahl von Graustufen möglich. Bei nur 16 Graustufen können die Grauwerte zweier Bildpunkte in einem Byte gespeichert werden.

Enthält das zu kodierende Bild nur Strichzeichnungen, so können statt der Speicherung aller Bildpunkte, die einzelnen Vektoren mit Anfangs- und

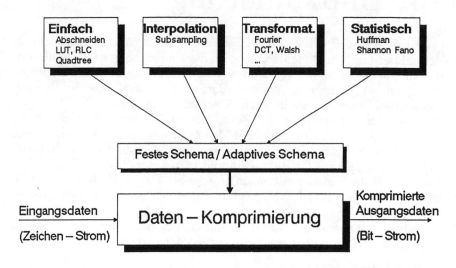

Abbildung 15.1: Verschiedene Komprimierungstechniken für Text- und Bilddaten.

Endpunkt extrahiert und gespeichert werden. Auch die Konstruktion von Richtungsketten (Kettenkodes) kann eine Komprimierung darstellen. Die Vektorisierungsverfahren berücksichtigen in der Regel nicht alle Bildpunkte und Variationen im Verlauf einer Kontur, so daß diese Art der Kodierung nicht verlustfrei ist. Es wird nur die relevante Information gespeichert, aus der das Originalbild angenähert rekonstruiert werden kann. Im Durchschnitt wird mit diesen Verfahren eine Datenreduktion um den Faktor 10-20 erreicht.

Die nachfolgend beschriebenen Verfahren lassen sich selbstverständlich auch bei Binärbildern anwenden.

15.2 Huffman-Kodierung

Es ist einleuchtend, daß die bisher vorgestellte Kodierung von Zeichen, bei der für alle Werte die gleiche Anzahl von Bits/Bytes benötigt wird, nicht optimal ist. Günstiger ist es zum Beispiel, wenn häufig vorkommende Symbole durch wenige Bits (kurze Kodeworte) und die seltenen Zeichen durch längere Kodeworte dargestellt werden. Diese Art von Kodierung ist unter dem Namen *Huffman-Kodierung* (David Huffman, 1952) bekannt und wird in ähnlicher Weise im Morse-Alphabet verwendet. Hierbei wird jedes Eingabezeichen in eine Bit-Kette mit einer variablen Anzahl Bits übersetzt. Die Länge der Bit-Kette hängt von der Häufigkeitsverteilung eines Zeichens in den Eingabedaten ab. Je häufiger ein Zeichen in den Originaldaten vorkommt, desto kürzer ist der Bit-Kode (*VLC = Variable Length*

Code) [Str87], [Wal91], [TO92]. Der Huffman-Kode wird auch als kompakter Kode bezeichnet, weil die mittlere Wortlänge kleiner oder gleich der mittleren Wortlänge aller anderen eindeutig dekodierbaren Kodes für dasselbe Eingangssignal ist, d.h. der Huffman-Kode ist ein minimaler Kode.

$$\text{Mittlere Kodelänge} = \sum_{i=1}^{n} P(i)L(i)$$

wobei $P(i)$ die Wahrscheinlichkeit des Auftretens des Zeichens i, $L(i)$ die Länge des Zeichens i und n die Anzahl der verschiedenen Zeichen ist.

Die Eigenschaft der Kompaktheit des Huffman-Kodes kann auch mit Hilfe der Entropie bschrieben werden. Dafür wird der Informationsgehalt I eines einzelnen Zeichens i definiert als

$$I = ld(\frac{1}{P(i)})$$

mit ld dem Logarithmus zur Basis 2 und $P(i)$ der Wahrscheinlichkeit des Auftretens des Zeichens i. Der mittlere Informationsgehalt H aller n vorkommenden Zeichen berechnet sich dann aus

$$H = \sum_{i=1}^{n} P(i)\, ld(\frac{1}{P(i)})$$

Diesen gemittelten Informationsgehalt bezeichnet man als *Entropie*. Die Differenz zwischen mittlerer Kodelänge ($\geq H$) und Entropie ist demnach ein Maß für die Güte der Kodierung. Je mehr sich der Wert für die mittlere Kodelänge dem der Entropie annähert, desto besser ist komprimiert worden.

Nachteilig bei der Huffman-Kodierung wirkt sich die statische Tabelle aus. Eine Anpassung an eine spezielle Vorlage kann nur durch zweimalige Durchsuchung der zu kodierenden Daten erreicht werden. Im ersten Durchgang werden die Häufigkeiten der einzelnen Zeichen ermittelt und daraus die Kodierungtabelle aufgebaut. Erst im zweiten Durchlauf erfolgt die eigentliche Kodierung. Bei dieser dynamischen Methode muß die erzeugte Übersetzungstabelle zuerst abgespeichert bzw. dem Empfänger übermittelt werden. Bei kleinen Datenmengen kann diese Tabelle mehr Speicherplatz als die unkodierten Daten beanspruchen.

Erzeugt wird eine Übersetzungstabelle, indem die vorkommenden Zeichen der Häufigkeit nach sortiert werden (siehe Abbildung 15.2). Die zwei Zeichen mit der geringsten Häufigkeit werden zusammengefaßt und die Wahrscheinlichkeiten aufaddiert. Das rechte dieser beiden Zeichen bekommt als letzten Kode-Teil eine 1, das linke eine 0. Diese neue Liste muß wieder sortiert werden. Danach werden wieder die zwei Zeichen mit der geringsten Wahrscheinlichkeit zusammengefaßt und mit einer zusätzlichen Zahl (0 oder 1) im Kode versehen. Dies wird solange fortgesetzt, bis alle Wahrscheinlichkeiten zu der Gesamtwahrscheinlichkeit 1 zusammengefaßt

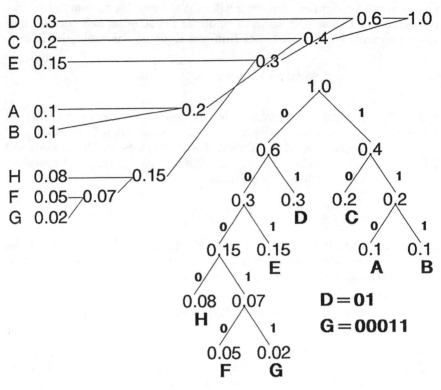

Abbildung 15.2: Erzeugung der Huffman-Kodierung und des zugehörigen Kodebaumes. Bei der Verzweigung nach rechts wird an den Kode eine 1, nach links eine 0 angehängt. Die mittlere Kodelänge in diesem Beispiel beträgt 2.72, die Entropie rund 2.68.

sind. Diese Struktur kann auch im sogenannten Kodebaum dargestellt werden. Die Blätter dieses Binärbaumes sind die einzelnen Zeichen. Die Äste beinhalten die einzelnen Wahrscheinlichkeiten.

Eine adaptive Vorgehensweise kann dieses Kodierungsverfahren optimieren. Dazu ist anfangs die Kodierungstabelle fest vorgegeben. Nach einer gewissen Anzahl von Kodes wird die Tabelle neu berechnet und entsprechend gekennzeichnet an den Empfänger übermittelt. Diese Anpassung kann unter Umständen mehrfach erfolgen.

Bei dem Kompressionsverfahren nach Shannon-Fano [TO92] wird die Tabelle nicht von den Blättern, sondern von der Wurzel aus aufgebaut. Im ersten Schritt werden dazu die Zeichen in zwei Gruppen mit möglichst gleich großen Gesamtwahrscheinlichkeiten aufgeteilt. Die eine Gruppe bekommt als erstes Zeichen des Kodes eine 1, die andere eine 0. Anschließend wird diese Aufteilung für die Zeichen jeder Untergruppe wiederholt, bis jede

Gruppe nur noch ein Zeichen enthält. Im Kodebaum entspricht eine Gruppe jeweils einem Zweig.

Neben dem Aufbau der Tabelle ist die Empfindlichkeit gegenüber Störungen einer der großen Nachteile dieser variablen Längenkodierung. Die Störung eines einzelnen Bits führt zur Zerstörung des gesamten nachfolgenden Kodes.

15.3 Lauflängen-Kodierung

Bei der allgemeinen *Lauflängen-Kodierung* (*Run Length Coding, RLC*, auch *Run Length Encoding, RLE*) werden nicht die einzelnen Zeichen gespeichert, sondern sich wiederholende Muster werden zusammengefaßt und die Anzahl der Wiederholungen in einem Längenfeld angegeben. Normalerweise beschränken sich die Muster auf einzelne Zeichen [GW87]. Bei Bildern wird diese Kodierungsart meist nur zeilenweise verwendet (eindimensionale Version). Für den Grauwert und die Anzahl wird aus Effizienzgründen jeweils ein Byte benutzt. Diese eindimensionale Version hat den Vorteil, daß sich Störungen nur maximal über eine Zeile bemerkbar machen können. Beim nächsten Zeilenanfang kann der Dekoder wieder neu "synchronisieren". Diese Art der Kodierung wird zum Beispiel bei den FAX-Geräten der Gruppe 3 verwendet.

Bei der zweidimensionalen Version werden zusätzlich statistische Abhängigkeiten zwischen benachbarten Zeilen ausgenutzt. Dabei werden nur die Unterschiede zur vorangegangenen Zeile kodiert übertragen. Die höhere Kompression wird mit einer größeren Störanfälligkeit erkauft.

Eine Lauflängen-Kodierung ist nur dann sinnvoll, wenn mehrere aufeinanderfolgende Zeichen (Bildpunkte) denselben Wert besitzen. Wechselt der Wert von Zeichen zu Zeichen, so benötigen die kodierten Daten doppelt soviel Platz (Zeichen und Anzahl). In Modifikationen der Lauflängen-Kodierung wird daher ein ausgewähltes Zeichen zur Kennzeichnung verwendet, daß ein Lauflängen-Kode folgt. Beim PCX-Format (siehe Anhang C) werden die obersten beiden Bit im Anzahlfeld, das vor dem Zeichenwert gespeichert wird, auf 1 gesetzt. Dadurch ist aber nur maximal eine Anzahl von 64 Zeichen kodierbar. Wird durch die Kodierung keine Komprimierung erzielt, so werden die Zeichen unkodiert gespeichert.

15.4 Quadtree-Kodierung

Bei der *Quadtree-Kodierung* von Bildern wird ausgenutzt, daß in den meisten Bildern größere homogene Gebiete, d.h. Gebiete mit gleichem Farbton oder Grauwert existieren. Dazu wird das Originalbild solange rekursiv in jeweils vier Teilflächen aufgeplittet, bis die jeweilige Teilfläche nur noch einen Grauwert bzw. Farbton besitzt. Dieser wird zusammen mit der Flächennummer gespeichert. Für die Teilflächen wird bei quadratischen Bildern auch eine quadratische Form gewählt [GW87].

Aus dieser Information kann das Originalbild fehlerfrei rekonstruiert werden. Für ein Feld werden maximal $\log_2(n)$ Stellen benötigt (n=Auflösung), wobei jede Stelle mit $3 \log_2(n)$ Bit kodiert werden kann. Daraus läßt sich direkt errechnen, wie groß ein Feld mindestens sein muß, damit sich diese Art der Kodierung lohnt.

Zur Kodierung muß jede durch Aufteilung entstandene Fläche neu auf Homogenität untersucht werden. Dieses bedeutet einen erheblichen Zeitaufwand bei der Kodierung. Bei der Dekodierung hingegen kann das Bild direkt und schnell aufgebaut werden.

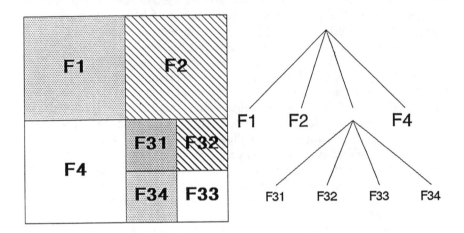

Abbildung 15.3: Quadtree-Kodierung. Alle Punkte eines Quadrats haben denselben Grauwert. Die Nummer des Feldes gibt gleichzeitig die Tiefe der Aufteilung an.

15.5 LZW-Kodierung

Die *LZW-Kodierung*, bezeichnet nach den Entwicklern Lempel und Ziv im Jahre 1977 und nach Welch, der 1984 in einer Verbesserung den praktischen Einsatz des Verfahrens beschrieben hat, gehört zu den adaptiven Methoden; die Übersetzungstabelle wird adaptiv während der Kodierung aus den Eingabedaten aufgebaut. Bei diesem Algorithmus erscheinen sich wiederholende Zeichenmuster nur einmal in der Tabelle und bilden sich nur noch durch ihren Tabellenindex ab. Das Verfahren benötigt daher für den Kompressionsvorgang nur einen einzigen Datendurchlauf [Rü89], [Bau91], [Nel91].

Das Verfahren geht davon aus, daß sich Redundanzen innerhalb des Eingabestromes vor allem durch sich wiederholende typische Zeichenketten (sogenannte Phrasen) äußern. Daher wird versucht, solche wiederholt vorkommenden Zeichenketten nicht mehrmals zu senden, sondern sie in der kodierten Ausgabe durch einen Rückbezug zu repräsentieren. Dieser Rückbezug ist ein Index einer parallel zur Kodierung erstellten Tabelle. Ist ein Rückbezug nicht möglich, so müssen die Zeichen im Originalformat (als sogenanntes Literal) übertragen und in die Tabelle aufgenommen werden.

Meist wird eine Tabelle mit 4 096 Einträgen (12 Bit) verwendet, wobei die ersten 256 Zeichen mit dem normalen ASCII-Kode belegt sind. Die anderen Einträge werden automatisch während der Kodierung erzeugt. Ist die Tabelle voll, so kann sie durch ein spezielles Zeichen gelöscht und mit neuen Einträgen aufgebaut werden. Es ist aber auch möglich, die am wenigsten benutzten Kodes zu entfernen und diese freien Einträge zu verwenden.

Die allgemeine Vorgehensweise beim LZW-Algorithmus läßt sich am besten algorithmisch beschreiben.

```
LZW_Kodierung()
{
  String = Hole_Zeichen(Daten);   /* Zeichen aus dem Eingabestrom */
  while (!EOF) {
     Zeichen=Hole_Zeichen(Daten);
     if ( (String+Zeichen) in der Tabelle)
        String=String+Zeichen;   /* Tabellen-String weiter aufb. */
     else {
        LZW_Kode_Ausgabe(String);
        Tabelle[GroessenIndex++]=String+Zeichen;
        String=Zeichen;
     }
  }
  LZW_Kode_Ausgabe(String);        /* Ausgabe des letzten Kode-Teil*/
}


LZW_Dekodierung()
{
  Kode_1 = Hole_Zeichen(Kodierte_Daten);
  Ausgabe(Kode_1);                 /* Erstes Zeichen ist unkodiert */
  while (!EOF) {
     Kode_2=Hole_Zeichen(Kodierte_Daten);
     if ( (Kode_2) nicht in der Tabelle) {
        String=Uebersetzung(Kode_1);
        String=String+Zeichen;
     }
     else {
        String=Uebersetzung(Kode_2);
     }
     Ausgabe(String);
     Zeichen=String[0];            /* paralleler Aufbau der Tabelle*/
```

```
    Tabelle[GroessenIndex++]=Kode_1+Zeichen;
    Kode_1=Kode_2;
  }
}
```

An einem kleinen Beispiel wird die Vorgehensweise verdeutlicht ($\smile$ steht für ein Leerzeichen):

Eingabe		LZW-Kode (Tabelle)		Ausgabe
Zeichen	ASCII-Kode	Tabellenindex	zugeh. String	Zeichen
E	69	256	EI	69
I	73	257	IN	73
N	78	258	N$\smile$	78
$\smile$	32	259	$\smile$M	32
M	77	260	MA	77
A	65	261	AL	65
L	76	262	L$\smile$	76
$\smile$	32	263	$\smile$E	32
E	69			
I	73	264	EIN	256
N	78	265	NS	78
S	83	266	S$\smile$	83
$\smile$	32	267	$\smile$I	32
I	73	268	IS	73
S	83	269	ST	83
T	84	270	T$\smile$	84
$\smile$	32			
E	69	271	$\smile$EI	263
I	73			
N	78	272	INS	257
S	83	273		83

15.6 JPEG-Verfahren

Die Aktivitäten der JPEG (*Joint Photographic Expert Group*), die von der ISO (*International Organization for Standardization*) und der CCITT (*Comité Consultatif International Télégraphique et Téléphonique*) 1984-1987 gegründet wurde, beziehen sich auf die Datenreduktion bei Einzelbildern. Ziel war es, eine Reduktion um den Faktor 10 ohne nennenswert sichtbare Qualitätsverluste zu erhalten, um z.B. Videokonferenzen über langsame Übertragungsmedien (Telefonleitung) zu übertragen [Pet91], [Wal91], [CM92].

Um dies zu erreichen, werden beim *JPEG-Verfahren* unterschiedliche Algorithmen kombiniert. Zur Kodierung eines Farb-Bildes wird im ersten Schritt die Farbinformation von dem RGB-Modell in das YUV-Modell (Luminanz und Chrominanz) umgerechnet. Diese Umrechnung geschieht nach

dem CCIR-601-Schema mit folgender Gewichtung der einzelnen Farban-
teile:

$$Y = 0.299R + 0.587G + 0.144B$$
$$Cb = 0.1687R - 0.3313G + 0.5B$$
$$Cr = 0.5R - 0.4187G - 0.0813B$$

mit Y=Helligkeit (Luminanz), Cb=Color blueness (Chrominanz; $\approx$ U),
Cr=Color redness (Chrominanz; $\approx$ V) und R, G, B für Rot, Grün, Blau.
Diese Umrechnung alleine bedeutet noch keine Datenreduktion. Wird aber
berücksichtigt, daß das menschliche Sehsystem auf Helligkeit empfindlicher reagiert als auf Farbe, so kann mit der Speicherung nur jeweils eines
Farbwertes Cb und Cr für ein Feld von 2×2 Bildpunkten eine erste Datenreduktion erreicht werden. Für ein solches Feld werden dann statt 12
Werte nur noch 6, nämlich 4 für die Helligkeit und 2 für die Farbe benötigt.
Es erfolgt danach noch eine Quantisierung der Werte. Diese Vorgehensweise, einige Komponenten mit einer geringeren Rate (Y:Cb:Cr = 4:1:1)
abzutasten, wird auch als *Subsampling* bezeichnet.

Das so umgerechnete Bild wird dann beim JPEG-Verfahren in Quadrate der Größe 8×8 aufgeteilt. Für jede Komponente Y, Cb und Cr wird
dann eine diskrete Kosinus-Transformation (DCT) nach folgender Formel
berechnet:

mit

$$C(k,l) = \frac{1}{4}C(k)C(l)\left[\sum_{m=0}^{7}\sum_{n=0}^{7} f(m,n) \cos\frac{(2m+1)k\pi}{16} \cos\frac{(2n+1)l\pi}{16}\right]$$

mit

$$C(k), C(l) = \begin{cases} 1/\sqrt{2} & k,l = 0 \\ 1 & \text{sonst} \end{cases}$$

Durch diese DCT wird das 8×8-Eingangsignal in 64 orthogonale Basis-
Signale zerlegt. Jedes Basis-Signal enthält eine der 64 Frequenzen aus dem
Spektrum des Eingangssignals. Die Ausgabe der DCT sind nun die 64
Amplitudenwerte dieser Frequenzen.

Wie schon bei den Bildtransformationen deutlich wurde, haben die höheren Frequenzen in der Regel nur eine geringe Amplitude und tragen daher
kaum zum Gesamtaussehen des Originalbildes bei. Wird noch eine Quantisierung der Amplitudenwerte durchgeführt, so sind die meisten Werte gleich
Null. Diese Quantisierung bestimmt unter anderem den Kompressionsgrad.

Der Amplitudenwert für $C(0,0)$ wird als DC-Koeffizient (*Direct Current*; "Gleichstromanteil") bezeichnet und zeigt an, mit welchem Grad
sich die Eingangssignale nicht ändern. Der DC-Anteil ist der Mittelwert
über alle 64 Eingangswerte. Die restlichen Amplitudenwerte werden als
AC-Koeffizienten (*Alternative Current*; "Wechselstromanteil") bezeichnet.
$C(1,0)$ gibt zum Beispiel den Grad der langsamen Änderung (niedrige Frequenz) in horizontaler Richtung an, $C(7,7)$ enthält den Amplitudenwert der

höchsten Frequenz in beiden Richtungen. Die meisten Amplitudenwerte sind Null oder fast Null, so daß es ausreicht, nur den DC-Wert und dessen umgebenden AC-Werte für die weiteren Berechnungen zu berücksichtigen.

Wegen der starken Korrelation benachbarter 8×8-Blöcke wird nur für den ersten Block der DC-Anteil und bei nachfolgenden Blöcken nur der Unterschied zum vorherigen übertragen. Der DC-Wert bzw. die Unterschiede werden mit dem Huffman-Kode komprimiert. Die AC-Komponenten werden lauflängenkodiert. Dazu werden zwei Zeichen verwendet. Das erste Zeichen besteht aus 8 Bit. Die oberen 4 Bit sind als Kennzeichnung für eine Lauflängen-Kodierung Null, die unteren 4 Bit geben die Wiederholungen des nachfolgenden Amplitudenwertes an. Zur besseren Auflösung werden für den Amplitudenwert (zweites Zeichen) bis zu 12 Bit verwendet.

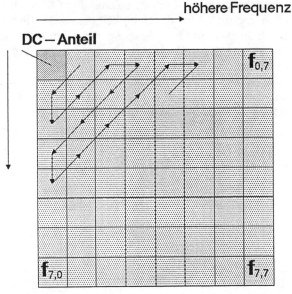

Abbildung 15.4: Die DC-Komponente enthält den Mittelwert über alle 64 Meßwerte. Die AC-Komponenten werden in einem Zickzack-Muster aus dem 8×8-Feld ausgelesen. Die Amplitudenwerte sind dadurch nach der zugehörigen Frequenz sortiert (tiefe Frequenzen zuerst). Aufeinanderfolgende Werte sind fast gleich, was eine bessere Lauflängen-Kodierung ermöglicht.

Der JPEG-Standard definiert die Reduktion von Bildern mit einer Auflösung von bis zu 65 536×65 536-Bildpunkten. Alle Parameter über die Quantisierung, verwendete Auflösung usw. werden im JPEG-Header abgelegt.

Aufgrund von Untersuchungen an Testbildern kann man folgende Aussagen über Qualität und den visuellen Eindruck von reduzierten Bildern machen:

0.25 - 0.50 Bits/Pixel	annehmbare Qualität
0.50 - 0.75 Bits/Pixel	gute Qualität; oft ausreichend
0.75 - 1.50 Bits/Pixel	sehr gute Qualität; für die meisten Anwendungen ausreichend
1.50 - 2.00 Bits/Pixel	ausgezeichnete Qualität; normalerweise nicht vom Original unterscheidbar

Die Dekodierung eines nach dem JPEG-Verfahren kodierten Bildes geschieht analog mit der inversen diskreten Kosinus-Transformation.

$$f(m,n) = \frac{1}{4}[\sum_{k=0}^{7} \sum_{l=0}^{7} C(k)C(l)C(k,l) \cos \frac{(2m+1)k\pi}{16} \cos \frac{(2n+1)l\pi}{16}]$$

mit

$$C(k), C(l) = \begin{cases} 1/\sqrt{2} & k,l = 0 \\ 1 & \text{sonst} \end{cases}$$

15.7 MPEG-Verfahren

Das Ziel der 1988 gegründeten MPEG (*Motion Picture Expert Group*) war es, ähnlich wie bei der JPEG einen Vorschlag für einen Standard zur Komprimierung von Bewegtbildern zu machen. Auch hier stand die Übertragung der Bilder über Telefonleitungen oder ISDN-Leitungen (64 KBit/sec) im Vordergrund. Zu der Videoinformation mußte daher auch zusätzlich Audioinformation berücksichtigt werden [Gal91].

Für dieses Vorhaben mußte eine Kompression von bis zu 200:1 erreicht werden, um mit der maximal möglichen Übertragungsrate von 1.0-1.5 MBit/sec eine Übertragung von Bewegtbildern zu ermöglichen. Gleichzeitig wurde damit dem CD-ROM Rechnung getragen, das mit Datentransferraten von 150 KByte/sec in diesen Bereich fällt. Sollen diese Bilder mit der üblichen Bildwiederholfrequenz von 30 Hz (NTSC) oder 25 Hz (PAL) dargestellt werden, so ergibt sich bei einer durchschnittlichen Kompressionsrate von 160:1 eine Auflösung von 352×240 bzw. 352×288 Bildpunkten. Dieses Format wird mit CIF (*Common Intermediate Format*) bezeichnet, die geringere Auflösung von 176×144 Pixel mit QCIF (Quarter-CIF). Die CCITT hat sich für CIF bzw. QCIF als Videoformat und für das Bildtelefon entschieden (CCITT-H.261). Für die Übertragung sind dann mehrere ISDN-Leitungen parallel zu schalten (Px64) [Lio91].

Die eigentliche Kodierung beim MPEG-Verfahren geschieht auch mittels diskreter Kosinus-Transformation (DCT). Hier werden Blöcke der Größe 16×16-Bildpunkten verwendet. Es wird jedoch nicht jedes einzelne Bild mit der DCT kodiert, sondern es werden drei Bildtypen unterschieden:

- I-Bild (*Intra Picture*)
  Dabei handelt es sich um ein komplett mit der DCT komprimiertes Bild. Die kodierte Form enthält die gesamte Information zur Dekodierung und entspricht damit einem normalen JPEG-kodierten Bild.

15. Bildkodierung

- P-Bild (*Predicted Picture*)
  Dieses kodierte Bild enthält nur die Unterschiede zum letzten Bild.
  Auch diese Unterschiede werden mit der DCT kodiert. Das Startbild
  einer solchen Kette muß natürlich ein I-Bild sein.

- B-Bild (*Bidirectional Prediction Picture*)
  Ein B-Bild wird durch Interpolation zwischen einem vergangenen und
  zukünftigen Bild der beiden anderen Typen berechnet. Die in dieser
  Zeit erfolgten Bildänderungen (Bewegungen usw.) werden dazu als
  gleichmäßig angenommen.

Weitere Komprimierungen können beim MPEG-Verfahren noch durch Abschätzung von Bewegungen und Übertragung des entsprechenden Vektors erfolgen. Für eine schnelle Übersichtsdarstellung können auch Bilder verwendet werden, die nur die DC-Komponenten enthalten.

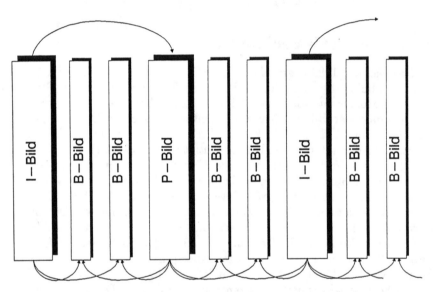

Abbildung 15.5: Beispiel für eine Erzeugung der B-Bilder aus den I- und P-Bildern. Um Bildstörungen durch Übertragungsfehler gering zu halten, wird nach einer Anzahl von P-Bildern immer wieder ein I-Bild gesendet.

Mit diesem MPEG-I-Standard können bei einer Kompression von 200:1 und einer maximalen Übertragungsrate von 1.5 MBit/sec Bilder mit bis zu 360×240 Bildpunkte bewegt dargestellt werden. Die Qualität entspricht dabei fast derjenigen von normalen VHS-Videorekordern. Eine bessere Qualität ist in der MPEG-II-Empfehlung niedergelegt. Bei einer Kompression von bis zu 100:1 und Übertragungsgeschwindigkeiten von 5-10 MBit/sec sollen Auflösungen von bis zu 640×480 Bildpunkten möglich sein. Diese Qualität wäre dann sogar besser als die derzeitige Fernsehqualität.

Aufgaben

Aufgabe 1

In einem Bild kommen die folgenden Grauwerte mit der angegebenen Wahrscheinlichkeit vor:

Grauwert	Wahrscheinlichkeit
0	0.35
46	0.05
50	0.1
120	0.05
128	0.15
177	0.1
193	0.05
255	0.15

a. Geben Sie für diese Grauwerte eine 3-Bit-Kodierung an.

b. Berechnen Sie die Huffman-Kodierung für diese Werte. Wie groß ist die mittlere Kodelänge und die Entropie?

Aufgabe 2

Gegeben ist folgendes Bild:

100	100	100	100	100	80	80	80	80	80
100	100	100	100	128	92	92	92	92	255
255	255	100	100	128	92	92	92	80	80
255	255	255	100	100	70	70	60	50	50

Geben Sie eine zeilenorientierte Lauflängen-Kodierung (8-Bit Anzahl, 8-Bit Farbe) an. Vergleichen Sie den Speicherbedarf mit dem des unkodierten Bildes.

Aufgabe 3

Ein Bild mit 256×256 Bildpunkten und $3 \, times \, 8$-Bit Farbe soll mit einem vereinfachten JPEG-Verfahren (4:1:1; 12-Bit Tiefe) komprimiert werden. Dazu wird das Bild in 8×8-Bildpunkte große Felder aufgeteilt. Auf diese Felder wird auf den Helligkeitswert (Y) eine DCT angewandt. Die Farbwerte (Cb, Cr) werden als Originalwert im 12-Bit Wertebereich gespeichert.

Nur wenige Koeffizienten der DCT sind ungleich von Null. Daher wird eine Quantisierung in 9 Stufen mit 12 Bit Auflösung vorgenommen. Die Wahrscheinlichkeit der einzelnen Stufen gemittelt über alle Felder ist

15. Bildkodierung

Stufe	Wahrscheinlichkeit
1	0.4
2	0.2
3	0.08
4	0.08
5	0.06
6	0.05
7	0.05
8	0.04
9	0.04

Die einzelnen Stufen werden Huffman-kodiert. Berechnen Sie den Gesamtspeicherbedarf dieses JPEG-komprimierten Bildes und den erzielten Kompressionsfaktor.

16. Mustererkennung

Zum Abschluß dieses Buches soll das direkt an die Bildverarbeitung angrenzende Gebiet der *Mustererkennung* angesprochen werden. Aufgrund der aus dem vorverarbeiteten und segmentierten Bild extrahierten Objekte und deren berechneten Merkmale werden die einzelnen Objekte unterschiedlichen Klassen zugeordnet. Diese Klassen werden durch den Anwender oder automatisch durch das System festgelegt.

Bei der unüberwachten Klassifikation werden die Objekte in Mengen mit gleichen Merkmalsausprägungen eingeteilt. Diese Mengen stellen die einzelnen Klassen dar. Die Festlegung des symbolischen Namens der Klassen ("Haus", "Baum", "Buchstabe A" usw.) erfolgt anschließend vom Anwender.

Die überwachte Klassifikation geht von den symbolischen Namen aus und bestimmt in einer Trainingsphase anhand von Prototypen die Merkmale einer jeden Klasse. Aufgrund der gefundenen Merkmale bei der eigentlichen Klassifikation werden die Objekte den einzelnen Klassen mit den bereits vorhandenen symbolischen Namen zugeordnet. Aufgrund der Zuordnung eines Objekts zu einer Klasse macht die überwachte Klassifikation sofort Aussagen wie "Bei diesem Objekt handelt es sich um einen Baum.".

Die meisten Merkmale haben keinen binären Charakter, d.h. die Aussagen über ein Merkmal beschränken sich nicht nur auf "Ist vorhanden" oder "Ist nicht vorhanden". In der Regel wird die Ausprägung eines Merkmals durch einen numerischen Wert M beschrieben, der aus einem Intervall $[0, A]$ stammt. Ist $M = 0$, so ist das Merkmal nicht, bei $M = A$ ist das Merkmal komplett vorhanden. Anhand einer Schwelle muß dann entschieden werden, wie das berechnete Merkmal zu bewerten ist.

Werden mehrere Merkmale zur Klassifikation verwendet, so können diese in einem Merkmalsvektor zusammengefaßt und je nach Relevanz der Einzelnen noch unterschiedlich gewichtet werden. Erst die Gesamtsumme der gewichteten Ausprägungen bestimmt die Klassifikation.

Einige wichtige und einfach zu berechnende Merkmale werden im nächsten Abschnitt beschrieben. Je nach Anwendungsgebiet können diese einzeln oder in einem Merkmalsvektor zusammengefaßt verwendet werden.

16.1 Merkmale – Einfache Merkmale

Merkmale beschreiben verschiedene Eigenschaften von Objekten. Schon bei der Bildvorverarbeitung und Segmentierung werden indirekt die unterschiedlichsten einfachen Merkmale berechnet. Dazu zählen

- **Umschreibendes Rechteck**
  Als umschreibendes Rechteck wird das das Objekt umschließende Rechteck mit dem kleinsten Flächeninhalt bezeichnet. Zur Vereinfa-

chung wird oft ein achsenparalleles Rechteck erzeugt, das durch einfachen Koordinatenvergleich berechnet wird.

- **Mittlerer Grauwert**
  Schon bei der Kantendetektion und bei der Segmentierung wird der Grauwert eines Bildpunktes zur Berechnung von Objektgrenzen verwendet. Ist die Ausdehnung eines Objekts bekannt, so kann der Grauwert der einzelnen Bildpunkte im Objekt als Merkmal zur Klassifizierung verwendet werden. Um lokale Grauwertvarianzen vernachlässigen zu können, wird der Grauwert gemittelt und nur dieser mittlere Grauwert als Merkmal verwendet.

- **Flächeninhalt**
  Da der genaue Maßstab in der Regel für die einzelnen Bilder unbekannt ist, wird der Flächeninhalt als die Anzahl der Bildpunkte innerhalb der Objektfläche bezeichnet. Schon bei der Segmentierung durch Gebietswachstum oder dem Füllen von umschlossenen Gebieten fällt die Angabe über den Flächeninhalt an.

- **Schwerpunkt**
  Der Schwerpunkt eines Objektes im physikalischen Sinn kann bei der Mustererkennung nicht als Merkmal verwendet werden, da hierfür nicht die notwendigen Informationen (z.B. Dichte) vorliegen. Bei einem Binärbild wird daher als Näherung der Mittelwert der Koordinaten der Objekt-Bildpunkte verwendet. Bei Grauwertbildern erfolgt meist eine Gewichtung der Koordinaten der Objekt-Bildpunkte mit dem korrespondierenden Grauwert.

- **Umfang, Umriß**
  Mit Umfang oder Umriß wird bei diskretisierten Bildern die Anzahl der Randpunkte der Objekte bezeichnet. Beim Freeman-Kettenkode entspricht die Länge der Kette der Anzahl der Randpunkte.

Neben diesen einfachen Merkmalen können noch weitere Merkmale (abgeleitete Merkmale) aus diesen Informationen berechnet werden. Das Ziel ist dabei immer, Merkmale möglichst einfach berechnen zu können und Ergebnisse unabhängig von der Objektlage und Objektgröße zu erhalten.

- **Kompaktheit**
  Als Kompaktheit K wird das Verhältnis von Umfang der Fläche zu ihrem Flächeninhalt bezeichnet.

$$K = \frac{\text{Umfang}^2}{4\pi \, \text{Flächeninhalt}}$$

Nur bei einem Kreis ist $K = 1$ (kompakteste Figur). Bei allen anderen Objekten ergibt sich ein Wert $K > 1$ [BB91].

Da die Umfangsberechnung ein relativ aufwendiger Rechenschritt ist, wird vereinzelt folgende einfachere Definition benutzt:

$$K_2 = \frac{\text{Fläche umschließendes Rechteck}}{\text{Objekt-Fläche}}$$

Hier ist $K_2 = 1$, falls es sich bei dem Objekt um ein Rechteck handelt. Bei einem Kreis ergibt sich $K_2 \approx 1.27$. Besonders günstig ist diese Definition der Kompaktheit wenn bekannt ist, welche Objektformen auftreten können. In diesem Fall kann ein Kompaktheitsintervall angegeben werden, in dem die sinnvollen Ergebnisse liegen dürfen (vergleiche Anhang E).

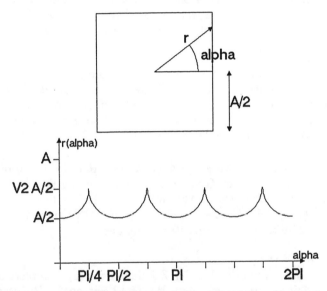

Abbildung 16.1: Der polare Abstand ist der Euklidsche Abstand der Randpunkt zum Schwerpunkt. Die Anzahl der Maxima entspricht der Anzahl der Ecken des Objektes.

- **Polarer Abstand**
  Mit Hilfe des polaren Abstands wird eine lage- und größenunabhängige Beschreibung erzielt. Ausgehend vom Objektschwerpunkt wird in festen Winkelschritten $\Delta\alpha$ der Abstand vom Schwerpunkt zum Objektrand über die Euklidsche Distanz berechnet [GW87]. Dieser Abstand wird normiert auf den Bereich $[0, 1]$ über dem Winkel abgetragen (siehe Abbildung 16.1). Durch die Normierung wird eine Objektgrößenunabhängigkeit erreicht. Mittels einer zyklischen Verschiebung dieser Kurve über den Winkelbereich $[0, 360°)$ bis zum Erreichen einer Normlage kann der Einfluß einer Objektdrehung beseitigt und eine Lageunabhängigkeit erzielt werden. Die Anzahl der Maxima in der Kurve

entspricht der Anzahl der Ecken des Objekts. Die Größe der lokalen Maxima gibt gleichzeitig eine Auskunft über die Ausprägung der Ecken. Diese Informationen können als zusätzliche Merkmale verwendet werden.

- **Lage, Orientierung**
  Über die Lage der lokalen Maxima beim polaren Abstand läßt sich eine Aussage über die Lage des Objekts machen und somit auch der Winkel der Achse des größten/kleinsten Trägheitsmoments bestimmen.

- **Exzentrizität**
  Unter der Exzentrizität E wird das Verhältnis zwischen maximalem und minimalem polaren Abstand verstanden. Ein Kreis besitzt die Exzentrizität $E = 1$. An welchen Stellen und wie oft die Objektform von einem Kreis abweicht, wird durch den Wert E nicht bestimmt.

- **Symmetrie**
  Die Form des umschließenden Rechtecks, die Lage des Schwerpunkts, das Aussehen des Kettenkodes für den Objektrand, die Kurve des polaren Abstands usw. beinhalten jeweils Informationen über die Form und somit auch über eventuelle Symmetrieeigenschaften des untersuchten Objekts (siehe Abbildung 16.1).

Selbstverständlich existieren je nach Anwendung der Mustererkennung noch eine Vielzahl weiterer Merkmale. Diese sind in der Regel aber sehr anwendungsspezifisch (vergleiche Abschnitt 16.4). Beispielhaft seien hier aus dem großen Gebiet der Zeichenerkennung (*Optical Character Recognition, OCR*) einige Merkmale von Buchstaben genannt:

- **Löcher**
  Unter Löchern werden bei der Zeichenerkennung komplett umschlossene Gebiete verstanden. Zum Beispiel besitzen die Buchstaben "B" und "8" zwei Löcher, "P" und "6" jeweils ein Loch, "G" und "2" kein Loch.

- **Endungen**
  Als Endungen werden die frei endenden Buchstabenteile bezeichnet, sofern die Zeichen ohne Serifen dargestellt wurden. Beim Buchstaben "B" gibt es keine Endungen, bei "P" eine Endung, bei "M" zwei, bei "E" drei und bei den Buchstaben "H", "K" und "X" vier Endungen.

- **Kreuzungen**
  Unter Kreuzungen werden die Schnittpunkte der in einem Buchstaben enthaltenen Strecken verstanden. Oft endet ein Teil an dieser Stelle, so daß keine richtige Kreuzung entsteht. Trotzdem werden solche Stellen noch mitgezählt. Das "O" besitzt keine Kreuzung, das "L" eine, das "F" zwei Kreuzungen.

- **Achsenparallele Linien**
  Werden in dem zu untersuchenden Zeichensatz keine geneigten Schriften verwendet, so kann die Anzahl der achsenparallelen Linien als zusätzliches Merkmal verwendet werden. Der Buchstabe "S" besitzt keine achsenparallele Linie, das "R" eine vertikale, das "Z" zwei horizontale, das "H" zwei vertikale und eine horizontale Linie usw.

Selbstverständlich ist diese Auflistung der Merkmale nicht vollständig. Die einzelnen Merkmale hängen stark vom verwendeten Zeichensatz ab.

16.1.1 Verwendung der Merkmale

Wie schon zu Beginn dieses Kapitels erwähnt, ist das Ziel der Zuordnung von Merkmalen zu den einzelnen Objekten die Unterteilung der Objekte in disjunkte Mengen (Klassen). Dies wird besonders deutlich bei der Zeichenerkennung. Hier sollte jeweils nur eine Zeichenart in einer Menge vorhanden sein. Ähnliche Zeichen wie "B" und "8" sollen aufgrund ihrer Merkmale getrennt, d.h. unterschieden werden.

Gerade bei der Zeichenerkennung ist diese eindeutige Zuordnung aufgrund der Variationen der Zeichen und der vielen Schriftarten oft nicht möglich. In diesem speziellen Fall können fehlende Buchstaben durch die Suche des gefundenen Teil-Wortes in einem Wörterbuch (Datenbank) ergänzt werden.

Allgemein sollten jedoch immer soviele Merkmale zur Identifizierung herangezogen werden, daß eine eindeutige Aufteilung und Zuordnung gewährleistet ist. Dies sollte mindestens bei den Referenzobjekten in der Trainingsphase der Fall sein.

Die N Merkmale aus einer Trainingsphase spannen einen N-dimensionalen Merkmalsraum auf. Es sollten dabei nicht alle möglichen Merkmale verwendet werden, sondern nur soviele und diejenigen, die eine eindeutige Unterscheidung ermöglichen.

Da bei der Klassifikation der Objekte aufgrund der berechneten Merkmale die einzelnen Merkmale nicht immer so ausgeprägt sind wie bei den Referenzobjekten in der Trainingsphase, muß in Zweifelsfällen eine Entscheidung darüber getroffen werden, zu welcher Klasse ein Objekt gehört. In der Regel wird in solchen Fällen eine geometrische Klassifikation durchgeführt, d.h. ein Objekt wird der nächstgelegenen Klasse zugeordnet. Die Entfernung wird auch hier durch die Euklidsche Distanz im Merkmalsraum bestimmt. Eine Gewichtung der einzelnen Entfernungen in Abhängigkeit der Relevanz eines Merkmals für eine genauere Klassifizierung ist denkbar.

16.2 Hough-Transformation

Das Grundprinzip der *Hough-Transformation* ist in einer Patentschrift von 1962 niedergelegt [Hou62]. Dort beschreibt P.V.C. Hough die nach ihm benannte Transformation. In [DH72] wurde die Hough-Transformation zur

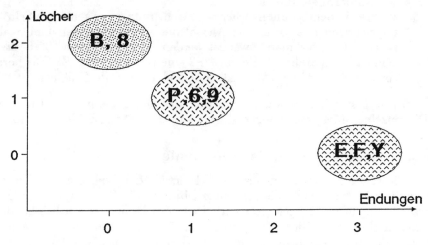

Abbildung 16.2: Beispiel für einen zweidimensionalen Merkmalsraum. Die Anzahl der verwendeten Merkmale läßt noch keine Aussage über die Anzahl der unterscheidbaren Klassen zu. In diesem Beispiel werden mit zwei Merkmalen drei disjunkte Klassen unterschieden.

Erkennung von Geraden und - erweitert in [BB82] (*Verallgemeinerte Hough-Transformation*) - zur Erkennung von Kreisen, Ellipsen usw. verwendet.

Ausgehend von einem binärisierten und skelettierten Kantenbild ordnet die Hough-Transformation jedem Kantenpunkt in diesem Binärbild die Geraden (Geradenbüschel) zu, die durch diesen Punkt laufen. Jede Gerade ist durch zwei Parameter spezifiziert, z.B. durch Steigung und Ordinaten-Abschnitt. Den Parameter-Paaren der Geraden entspricht eine Kurve im sogenannten Hough- oder Parameter-Raum. Im Fall der Parametrisierung durch Anstieg und Ordinaten-Abschnitt handelt es sich bei dieser Kurve um eine Gerade.

$$y = ax + b$$

Die Geraden des Geradenbüschels durch den Punkt (x_1, y_1) müssen die Gleichung

$$b = -x_1 a + y_1$$

erfüllen. Im Parameter-Raum (ab-Raum; Hough-Raum) beschreibt diese Gleichung für ein festes Wertepaar (x_1, y_1) genau eine Gerade. Umgekehrt korrespondiert jedes Wertepaar (a_1, b_1) im Parameter-Raum mit genau einer Geraden im Bild-Raum. Aus diesem Grund wird die Hough-Transformation auch oft mit *Point-to-Curve-Transformation* oder *Line-to-Point-Transformation* bezeichnet.

Ein anderer, zweiter Punkt (x_2, y_2) (unterschiedlich von (x_1, y_1)) beschreibt im Parameter-Raum eine andere Gerade, die die erste im Punkt (a, b) schneidet. Das Wertepaar (a, b) bestimmt genau eine Gerade im Bild-

Raum, mit der Steigung a und dem Ordinaten-Abschnitt b. Auf dieser Geraden liegen die beiden Punkte (x_1, y_1) und (x_2, y_2). Auch alle weiteren Punkte auf dieser Geraden korrespondieren mit Geraden im Parameter-Raum, die durch den Punkt (a, b) verlaufen (siehe Abbildung 16.3).

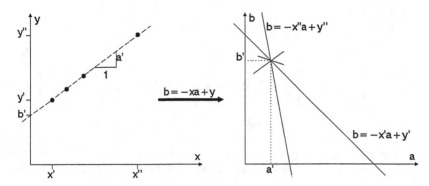

Abbildung 16.3: Die Hough-Transformation ordnet jedem Punkt im Bild-Raum eine Kurve im Parameter-Raum zu. Schneiden sich mehrere Kurven im Parameter-Raum in einem Punkt, so wird dadurch eine Gerade im Bild-Raum spezifiziert.

Damit bei der Schnittpunktsuche im Parameter-Raum keine größeren Gleichungssysteme gelöst werden müssen, wird wie folgt vorgegangen. Zuerst wird der Parameter-Raum diskretisiert. Diese Aufteilung in einzelne Elemente (ähnlich den Bildpunkten in einem digitalisierten Bild) wird mit *Kachelung* bezeichnet, die einzelnen Zellen mit *Akkumulator* oder kurz *Akku*. Die Akkus zählen, wieviele Kurven bei dem Raster im Parameter-Raum durch sie hindurch verlaufen.

Bei der Transformation eines Punktes aus dem Bild-Raum in eine Kurve im Parameter-Raum werden alle Akkus entlang des Verlaufs der Kurve inkrementiert. Schneiden sich zwei Kurven in einem Punkt (Akku) im Parameter-Raum, so wird der Akku an dieser Stelle zweimal inkrementiert. Der Wert des Akkus gibt demnach direkt an, wieviele Kurven sich an dieser Stelle im Parameter-Raum schneiden bzw. wieviele Punkte auf einer möglichen Geraden im Bild-Raum liegen. In Abbildung 16.4 ist ein Ausschnitt der Akku-Werte aus dem Parameter-Raum dargestellt. Deutlich sind lokale Maxima zu erkennen, die mit Geraden im Bild-Raum korrespondieren.

Selbstverständlich geht durch die Diskretisierung des Parameter-Raums Information über die genaue Position der Geraden im Bild-Raum verloren. Je weniger Akku-Zellen der Parameter-Raum besitzt, desto ungenauer wird die Bestimmung. Unterschiedliche Geraden im Bild-Raum entsprechen dann einer Akku-Zelle im Parameter-Raum. Wie fein die Diskretisierung des Parameter-Raums bei einer vorgegebenen Größe des Bild-Raumes sein muß, damit alle im Bild-Raum darstellbaren Geraden noch im Parameter-Raum unterscheidbar sind, wurde in [Ris89] neben der Ausnutzung des

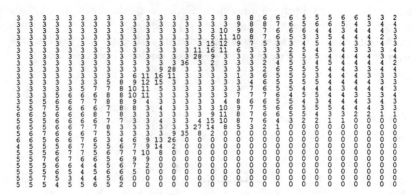

Abbildung 16.4: Ein Ausschnitt aus dem Parameter-Raum. Die Zahlen repräsentieren die Inkremente der einzelnen Akku-Zellen. Die lokalen Maxima korrespondieren mit Geraden im Bild-Raum. Bei der Darstellung des Parameter-Raums als Bild repräsentieren die Graustufen die einzelnen Akku-Werte.

Parameter-Raums genauer untersucht. Die Feinheit der Diskretisierung ist natürlich abhängig von der gewählten Geraden-Parametrisierung. Oft wird einfach eine zur Anzahl der Bildpunkte identische Anzahl von Akku-Zellen verwendet.

Die oben beschriebene Geraden-Parametrisierung mit Steigung und Ordinate-Abschnitt führt zu Problemen bei fast vertikalen Linien. Die klassische Vorgehensweise (Transformation in nur einen Parameter-Raum, Hough-Raum) wird daher geändert und um einen zweiten Parameter-Raum, den sogenannten *Twin-Hough-Raum* erweitert [Bil87]. Der ursprüngliche Hough-Raum wird dann mit den Geraden mit einer Steigung zwischen -45°und 45° gefüllt, der Twin-Hough-Raum mit den Geraden mit einer Steigung zwischen 45°und 135°. Diese Unterscheidung wird durch eine Drehung des Bildes um 90° erreicht. Bei einem quadratischen Bild ($N \times N$) kann dies durch die folgende einfache Koordinatentransformation erfolgen:

$$
\begin{aligned}
x' &= N - y \\
y' &= x
\end{aligned}
$$

Die Detektion der gesuchten Geraden im Parameter-Raum beschränkt sich nach der Transformation auf die Suche nach lokalen Maxima. Dies wurde schon bei der Kantendetektion (siehe Kapitel 11) ausführlich behandelt. Ist die Mindestlänge bzw. die Mindestanzahl von Punkten auf einer gesuchten Geraden bekannt, so kann diese Größe als Schwellwert für den Parameter-Raum verwendet werden.

Wurden viele Punkte in den Parameter-Raum transformiert, so kann es aufgrund der Diskretisierung zu einer Verschmierung und nicht eindeutigen Lokalisierung der Maxima kommen. Bei der Anwendung eines Schwellwertverfahrens ergeben sich in solchen Fällen oft ganze Plateaus (*Cluster*). Als eigentliche Position des lokalen Maximums wird dann meist der Schwerpunkt dieser Fläche verwendet.

Als besonders robust gegenüber solchen Ungenauigkeiten hat sich die adaptive Hough-Transformation (*AHT*) erwiesen [RS88]. Hier wird nicht eine feste globale Schwelle zur Bestimmung der lokalen Maxima verwendet, sondern es wird zuerst das globale Maximum im Parameter-Raum bestimmt. Die Auswirkungen der auf der zugehörigen Geraden im Bild-Raum liegenden Punkte werden aus dem Parameter-Raum entfernt, d.h. die Akku-Zellen entlang der einzelnen Kurven werden dekrementiert. Damit wird die Wahrscheinlichkeit des Entstehens von Phantom-Geraden durch falsche Schnittpunkte vermindert. Nach der Dedektion dieser ersten Geraden und der Beseitigung ihrer Auswirkungen im Parameter-Raum wird das neue globale Maximum gesucht und analog verfahren. Dieser Vorgang wird solange fortgesetzt, bis eine Schwelle (Mindestgröße für ein globales Maximum) unterschritten wird. Wie Versuche gezeigt haben [Ris89], ist diese adaptive Vorgehensweise sehr robust gegenüber Störungen wie Rauschen oder dicht beieinanderliegenden Geraden.

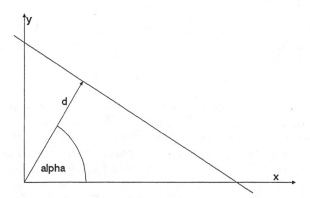

Abbildung 16.5: Die Parametrisierung einer Geraden kann auch über den Abstand d zum Ursprung und dem Winkel α zur x-Achse erfolgen. Die Kurve im Parameter-Raum ist dann sinusförmig.

Selbstverständlich sind neben der Parametrisierung durch die Steigung und den Ordinaten-Abschnitt noch andere Parametrisierungen möglich. Die weit verbreiteste ist die in der Hesseschen Normalform (Polarkoordinaten) mit dem Abstand d zum Ursprung und dem Winkel α zur x-Achse (siehe Abbildung 16.5).

$$d = x \cos(\alpha) + y \sin(\alpha)$$

Die Kurve im Parameter-Raum ist in diesem Fall sinusförmig. Daher muß dieser Parameter-Raum für dieselbe Geraden-Auflösung im Bild-Raum eine andere Größe haben.

In den folgenden Tabellen sind noch weitere Geraden-Parametrisierungen, die Größe des Parameter-Raums bei einer Bildgröße von $N \times N$, die

Gleichungen für Hin- und Rücktransformation sowie die Ausnutzung des Parameterraumes aufgelistet (aus [Ris89]).

Art der Parametrisierung	Hin-Transformation	Rück-Transformation
Steigung m und Ordinanten-Abschnitt c	$c = -xm + y$	$y = mx + c$
Steigungswinkel α und Ordinanten-Abschnitt c	$c = (-\tan(\alpha))x + y$	$y = (\tan(\alpha))x + c$
Steigungswinkel α und Abstand d zum Ursprung	$d = x\cos(\alpha) + y\sin(\alpha)$	$y = d - x\cos(\alpha)/\sin(\alpha)$
Steigung a und Ordinanten-Abschnitt b mit Twin-Hough	$b = -xa + y$	$y = ax + b$

Tabelle 16.1: Verschiedene Parametrisierungen der Geraden im Bild-Raum. Je nach Art der Parametrisierung resultieren daraus unterschiedliche Kurvenformen im Parameter-Raum.

Die Größe des Parameter-Raumes und die Auflösung in den beiden Parameter-Achsen bestimmt die Unterscheidbarkeit von Geraden im Bild-Raum. Die gröbste Unterteilung des Parameter-Raumes, in der den Parametern verschiedener im Bild-Raum darstellbarer Geraden immer verschiedene Akku-Zellen entsprechen, wird in [RS88] mit *hifi-Quantisierung* bezeichnet.

Bei der Verwendung von Hough- und Twin-Hough-Raum für ein Bild der Größe $N \times N$ ergibt sich für den Anstieg b der Geraden eine Unterteilung in Schritten von

$$\Delta_{hifi}(b) = \frac{1}{N(N-1)}$$

sowie für die Unterteilung des Ordinaten-Abschnitts a

$$\Delta_{hifi}(a) = \frac{1}{(N-1)(N-2)}$$

Bei einem Bild der Größe von 256×256 Bildpunkten ergibt sich damit eine Größe der beiden Hough-Räume von jeweils $(2*64\,770) \times (3*256*65\,280)$ Akku-Zellen. Da in der Praxis aber nicht beliebige Steigungen von Geraden im Bild-Raum vorkommen bzw. das Zusammenfallen von dicht beieinanderliegenden Geraden mit geringer Steigungsdifferenz meist erwünscht ist, reicht eine wesentlich gröbere Aufteilung des Parameter-Raumes aus.

Art der Parametrisierung	Größe des Parameter-Raums	Ausnutzung des Parameter-Raums
Steigung m und Ordinant.-Abschnitt c	$[-N, N] \times$ $[-(N-1)N, N^2]$ $\cup (N+1)$ vert. Linien	$\lim\limits_{N \to \infty} N + 1/4N - 2 = 25\%$
Steigungswinkel α und Ordinant.-Abschnitt c	$[-\arctan(N), \pi/2] \times$ $[-(N-1)N, N^2]$ $\cup (N+1)$ vert. Linien	$\lim\limits_{N \to \infty} (\text{Ausnutzung}) = 0\%$
Steigungswinkel α und Abstand d z. Ursprung	$[0, \pi - \arctan(1/N)2] \times$ $[-N^2/\sqrt{1+N^2}, \sqrt{2}N]$	$4/\pi(1 + \sqrt{2}) \approx 52\%$
Steigung a und Ordinant.-Abschnitt b mit Twin-Hough	$[-1, 1] \times$ $[-N, 2N]$ je Parameter-Raum	jeder Parameter-Raum zu 50%

Tabelle 16.2: Die Angabe "Größe des Parameter-Raums" macht nur Aussagen über den kleinsten bzw. größten Wert im Parameter-Raum. Wie fein die Aufteilung der beiden Achsen sein muß, wird damit noch nicht festgelegt.

16.2.1 Merkmale im Hough-Raum

Wie die obigen Untersuchungen gezeigt haben, liefert die Parametrisierung mittels Steigung und Ordinaten-Abschnitt in der Kombination mit dem Hough-/Twin-Hough-Raum die beste Ausnutzung des Parameter-Raums. Für die Inkrementierung der Akku-Zellen entlang der Geraden im Parameter-Raum kann z.B. der Bresenham-Algorithmus [NS81] verwendet werden. Dadurch ergibt sich eine einfache und schnelle Berechnung der Hough-Transformation. Die Lage der lokalen Maxima (Cluster) im Parameter-Raum spiegeln bestimmte Merkmale der korrespondierenden Geraden im Bild-Raum wieder [BW84].

Aufgrund der Transformation in zwei Parameter-Räume werden die möglichen Geraden im Ausgangsbild schon in zwei Klassen unterteilt; die mit einer Steigung von -45° bis 45° und die zwischen 45° und 135°.

Lage und Anzahl der lokalen Maxima (Cluster) im Parameter-Raum geben weiterhin Informationen über die Geometrie der Geraden (Linien, Kanten) im Bild-Raum (siehe Abbildung 16.6). Bei der Parametrisierung mittels Steigung und Ordinaten-Abschnitt ist dies:

- **Anzahl der lokalen Maxima**
  Die Anzahl der im Bild-Raum sichtbaren Linien entspricht der Anzahl der lokalen Maxima im Parameter-Raum. Die Maxima von kollinea-

ren Linien überlappen sich im Parameter-Raum und müssen daher mehrfach gezählt werden.

- **Parallele Linien**
  Die Maxima im Parameter-Raum von im Bild-Raum parallelen Linien liegen auf derselben a-Koordinate.

- **Ordinaten-Abschnitt**
  Geraden mit demselben Ordinaten-Abschnitt haben ein Maximum im Parameter-Raum auf derselben b-Koordinate.

- **Schnittpunkt von Geraden**
  Schneiden sich n Geraden im Bild-Raum in einem Punkt, so entsteht eine kollineare Anordnung von n lokalen Maxima (Cluster) im Parameter-Raum.

- **Kanten, Ecken**
  Befinden sich im Parameter-Raum n kollineare Maxima und schneiden sich die Geraden durch diese n kollinearen Anordnungen in einem gemeinsamen Maximum, so entspricht dies einer gemeinsamen Geraden (Kante) auf der an n Stellen andere Geraden schneiden.

Mit Hilfe dieser berechneten Merkmale ist es nun möglich, eine Klassifikation durchzuführen und bestimmte Muster bzw. Objekte im Bild zu erkennen. Da sich die hier beschriebene Hough-Transformation nur zur Erkennung von Geraden eignet, sollten die Objekte im Bild geradlinig begrenzt sein. Bei den Bildern kann es sich auch um Aufnahmen von 3D-Objekten wie z.B. Polyeder handeln. Aufgrund der begrenzten Anzahl von Ansichten dieser Körper kann aus der Menge der sichtbaren Kanten und Ecken und ihrer Lage zueinander auf den zugehörigen Polyeder geschlossen werden. Auch eine teilweise Verdeckung der Objekte ist dabei erlaubt [WB86]. Handelt es sich noch um eine relativ geringe Anzahl unterschiedlicher 3D-Objekte, die erkannt werden müssen, so reicht in der Regel eine einzige 2D-Ansicht zur Klassifizierung aus.

Ist es möglich, das Gebiet, in dem sich das gesuchte Objekt befindet, näher zu bestimmen, z.B. durch Berechnung des umschließenden Rechtecks (*Region-of-Interest, ROI*), so kann die Ausprägung der lokalen Maxima erhöht und damit die Genauigkeit und Robustheit gegenüber Störungen weiter verbessert werden.

Obwohl die Hough-Transformation leicht durchzuführen ist, die Suche nach den lokalen Maxima mit bekannten Verfahren aus der Kantendetektion durchgeführt werden kann und die Methode sehr robust gegenüber Störungen wie Rauschen, mehrere Pixel breite Kanten/Geraden usw. ist, besteht doch ein entscheidender Nachteil; die Information über Anfangs- und Endpunkt der Linien im Bild-Raum geht verloren. Die Hough-Transformation liefert als Ergebnis nur Geraden, auf denen die korrespondierenden Original-Strecken liegen.

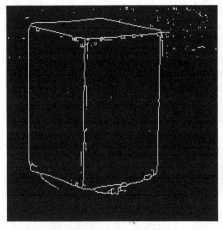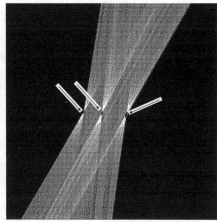

Abbildung 16.6: Das Ergebnis der Hough-Transformation eines skelettierten Binärbildes (links) ist hier am Beispiel des Twin-Hough-Raumes (rechts) dargestellt. Die Werte der Akku-Zellen werden dabei als Graustufen visualisiert. Wegen des besseren Kontrastes ist der Bereich mit dem lokalen Maximum (Pfeil) dunkel dargestellt.

Durch Vergleich der unter der berechneten Geraden liegenden Punkte im Bild-Raum kann eventuell eine Information über den Anfang und das Ende der Linie zurückgewonnen werden. Dabei müssen aber kleinere Lücken überbrückt werden, was zur Schwierigkeit der Unterscheidung zwischen einer Unterbrechung der Linie und einer wirklichen Lücke führt. Einer der großen Vorteile der Hough-Transformation, nämlich das automatische Schließen von Lücken wird damit wieder zunichte gemacht.

Die Erkennung von Kreisen, Ellipsen usw. mit Hilfe der Hough-Transformation ist mittels einer entsprechenden Parametrisierung ebenfalls möglich [BB82]. Wegen des wesentlich höheren Rechenaufwandes und der großen, mehrdimensionalen Parameter-Räume werden diese Ansätze in der Praxis jedoch selten verfolgt.

16.3 Fourier-Deskriptoren

Schon bei der Fourier-Transformation (siehe Kapitel 8) wurde deutlich, daß sich eine Verschiebung im Ortsbereich nur auf die Phase der Fourier-Transformierten, nicht aber auf das Fourier-Spektrum auswirkt. Diese translatorische Invarianzeigenschaft kann bei der Untersuchung von Objektkonturen im Frequenzbereich ausgenutzt werden.

Für die Untersuchungen müssen die Koordinaten (x, y) der Konturpunkte des zu untersuchenden Objektes aus dem Binärbild extrahiert werden.

Die Abtastung des Objektrandes erfolgt dabei in mathematisch positivem Umlaufsinn. Der Startpunkt kann beliebig gewählt werden. Werden die Koordinatenwerte (x, y) als komplexe Zahlen $x + iy$ aufgefaßt, so bekommt man bei N Konturpunkten eine Folge $f(i)$ mit $0 \leq i < N$ von komplexen Zahlen. Durch die Anwendung der diskreten Fourier-Transformation auf diese Werte erhält man eine eindeutige Abbildung $F(k)$ mit $0 \leq k < N$ der Kontur im Ortsfrequenzraum. Die Folge von komplexen Zahlen aus den Konturpunktkoordinaten wird dabei als eine Periode einer periodischen Funktion angesehen.

Die aus dieser Transformation resultierenden Fourier-Koeffizienten liefern Informationen über die Objektform [Wah84]. Beispielsweise lassen große Amplitudenwerte bei hohen Frequenzen auf abrupte Konturverläufe schließen.

Durch eine Normierung der Fourier-Koeffizienten kann eine Größen- und Lageunabhängigkeit erreicht werden. Die normierten Fourier-Koeffizienten werden als *Fourier-Deskriptoren* bezeichnet. Diese Fourier-Deskriptoren können somit als Merkmale bei einer Klassifikation verwendet werden [Kol91]. Zur Normierung der Koeffizienten sind folgende Operationen geeignet:

- **Translation**
  $F(0)$ bestimmt die Verschiebung des Schwerpunktes der Objektfläche aus dem Ursprung. Durch Nullsetzen von $F(0)$ wird das Objekt in den Koordinatenursprung des Ortsbereiches verschoben.

- **Skalierung**
  Eine Multiplikation aller $F(k)$ mit einem konstanten Faktor vergrößert oder verkleinert das Objekt und seine Kontur. Wegen der Linearität (siehe Kapitel 8) müssen bei der inversen Transformation die Koordinaten mit demselben Faktor multipliziert werden.
  Die Normierung der Amplitude von $F(1)$ normiert die Objektgröße. Der Koeffizient von $F(1)$ besitzt (nach $F(0)$) den größten Wert aller Fourier-Koeffizienten, falls die Kontur geschlossen ist und im mathematisch positiven Sinn abgetastet wurde [GW87].

- **Rotation**
  Um die in den Koordinatenursprung verschobene Konturlinie um den Winkel α im Ortsbereich zu drehen, muß jedes Koordinatenpaar $f(i)$, $i = 0, \ldots, N$ mit dem Faktor $e^{i\alpha}$ multipliziert werden. Dies ist identisch mit der Multiplikation der Fourier-Koeffizienten $F(k)$ mit $e^{i\alpha}$.

- **Startpunkt**
  Da die Konturlinie als eine Periode einer unendlich fortgesetzten periodischen Funktion angesehen wird, entspricht eine Verschiebung des Anfangspunktes auf der Konturlinie um m Punkte einer Multiplikation von $F(k)$ mit dem Faktor $e^{(i2\pi km/N)}$.
  Sowohl die Rotation als auch die Startpunktkorrektur wirken sich auf

die Fourier-Koeffizienten aus. Daher kann ein einheitlicher Startpunkt nur ermittelt werden, falls z.B. die normierten Koeffizienten in $F(1)$ und in $F(2)$ bestimmte Werte annehmen. Durch die Normierung ist dies zwar bei $F(1)$ garantiert, nicht aber bei $F(2)$.

Nicht nur die Bestimmung eines einheitlichen Startpunktes führt unter Umständen zu Problemen, auch das diskrete Abtastgitter erzeugt Fehler. Die bisher beschriebenen Zusammenhänge gelten nur bei äquidistanter Abtastung. Da die Konturpunkte jedoch auf einem quadratischen Abtastgitter liegen, variieren die Abtastintervalle um den Faktor $\sqrt{2}$. Daher kann die hier beschriebene Vorgehensweise nur als Näherung angesehen werden.

Der Fehler infolge unterschiedlicher Abtastintervalle wirkt sich insbesondere auf die Phase von $F(k)$ aus. Die Auswirkung ist so groß, daß schon einfache Objekte aufgrund dieses Fehlers nicht mehr erkannt werden. Daher beschränkt man sich bei den Merkmalen der Fourier-Deskriptoren häufig nur auf die Amplitude von $F(k)$.

Ist die Anzahl der Konturpunkte eine 2er-Potenz, so kann der FFT-Algorithmus zur Transformation verwendet werden. Diese spezielle Anzahl ist jedoch nur in den seltensten Fällen gegeben und muß im Normalfall künstlich erzeugt werden. Dies kann z.B. durch Aufteilung der Kontur in 2^n gleichgroße Stücke ($n > 0$) und Verwendung jeweils eines Konturpunktes aus diesen Stücken geschehen.

Zur endgültigen Klassifizierung mittels der Fourier-Deskriptoren reichen in der Regel nur einige wenige Werte aus [GW87].

16.4 Texturanalyse

Es ist schwierig zu definieren, was genau eine *Textur* ist. Allgemein beschreibt eine Textur die Oberflächenbeschaffenheit (Strukturierung) eines Gegenstandes. Im Bild resultiert dies in einer Strukturierung der Grauwerte. Diese Strukturierung kann sich wiederum aus einzelnen Elementen (*Texture element, Texel*) aufbauen. Dabei hängt es dann von der Fragestellung ab, ob ein Strukturelement als einzelnes Objekt oder als Texturelement im Zusammenhang mit einem größeren Objekt angesehen wird. Vom menschlichen visuellen System werden Texturen schnell erfaßt und klassifiziert, verbal sind sie aber nur schwer zu beschreiben.

Im CAD-Bereich und bei der Visualisierung von Szenen werden Texturen benutzt, um einzelnen Objekten ein "natürliches" Aussehen zu verleihen, ohne diese Objekte detailgetreu konstruieren zu müssen. Bekannte Beispiele sind Texturen für Gras, Sand oder für Blätter von Bäumen.

Aufgrund des Erscheinungsbildes und auch der Art der Erzeugung werden zwei Gruppen von Texturen unterschieden:

- **Regelmäßige Textur**
  Hierunter wird eine sich wiederholende Anordnung von bestimmten Mustern (Texel) verstanden. Typische Beispiele hierfür sind ein Schachbrett, eine Ziegelsteinwand oder ein Parkettfußboden.

16. Mustererkennung

- **Statistische Textur**
  Die Beschreibung und Erzeugung einer statistischen Textur geschieht mit Hilfe einer Zufallsfunktion. Dabei handelt es sich meist um sehr fein strukturierte Muster wie z.B. das Erscheinungsbild von Sand, Gras, Laub usw.

Durch diese Aufteilung wird deutlich, daß eine Texturanalyse mit statistischen Methoden durchgeführt werden muß. Eine weitere Aufteilung dieser beiden Gruppen zeigt dies noch deutlicher.

- **Lokale Textur**
  Bei der lokalen Textur ist das Muster bzw. die Zufallsfunktion abhängig von der Position im Bild (auf dem Objekt). Das Erscheinungsbild dieser Textur variiert daher je nach Position im Bild.

- **Globale Textur**
  Wird für das gesamte Objekt das gleiche Muster bzw. die gleiche Zufallsfunktion verwendet, so wird dies als globale Textur bezeichnet.

- **Hierarchische Textur**
  Eine Textur muß sich im Aufbau nicht auf ein Muster beschränken. Eine hierarchische Organisation ist ebenfalls möglich. Die regelmäßige Textur eines Parkettfußbodens kann als Zusammensetzung von statistischen, lokalen Texturen angesehen werden. Durch eine Zufallsfunktion kann die Strukturierung der einzelnen Holz-Fliesen beschrieben werden. Eventuell unterschiedliche Holzsorten oder Beleuchtungsunterschiede können durch lokale Variationen der Textur realisiert weden. Gelegentlich wird in diesem Zusammenhang auch von Makro- und Mikrotextur gesprochen.

Diese Aussagen über den Aufbau von Texturen legen den Schluß nahe, eine Untersuchung der Texturen im Frequenzraum durchzuführen [Jä89]. Tatsächlich lassen sich damit bestimmte Erscheinungsformen und Muster einfacher erkennen und interpretieren. Dies wurde in ähnlicher Form schon in Abschnitt 16.3 deutlich. Bei der Texturanalyse werden diese Möglichkeiten aufgrund der Komplexität jedoch selten genutzt. Die Analysen beschränken sich in der Regel auf statistische Untersuchungen im Ortsraum.

Eine der verbreitetsten und einfachsten Methode zur Berechnung von Texturmerkmalen ist die Aufstellung von sogenannten *Grauwertübergangsmatrizen*, auch mit *Cooccurrence-Matrizen* bezeichnet. Eine Cooccurrence-Matrix beschreibt die Grauwertverhältnisse in der näheren Umgebung der einzelnen Bildpunkte. Wegen der Symmetrie reicht es aus, nur vier der 8 möglichen Nachbarn bzw. Richtungen zu betrachten (siehe Abbildung 16.7).

Ist mit $Bild[z][s]$ der aktuelle Bildpunkt bezeichnet und soll ein Nachbarbildpunkt im Abstand $d = 1, 2, 3, \ldots$ zur Berechnung der Cooccurrenz-Matrix verwendet werden, so kann dies einer der Nachbarpunkte $Bild[z][s + d], Bild[z + d][s + d], Bild[z + d][s]$ oder $Bild[z + d][s - d]$ sein, sofern dieser noch

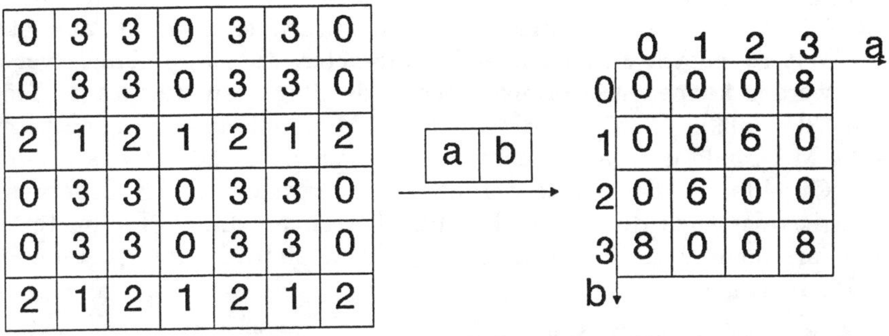

0	3	3	0	3	3	0
0	3	3	0	3	3	0
2	1	2	1	2	1	2
0	3	3	0	3	3	0
0	3	3	0	3	3	0
2	1	2	1	2	1	2

	0	1	2	3	a
0	0	0	0	8	
1	0	0	6	0	
2	0	6	0	0	
3	8	0	0	8	

Abbildung 16.7: Bei der Berechnung der Cooccurrenz-Matrix wird der Grauwertunterschied zu einem der vier nachfolgenden Nachbarn verwendet (links). Der Grauwert des aktuellen Bildpunktes ist der eine Index der Cooccurrenz-Matrix, der des Nachbarbildpunktes der andere Index. Der Wert des so indizierten Matrix-Elements wird inkrementiert.

im Bild liegt. Am Bildrand sind hier ähnliche Vorkehrungen zu treffen wie bei der Kantendetektion (siehe Kapitel 11).

Je nach lokaler Orientierung und Ausdehnung der Muster (Texel) ist die Berücksichtigung des einen oder anderen Nachbarn von Vorteil. Der Abstand d wird durch die Größe der Muster bestimmt und liegt in der Regel im Intervall [1,11].

Die Zähler in der Cooccurrenz-Matrix werden wie bei der Hough-Transformation (siehe Abschnitt 16.2) als Grauwerte interpretiert und entsprechend visualisiert (siehe Abbildung 16.8). Häufig vorkommende Grauwertübergänge werden dabei als hellere Punkte oder Gebiete sichtbar, deren jeweiliger Schwerpunkt als Merkmal der Textur verwendet werden kann.

Da in der Cooccurrenz-Matrix nur die Grauwertübergänge, nicht aber der Ort des Auftretens gespeichert wird, ist eine eindeutige Rücktransformation in das Ausgangsbild nicht möglich. Werden 256 Grauwerte zur Berechnung berücksichtigt, so entstehen relativ große Matrizen. Eine Quantisierung auf z.B. nur 16 Graustufen reduziert den Speicherbedarf für diese Matrizen. Die Merkmal-typische Belegung der Matrix wird durch diese Graustufenreduktion nicht verändert.

Die Belegung der Cooccurrenz-Matrix läßt Schlüsse auf das Aussehen des Ausgangsbildes zu. Langsame Grauwertübergänge im Bild zeichnen sich durch eine starke Belegung der Matrix entlang der Hauptdiagonalen aus. Starke Kontraste im Bild sind durch Einträge deutlich abseits der Hauptdiagonalen gekennzeichnet.

16.4.1 Texturmerkmale

Ziel der Texturanalyse ist es, die Muster in einem Bild der Größe $M \times N$

durch einige wenige, aussagekräftige Parameter zu beschreiben. Die Ergebnisse der Untersuchungen im Frequenzraum oder der Systematiken, die über die Cooccurrenz-Matrizen gefunden wurden, sind solche Parameter.

Weitere einfach zu berechnende Parameter, die als Merkmale verwendet werden können, beschränken sich in der Regel auf statistische Größen [BB82], [Jä89], [BB91], [HB*92]. Diese Merkmale sind rein mathematische Merkmale und lassen in der Regel keinen Schluß auf das Aussehen des Objekts zu. Die Werte werden dabei entweder aus der Cooccurrenz-Matrix oder auch direkt aus dem Bild berechnet. Einige Parameter sind rein mathematische Werte und lassen keine sinnvolle Interpretation des Bildinhaltes zu.

- **Erwartungswert, Mittelwert**
  Ist die Wahrscheinlichkeit des Vorkommens aller Grauwerte $f(x,y)$ gleich, so entspricht der Erwartungswert dem mittleren Grauwert (Mittelwert) im Bild.

$$\text{Mittelwert} = \frac{1}{MN} \sum_{x=0}^{M-1} \sum_{y=0}^{N-1} f(x,y)$$

Bei unterschiedlicher Relevanz der einzelnen Grauwerte können diese noch mit einem Faktor g gewichtet werden.

Werden die Grauwerte in Zeilen- bzw. Spaltenrichtung als die Realisierung zweier unterschiedlicher Zufallsprozesse angesehen, so werden für die Berechnung der Kovarianz und der Korrelation (s.u.) folgende Definitionen verwendet:

$$\text{Mittelwert}_x = \sum_{x=0}^{M-1} \sum_{y=0}^{N-1} x f(x,y)$$

$$\text{Mittelwert}_y = \sum_{x=0}^{M-1} \sum_{y=0}^{N-1} y f(x,y)$$

- **Varianz**
  Die Varianz berechnet sich als die Summe der quadratischen Abweichung vom Mittelwert.

$$\text{Varianz} = \sum_{x=0}^{M-1} \sum_{y=0}^{N-1} (\text{Mittelwert} - f(x,y))^2$$

Die Wurzel aus der Varianz wird mit Standardabweichung bezeichnet. Für die richtungsbezogene Auswertung wird folgende Definition verwendet:

$$\text{Varianz}_x = \sum_{x=0}^{M-1} \sum_{y=0}^{N-1} (x - \text{Mittelwert}_x)^2 f(x,y)$$

$$\text{Varianz}_y = \sum_{x=0}^{M-1} \sum_{y=0}^{N-1} (y - \text{Mittelwert}_y)^2 f(x,y)$$

- **Energie**
  Wird der Helligkeitswert eines Bildpunktes als Energiepotential aufgefaßt, so kann die in einem Bild enthaltene Gesamtenergie als

$$\text{Energie} = \sum_{x=0}^{M-1} \sum_{y=0}^{N-1} (f(x,y))^2$$

berechnet werden.

- **Trägheit**
  Die Trägheit eines Bildes bzw. Objekts ist in diesem Zusammenhang
  definiert als

$$\text{Trägheit} = \sum_{x=0}^{M-1} \sum_{y=0}^{N-1} ((x-y)^2 f(x,y)).$$

- **Entropie**

$$\text{Entropie} = \sum_{x=0}^{M-1} \sum_{y=0}^{N-1} (f(x,y) \log(f(x,y)))$$

- **Homogenität**

$$\text{Homogenität} = \sum_{x=0}^{M-1} \sum_{y=0}^{N-1} \frac{f(x,y)}{1 + |x-y|}$$

- **Kovarianz**
  In der Statistik ist die Kovarianz ein Maß für den Zusammenhang zwischen zwei Zufallsprozessen. Bei der Texturanalyse wird dieser Wert
  als Maß für den Zusammenhang zwischen Bildzeilen und Bildspalten
  benutzt.

$$\text{Kovarianz} = \sum_{x=0}^{M-1} \sum_{y=0}^{N-1} (x - \text{Mittelwert}_x)(y - \text{Mittelwert}_y) f(x,y)$$

- **Korrelation**
  Die Korrelation gibt weiteren Aufschluß über den Abhängigkeitsgrad
  zweier Zufallsvariablen.

$$\text{Korrelation} = \frac{\text{Kovarianz}}{\sqrt{\text{Varianz}_x \text{Varianz}_y}}$$

Je nach Einsatzgebiet werden die einzelnen Zahlenwerte als Merkmale verwendet. Es wird dabei angenommen, daß eine Textur über das ganze Bild bzw. zu analysierende Objekt verteilt ist. Anhand einer bekannten Referenz-Textur werden diese Werte ebenfalls berechnet und in einem sogenannten *Texturvektor* abgespeichert. Dieser Vektor ist die Referenzgröße bei der Untersuchung der unbekannten Texturen. Der Vektor mit den Werten aus den zu klassifizierenden Texturen wird als *Analysevektor* bezeichnet.

Der Analysevektor wird dem ihm "ähnlichsten" Texturvektor zugeordnet. Die Ähnlichkeit kann auch hier über die Summe der Euklidschen Distanzen der einzelnen Merkmale, gegebenenfalls noch unterschiedlich gewichtet, berechnet werden.

Setzt sich ein Bild aus unterschiedlich texturierten Bereichen zusammen, z.B. eine Landschaftsaufahme mit Himmel, Wolken, Gras, Wasser usw., so ist die Angabe eines Analysevektors für das gesamte Bild nicht sinnvoll. Das Bild muß segmentiert werden und es müssen Analysevektoren für jeden einzelnen Bereich berechnet werden.

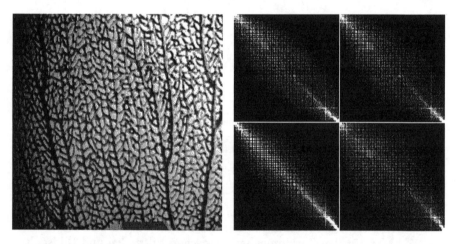

Abbildung 16.8: Das Bild zeigt eine Textur (links) und vier visualisierte Cooccurrenz-Matrizen (rechts; vier Felder). Als Nachbarbildpunkte sind dabei die rechten Nachbarn (Feld links oben), die Nachbarn rechts unten (Feld rechts oben), die Nachbarn unten (Feld rechts unten) und die Nachbarn links unten (Feld links unten) verwendet worden.

Dazu werden in jedem Bildpunkt innerhalb einer Umgebung (3×3, 5×5, ..., 15×15) die Ausprägungen der verwendeten Merkmale (lokaler Mittelwert, lokale Varianz, lokale Homogenität usw.) berechnet. So wird jedem Bildpunkt ein Analysevektor zugeordnet. Die Größe der Umgebung ist dabei abhängig von den zu untersuchenden Texturen und beeinflußt das Ergebnis stark [HB*92]. Die Umgebung sollte mindestens so groß sein, daß genügend Grauwerte erfaßt werden, um signifikante Texturmerkmale zu berücksichtigen.

Die hier beschriebene Vorgehensweise wird besonders dort verwendet, wo klassische Segmentierungsverfahren aufgrund einer besonderen Strukturierung (Texturierung) der einzelnen Gebiete nur mit mäßigem Erfolg eingesetzt werden können. Eines der bekanntesten Beispiele ist die Luftbildauswertung, wo aufgrund des Analysevektors der einzelnen Bildpunkte eine Zuordnung zu den Klassen "Wald", "Grünfläche", "Wasser", "Acker", "Bebauung" usw. vorgenommen wird. Durch die Verwendung unterschiedlicher Aufnahmen (Rot-Kanal, Grün-Kanal, Blau-Kanal, Infrarot-Kanal) kann die Sicherheit der Klassifikation stark erhöht werden [HB*92].

Sind weitere Informationen über die zu klassifizierenden Texturen vorhanden, z.B. zeichnet sich die Struktur durch Regionen mit einer bestimmten Orientierung aus, so sollte das Bild mit den klassischen Verfahren (siehe Kapitel 14) vorsegmentiert werden. Die eigentliche Klassifikation kann sich dann auf diese Gebiete beschränken und somit störende Bildteile unberücksichtigt lassen.

Aufgaben

Aufgabe 1

Entscheiden Sie, ob folgende Merkmale lageabhängig oder lageunabhängig sind.

Merkmal	lageabhängig	lageunabhängig
Mittlerer Grauwert		
Flächeninhalt		
Schwerpunkt		
Umfang		
Kompaktheit		
Exzentrizität		

Aufgabe 2

Berechnen Sie mit der angegebenen Formel die Kompaktheit eines Rechtecks mit den Seitenlängen $a = 1$ und $b = 2$.

Aufgabe 3

Wie groß ist der Zähler der Akku-Zelle eines lokalen Maximums im Hough-Raum idealerweise? Weshalb kann dieser Zahlenwert größer oder kleiner sein?

Wie müßte die Parametrisierung für die Hough-Transformation bei Kreisen aussehen? Welche Dimension hat der Parameter-Raum?

Aufgabe 4

Gegeben sind die folgenden Grauwerte eines Bildausschnitts. Berechnen Sie die Cooccurrenz-Matrix für diesen Ausschnitt für den horizontalen Grauwertübergang ($Bild[z][s]$ und $Bild[z][s+1]$).

⋮	⋮	⋮	⋮	⋮	⋮	⋮	⋮	
15	1	10	15	1	10	15	1	...
1	10	15	1	10	15	1	10	...
10	15	1	10	15	1	10	15	...
15	1	10	15	1	10	15	1	...
1	10	15	1	10	15	1	10	...
10	15	1	10	15	1	10	15	...
⋮	⋮	⋮	⋮	⋮	⋮	⋮	⋮	...

Interpretieren Sie den Aufbau der Cooccurrenz-Matrix.

A. Definitionen

Abtastwert
Eine Zahl, die den Signalwert (Amplitude) zu einem bestimmten Abtast-
zeitpunkt repräsentiert (→Quantisierung).

Abtasttheorem
Ein Theorem, das besagt, daß jede bandbegrenzte Funktion durch endlich
viele Abtastwerte exakt dargestellt werden kann. Die Abtastfrequenz muß
dabei mindestens doppelt so groß sein wie die höchste in der Funktion
vorkommende Frequenz, damit das Signal eindeutig rekonstruiert werden
kann.

Adaptive Filter
Eine Klasse von Filtern, deren Koeffizienten in Abhängigkeit von den gerade bearbeiteten Signalen oder den Leistungsfähigkeitskriterien geändert
werden.

ADC
Die Abkürzung für *Analog to Digital Converter*, deutsch Analog-Digital-
Wandler (abgekürzt A/D-Wandler). Das analoge Signal zum Beispiel ei-
ner Videokamera wird in einem Bildverarbeitungssystem durch einen A/D-
Wandler in digitale Zahlenwerte umgesetzt.

A/D-Wandlung
Analog/Digital-Wandlung. Der Vorgang, ein analoges Signal in digitale
Daten umzuwandeln. Das Signal wird dabei in festen Zeitabständen ab-
getastet (→Diskretisierung) und der analoge Amplitudenwert digitalisiert
(→Quantisierung).

Alias, Aliasing
Bei der Signalabtastung dann entstehende Artefakte (→Artefakt), wenn
das abzutastende Signal Komponenten mit einer höheren Frequenz als die
halbe Abtastfrequenz enthält.

Anti-Aliasing
Die Vorgehensweise, sichtbare Alias-Effekte zu vermindern. In der Regel
wird das optische bessere Bild mit einer geringfügigen Reduzierung des
Auflösungsvermögens erkauft.

Artefakt
In der Bildverarbeitung die Strukturen, die im natürlichen Bild nicht vor-
kommen und die erst durch die Abtastung und Verarbeitung entstehen.
Artefakte sind normalerweise nicht im Ergebnis erwartet.

Auflösung
Die Anzahl der Abtastwerte pro Längeneinheit (→Digitalisierung) in einem

digitalisierten Bild in horizontaler bzw. vertikaler Richtung.
Oft wird der Begriff auch nur für die Anzahl der Abtastwerte (z.B. Bildpunkte) ohne zugehörige Längenangabe verwendet.

Autokorrelation
Eine mathematische Beschreibung des Grads der Übereinstimmung zwischen zwei Signalabtastungen, auch Bildern oder Bildausschnitten.

Bandbreite
Der Frequenzbereich, der von einem analogen System ohne (nennenswerte) Dämpfung übertragen werden kann.

Bild - analoges, digitalisiertes
Ein Bild, das aus einer Videoquelle stammt (Kamera, Videorekorder usw.), ist ein kontinuierliches, mit der Zeit in der Amplitude variierendes Signal. Beim digitalen Bild wurde das analoge Signal in gleichmäßigen Zeitabständen Δt abgetastet ($\rightarrow$Diskretisierung), die zeitliche Information in Ortsinformation umgesetzt und die Amplitude der Abtastwerte ($\rightarrow$Quantisierung) gespeichert.
Ein digitales Bild P wird in der Regel in einem zweidimensionalen Feld von Bildpunkten abgespeichert mit $P = \{p(i,j); 1 \leq i \leq i_{max}; 1 \leq j \leq j_{max}\}$ wobei i_{max} und j_{max} die Auflösung des Bildes in den beiden Richtungen ist. Jedem Bildpunkt $p(i,j)$ wird bei schwarzweiß-Bildern ein Grauwert $0 \leq p(i,j) \leq 255$ zugewiesen.

Bildvorverarbeitung
Sammlung von Methoden, die Bildinformationen im Rechner verarbeiten, bzw. die Hervorhebung bestimmter Bildinhalte für die Weiterverarbeitung.

Bildwiederholfrequenz
Die Anzahl der Bilder, die komplett pro Sekunde angezeigt/ausgegeben werden können.

Binär
Ein Signal, das nur zwei Werte annehmen kann.

Binärbild
Ein Bild, das nur noch zwei Farben/Graustufen beinhaltet, in der Regel Schwarz und Weiß.

Candela
Basiseinheit der Lichtstärke. Einheitszeichen cd.

CCD
Die Abkürzung von *Charge-Coupled-Device*. Das CCD ist ein lichtempfindlicher Sensor, der anstelle einer Aufnahmeröhre in eine Video-Kamera

eingebaut wird. Wie die Aufnahmeröhre liefert auch das CCD ein Analogsignal, das vor der Verarbeitung im Rechner digitalisiert werden muß.

CCITT
Die Abkürzung von *Comité Consultatif International Téléphonique et Télégraphique*. Der "Internationale beratende Ausschuß für den Telegrafen- und Fernsprechdienst" ist beauftragt, über technische, betriebliche und tarifliche Fragen der Fernmeldedienste Studien durchzuführen und Empfehlungen herauszugeben.

Colour Look Up Table
→Farbtabelle, LUT

Composite Video
Ein Video-Signal, das alle Farbinformationen in einem Signal enthält. Solche Signale werden in der Fernsehtechnik verwendet.

Differenzbild
Das Ergebnis der Subtraktion der Grauwerte zweier Bilder.

Digitalisierung
Der Vorgang, ein analoges Signal in ein digitales zu konvertieren. Das Gerät dazu wird Digitalisierer genannt.

Dilatation
Bei der Bildverarbeitung bezeichnet die Dilatation das selektive Hinzufügen von Bildpunkten, indem die Umgebung eines jeden Bildpunktes $p(i,j)$ des dargestellten Objektes mit einer verschiebbaren Maske verglichen wird und die Punkte der Maske dem Objekt hinzugefügt werden, wenn mindestens ein Punkt der Maske mit dem darunterliegenden Bildpunkt übereinstimmt. Die Dilatation liefert also diejenige Menge von Bildpunkten, die gleich der Vereinigungsmenge von Bildelementen und Maskenelementen sind (→Erosion). Meist wird eine 3×3-Maske verwendet.

dpi
Die Abkürzung von *Dots per Inch*, deutsch Punkte pro Inch. Eine hohe Punktdichte bedeutet für sich allein noch keine hohe Auflösung (→Auflösung; der Durchmesser eines Punktes muß dazu auch entsprechend klein sein).

Diskretisierung
Die Abtastung eines analogen Signals in bestimmten Zeitabständen.

Dispersion, optische
Die unterschiedliche Brechung des Lichtes bei unterschiedlichen Wellenlängen in optischen Linsen.

A. Definitionen

Dithering
Ein Halbtonverfahren, das den Schwellwert von Bildpunkt zu Bildpunkt ändert (→Halbtonverfahren).

Echtfarben
Die Darstellung mit mehr Farben und Farbtönen als das menschliche Auge unterscheiden kann. In der Regel bezeichnet man ein System mit jeweils 8-Bit Information für Rot, Grün und Blau als Echtfarbensystem (über 16.7 Millionen Farben).

Echtzeit
Operationen, die in realer Geschwindigkeit ablaufen. In der Bildverarbeitung wird von Echtzeit gesprochen, wenn ein komplettes Bild innerhalb der Zeit der Bildwiederholung (→Bildwiederholfrequenz) bearbeitet werden kann.

Erosion
Bei der Bildverarbeitung bezeichnet die Erosion das selektive Löschen von Bildpunkten, indem die Umgebung eines jeden Bildpunktes $p(i,j)$ des dargestellten Objektes mit einer verschiebbaren Maske verglichen wird und nur die Bildteile des Objekts erhalten bleiben, die vollständig von der Maske verdeckt werden können. Die Erosion liefert also diejenige Menge von Bildpunkten, die gleich dem Durchschnitt von Bildelementen und Maskenelementen sind (→Dilatation).

Faltung
Aus zwei Eingangsfunktionen wird mit entsprechenden Operationen eine dritte erzeugt.

$$f(x) * g(x) = \int_{-\infty}^{\infty} f(\alpha)g(x - \alpha)d\alpha$$

Farbe
Die Helligkeitsinformation von drei Grundfarben sowie deren Mischungsverhältnis.

Farbfehler
Die unterschiedliche Empfindlichkeit für Farben oder die unterschiedliche Wiedergabeintensität von Farben.

Farbsystem, additives
Ein Farbsystem, bei dem die einzelnen Farben durch Mischen der Grundfarben Rot, Grün und Blau entstehen. Sind alle drei Farben mit der maximalen Intensität vorhanden, so entsteht Weiß.

Farbsystem, subtraktives
Ein Farbsystem, bei dem die einzelnen Farben durch Subtraktion der Grundfarben Magenta, Cyan und Gelb entstehen. Sind alle drei Farben mit der maximalen Intensität vorhanden, so entsteht Schwarz.

Farbtabelle (LUT)
Eine Liste, die für jede der gleichzeitig darstellbaren Farben die Intensitäten für drei Grundfarben (z.B. Rot, Grün und Blau) beinhaltet. Üblich sind 8-Bit-Farbtabellen (=256 Einträge) mit einer Farbtiefe von ebenfalls jeweils 8-Bit (3*8 Bit). Also können 256 Farben aus 16.7 Millionen möglichen Farbe gleichzeitig dargestellt werden.

Frame
Die Information, die in einem darstellbaren Bild enthalten ist.

Frame-Grabber
Ein Zusatzgerät (üblich: Steckkarte im PC), das ein Video-Signal digitalisiert (→Digitalisieren).

Fenster/Maske
Der (lokale) Einzugsbereich eines Operators. Die einzelnen Elemente dieses meist quadratischen Feldes werden noch mit unterschiedlichen Gewichten belegt.

Filterung
Die Bearbeitung eines Signals/Frequenz mit verschiedenen Methoden um bestimmte Eigenschaften des Signals bzw. andere Frequenzen hervorzuheben oder zu vermindern.

Gamma-Korrektur
Die nichtlineare Gewichtung der Helligkeitsinformation bei der Wiedergabe von Bildern auf Monitoren. Die Gamma-Korrektur dient zur Anpassung an das logarithmische Helligkeitsempfinden des Menschen.

Gradient
Der Vektor, der aus den Richtungsableitungen an einem Ort P_0 gebildet wird. Der Gradient zeigt immer in die Richtung der stärksten Änderung am Ort P_0.

Halbtonverfahren
Die Methode zur Überführung eines Grauwertbildes in ein Binärbild, bei dem die Graustufen durch unterschiedliche Punktdichten und Punktgrößen simuliert werden (→Dithering).

Helligkeit, Grauwert
Der Zahlenwert, der die Helligkeitsintensität eines Bildpunktes repräsentiert.

Histogramm
Die graphische Darstellung der Häufigkeit der einzelnen Grau- oder Farbwerte.

HLS
Bezeichnet eine Art der Farbdefinition. HLS kommt vom englischen Hue

A. Definitionen

(=Farbart oder Farbton), Lightness (=Helligkeit), Saturation (=Farbsätti-
gung). Die Farbart nimmt Werte zwischen 0 und 360 Grad an, Sättigung
und Helligkeit jeweils zwischen 0 und 1. Die HLS-Definition ist alternativ
zur RGB-Definition (→HSI, →RGB).

Hochpaßfilter
Eine Operation im Orts- oder Ortsfrequenzbereich, die niederfrequente Anteile dämpft oder ganz beseitigt (Kantenverstärkung, Kontrastverstärkung).

HSI
Bezeichnet eine Art der Farbdefinition. Abkürzung von Hue (=Farbart
oder Farbton), Saturation (=Farbsättigung) und Intensity (=Helligkeit)
(→HLS).

Inverse Filterung
Die Beseitigung einer bekannten Störung aus einem Bild durch eine Umkehr-
transformation.

Interlaced
Die Darstellung von Bildern mit je zwei getrennten Halbbildern, um eine
höhere Flimmerfreiheit bei geringem Zusatzaufwand zu erhalten. Dies wird
durch die Persistenz des Phosphors ermöglicht. Der Vorteil des Halbbild-
Verfahrens - auch Zeilensprung-Verfahren genannt - beim Fernsehen ist,
daß mit der gleichen Datenmenge (→Bandbreite) statt 25 ganzen Bildern
50 Halbbilder pro Sekunde übertragen werden. Der Nachteil ist, daß waag-
rechte Linien oftmals zittern und daß große helle Flächen trotzdem flim-
mern.

Isotrop
Bei der Kantendetektion die Bezeichnung der Eigenschaft einer Filtermaske,
auf alle möglichen Kantenrichtungen dieselbe Antwort zu liefern (richtungs-
unabgängig).

JBIG
Abkürzung von *Joint Bilevel Image Coding Group*, eine Gruppe, die sich
mit der Normierung der Komprimierung (→Kompression, →Reduktion)
von stehenden schwarzweiß-Bildern beschäftigt (→JPEG).

JPEG
Abkürzung von *Joint Photographic Expert Group*, eine Gruppe, die sich
mit der Normierung der Komprimierung (→Kompression, →Reduktion)
von stehenden Bildern beschäftigt (→MPEG).

Kante
Diskontinuität im Verlauf der Intensitätswerte bzw. Grauwerte eines Bildes.

Kantenbild
Ein Bild, das nur noch Punkte aus den beiden Gruppen "Hintergrund" und "Kante" beinhaltet.

Kompression
Ein Vorgang der ein Signal/Bild verlustfrei modifiziert, so daß danach weniger Speicherplatz für dieselbe Information benötigt wird.

Kontrast
Verhältnis von hellem zu dunklem Bildpunkt.

Kontur
Eine Liste von Vektoren v_l, wobei der Endpunkt von v_l den Anfangspunkt von v_{l+1} darstellt. Ist der Endpunkt des letzten Vektors dieser Liste identisch mit dem Anfangspunkt des ersten Vektors, so nennt man die Kontur geschlossen. Eine Kontur repräsentiert in der Regel den Umriß eines Objekts.

Korrelation
Der Grad der Beziehung zwischen zwei Signalen/Bildern.

LUT
Look-Up-Table ($\rightarrow$Farbtabelle)

Merkmalsextraktion
In der Mustererkennung das Auffinden und das Klassifizieren von vorgegebenen Mustern in einem Bild.

Monitor
Auch Bildschirm oder Datensichtgerät genannt. Dient zur Darstellung von Bildern und zur Visualisierung von Informationen.

MPEG
Die Abkürzung von *Motion Picture Coding Expert Group*, eine Gruppe, die sich mit der Normung der Komprimierung ($\rightarrow$Komprimierung,$\rightarrow$Reduktion) von Bewegtbildern beschäftigt ($\rightarrow$JPEG).

Nachbarn, direkte
Menge der Bildpunkte $N_{i,j}$ in der Umgebung eines Pixels $p(i,j) \in P$, mit $N_{i,j}(P) = \{(m,n) : |m - i| \leq 1; |n - j| \leq 1;\ und\ (m,n) \neq (i,j)\}$. Werden alle 8 Nachbarn bei einem Algorithmus verwendet, so spricht man von 8er Nachbarschaft, werden nur die horizontalen/vertikalen bzw. die diagonalen benutzt, so bezeichnet man dies als 4er Nachbarschaft.

Nyquist-Frequenz
Bei der Signalabtastung die höchste Frequenz des Eingangssignals, die noch fehlerfrei abgetastet werden kann (die Hälfte der Abtastfrequenz), ohne daß also Alias-Effekte entstehen ($\rightarrow$Abtasttheorem).

A. Definitionen

Operator
In der Bildverarbeitung meist die Umschreibung für ein Verfahren.

Pixel
Bildpunkt, engl. Picture-Element. Ein Punkt $p(i,j) \in P$ des digitalisierten Bildes P. Jedem Bildpunkt $p(i,j)$ wird bei einem schwarzweiß-Bild ein Grauwert $0 \leq p(i,j) \leq 255$ zugewiesen.

Quadtree
Regelmäßige, rekursive Einteilung einer Vorlage in jeweils 4 quadratische Teile zur Komprimierung.

Quantisierung
Die Einteilung des analogen Signals (Amplitude) in bestimmte Stufen von Signalstärken ($\rightarrow$Abtastwert).

Quantisierungsfehler
Der Fehler, der aufgrund mangelnder (Zahlen-) Auflösung durch die Quantisierungsstufen gemacht wird.

Rauschen
Störungen des (Bild-) Signals, die die Amplitude und damit den Grau-/Farbwert an einzelnen Stellen ändern.

Reduktion
Ein Vorgang, der ein Signal/Bild modifiziert, so daß danach weniger Speicherplatz für die Information benötigt wird. Dieser Vorgang ist nicht verlustfrei, jedoch ist der entstandene Fehler in der Regel so gering, daß er vernachlässigt oder toleriert werden kann.

RGB
Bezeichnet die Art der Farbdefinition. RGB bezeichnet die Primärfarben der additiven Farbmischung (Rot, Grün, Blau). Die Definition einer Farbe nach dieser Methode erfordert mehr Übung als nach der HLS-Methode ($\rightarrow$HLS).

RLC
Run-Length-Coding (Lauflängen-Kodierung). Das mehrmalige, aufeinanderfolgende Vorkommen desselben Grau-/Farbwertes wird durch die Anzahl des Vorkommens und den Wert kodiert. In der Regel wird ein Byte für die Anzahl und ein Byte für den Grau-/Farbwert verwendet.

RMS
Root-Mean-Square (quadratisches Mittel). Die Mittelwertbildung durch die Berechnung der Wurzel aus der Summe der Quadrate der einzelnen Signalwerte.

Sampling
Das Abtasten eines analogen Signals ($\rightarrow$Diskretisierung).

Scannen
Der Vorgang, der ein Bild in ein elektrisches Signal umwandelt, indem ein Sensor über das Bild bewegt wird.

Segmentierung
Aufteilung einer Szene in verschiedene Bereiche nach bestimmten Kriterien. Dabei werden implizit diesen Bereichen schon Eigenschaften zugeordnet.

Sensorfläche
Die lichtempfindliche Fläche eines Sensors bei einer Kamera ($\rightarrow$CCD).

Signal-zu-Rausch-Verhältnis (S/N)
In einem analogen Video-System das Verhältnis von Spitze-zu-Spitze Schwarz-zu-Weiß-Signal und dem RMS-Wert ($\rightarrow$RMS) des überlagerten Rauschens. In analogen Audio-Systemen das Verhältnis von RMS-Signal zu RMS-Rauschen. Oft wird dies auch statt mit S/N (Signal-to-Noise) mit SNR (Signal-to-Noise-Ratio) bezeichnet.

Skelett
Die Repräsentation eines Objektes durch seine Mittelachsen. Bei einem Skelett sind alle Kanten senkrecht zur Kantenrichtung nur ein Pixel breit.

SNR
Signal-zu-Rausch-Verhältnis ($\rightarrow$S/N)

Template
Eine Schablone, Maske, die bei der Mustererkennung verwendet wird.

Tiefpaßfilter
Eine Operation im Orts- oder Ortsfrequenzbereich, die hochfrequente Anteile dämpft oder ganz beseitigt (z.B. zur Rauschunterdrückung).

Unschärfe
Die nicht eindeutige Lokalisierung von Kanten. Dies bedeutet gleichzeitig, daß hochfrequente Bildanteile nicht oder nur in geringem Maße vorkommen ($\rightarrow$Tiefpaßfilter).

Vektor
Eine Strecke mit einer Richtung und mindestens 2 Pixel Länge.

Voxel
Ein dreidimensionaler "Bildpunkt". Ein Voxel hat in der Regel die Form eines Quaders.

Wellenzahl
Mit Wellenzahl wird die Anzahl der Wellenlängen pro Einheitslänge bezeichnet und ist damit der reziproke Wert der Wellenlänge λ. In der Physik wird dieser Wert oft noch mit dem Faktor 2π multipliziert.

A. Definitionen

YUV

Bezeichnet eine Art der Farbdefinition. Die Farbe wird hier durch die Leuchtdichte (Luminanz, Helligkeit) und die Farbart (Chrominanz) definiert. Teilweise wird dieses YUV-Modell auch mit YIQ- oder YCbCr-Modell bezeichnet. Diese Art der Farbdefinition wird beim Farbfernsehen verwendet.

B. Die VGA-Karte

Alle in diesem Buch vorgestellten Verfahren und abgedruckten Routinen wurden unter anderem auf einem PC-kompatiblen Rechner mit VGA-Graphikkarte implementiert. Zum besseren Verständnis der Graphik-Ausgabe soll der Aufbau der VGA-Karte (*VGA=Video-Graphics-Adapter*) und ihre Funktionsweise an dieser Stelle kurz erklärt werden. Gleichzeitig werden dabei Anregungen für spezielle Optimierungen und Erweiterungen oder für die Anpassung an andere Graphikkarten gegeben.

Die verwendeten Adressen und Befehlskodes für die VGA-Karte betreffen alle den weit verbreiteten Tseng-ET3000/ET4000-VGA-Chipsatz.

B.1 Der technische Aufbau

Die VGA-Graphikkarte besteht im wesentlichen aus fünf Funktionsgruppen und dem Bildschirmspeicher [Alt90], [Mei91b].

Der Bildschirm-Kontroller (*CRT-Controller, CRTC*) steuert den Katodenstrahl und erzeugt die horizontalen und vertikalen Synchronsignale, sowie die Refresh-Signale für den dynamischen Video-Speicher. Im Sequenze-Kontroller (*Sequence-Controller, SC*) wird der Zugriff auf den Bildschirmspeicher der Graphikkarte gesteuert und das Zeitverhalten für die Übertragung der Bildpunkte an den Monitor festgelegt. Der Graphik-Kontroller (*Graphik-Controller, GC*) koordiniert die Kommunikation zwischen CPU, Video-Speicher und Attribut-Kontroller. Der Attribut-Kontroller (*Attribute-Controller, AC*) übernimmt die Farbgebung von Punkten und Buchstaben und sendet die Ausgangsfarbe zum *Digital-Analog-Converter* (DAC). Diese Steuerlogik übernimmt die Kontrolle des Farbsignals, das zum Bildschirm gelangt. Der DAC sorgt für eine Umwandlung des internen Digitalsignals in ein Analogsignal.

B.2 Die Programmierung

Die ersten VGA-Karten (*Video-Graphics-Adapter*) wurden 1987 der Öffentlichkeit vorgestellt. Diese neuen Karten sollten kompatibel zu dem damaligen EGA-Standard (*Enhanced-Graphics-Adapter*) sein, aber gleichzeitig eine höhere Auflösung und mehr Farben bieten.

Die EGA-Karte bot die Möglichkeit, 16 Farben zu einer Palette (Farbtabelle) zusammenzustellen. Dafür verfügte der Attribut-Kontroller über 16 Paletten-Register, die in sechs Bits die unterschiedlichen RGB-Komponenten bestimmten. Dies ergab gerade 2^6, also 64 mögliche Farbtöne. Es war auf diese Weise aber unmöglich, zum Beispiel 16 verschiedene reine Blautöne zu erzeugen.

Aus Kompatibilitätsgründen findet man auch beim VGA-Konzept den Attribut-Kontroller mit den bekannten 16 Paletten-Registern. Allerdings

Bedeutung	I/O-Adresse
AC-Index	03C0h
AC-Daten	03C1h
SC-Index	03C4h
SC-Daten	03C5h
GC-Index	03CEh
GC-Daten	03CFh
CRTC-Index	03D4h
CRTC-Daten	03D5h
DAC-Index	03D7h / 03C8h
DAC-Daten	03C9h

Tabelle B.1: Einige wichtige I/O-Adressen der verschiedenen Bausteine des VGA-Chipsatzes.

liefert die VGA-Karte im Gegensatz zu den anderen Graphikkarten ein analoges Ausgangssignal. Dieses wird aus den digitalen Zahlenwerten im Video-DAC erzeugt. Der Video-DAC enthält 256 jeweils 18 Bit breite Datenregister (Farbregister) und drei 6 Bit Digital-Analog-Konverter für die drei Grundfarben Rot, Grün und Blau. Dies ergibt folglich 2^{18} (also 262 144) mögliche Farbtöne, die theoretisch darstellbare VGA-Palette. Jedoch sind nur jeweils 64 reine Farbtöne und maximal 64 Graustufen realisierbar.

Graphikkarten mit der Echtfarben-Betriebsart (*True-Color*) stellen jedem Pixel 24 Bit an Farbinformation zur Verfügung. Der Video-DAC ist dann ebenfalls 3×8 Bit breit. Damit lassen sich über 16.7 Millionen Farbtöne erzeugen.

Um die Kompatibilität zum EGA-Standard zu wahren, werden die 64 möglichen Farbtöne der EGA-Karte durch eine entsprechende Initialisierung der unteren 64 Datenregister im Video-DAC emuliert. Die Palette im Attribut-Kontroller dient dabei der Adressierung dieser DAC-Register. Da die Palettenregister des Attribut-Kontrollers nur sechs Bit breit sind, können nur 64 Datenregister des Video-DACs adressiert werden.

Der Bildschirmspeicher einer VGA-Karte liegt nach den Vorgaben von IBM in einem 64 KByte großen Segment ab der Adresse A000h im Adreßraum der CPU. Eine VGA-Karte ist aber standardmäßig mit mindestens 256 KByte bestückt. Um bei Auflösungsmodi, die mehr als 64 KByte Bildspeicher benötigen, den gesamten Speicher anzusprechen, wird dieser in einzelne 64 KByte Segmente (Banks) unterteilt. Welches der Video-Segmente jeweils ausgewählt wird, legt man beim ET-4000-Chipsatz über das Segmentauswahlregister an der I/O-Adresse 3CDh fest. Die unteren vier Bits enthalten die Segmentnummer bei Schreib-, die oberen vier Bits diejenigen bei Lesezugriffen. Damit sind insgesamt 16 Segmente à 64 KByte, also insgesamt 1 024 KByte Bildschirmspeicher adressierbar.

Die Adressierung der einzelnen Segmente (*Banking-Mechnismus*) ist leider nicht standardisiert und muß daher für jeden VGA-Chipsatz entsprechend neu berücksichtigt werden. Beim ET-3000-Chipsatz zum Beispiel werden im Segmentauswahlregister nur jeweils 3 Bit verwendet, also Bit 0-2 für die Segmentnummer bei Schreibzugriffen und Bit 3-5 für die Segmentnummer bei Lesezugriffen. Bit 6 ist bei 64 KByte-Segmenten immer 1 und Bit 7 immer 0. Damit lassen sich nur 512 KByte Bildschirmspeicher adressieren.

Die (lineare) Adresse bezogen auf den unsegmentierten Bildspeicher auf der VGA-Karte selbst ergibt sich zu

```
Adresse = Horiz_Aufl * Zeile + Spalte
```

Die Segmentnummer berechnet sich dann aus

```
Segment = (int) (Adresse / 65536)
Offset  = Adresse - (Segment * 65536)
```

Der Videospeicher ist bei den 16-Farb-Modi in 4 Bit-Planes (Ebenen) aufgeteilt. Jeweils eine Ebene liegt in einem 64 KByte-Segment, von dem in der Regel nur ein Teil des Speichers genutzt wird. Bei dem häufig verwendeten Modus 12h (640×480 Punkte bei 16 Farben) in 4 Ebenen werden nur 38 400 Byte (=640*480/8) pro Ebene benötigt (insgesamt 153 600 Byte).

Bei den 256-Farb-Modi werden die Punkte byteweise gespeichert und der Videospeicher in die 64 KByte-Segmente aufgeteilt. Somit ist maximal eine Adresse aus 20 Bit für jedes Pixel notwendig, wobei die Bits 16-19 die Segmentnummer repräsentieren und die Bits 0-15 der Offset im normalen Speichersegment ab A000h.

Einige VGA-Karten (z.B. Trident) verwenden zusätzlich den Speicherbereich von B000h-BFFFh, der normalerweise von der Hercules-Graphikkarte (ab B000h) oder der CGA-Karte (ab B800h) belegt ist. So entsteht ein linearer Speicher von 128 KByte.

Die einzelnen Modi werden über das BIOS der VGA-Karte durch den Software-Interrupt 10h mit dem Wert 0 im AH-Register und der Modus-Nummer im AL-Register aufgerufen (bei der Video-7-VGA-Karte steht im AX-Register 6F05h und im BL-Register der Modus) [Mei91b].

Neben dem Setzen des Auflösungsmodus läßt sich noch eine Vielzahl weiterer Funktionen über das VGA-BIOS aktivieren. Die einzelnen Routinen tragen eine Nummer, mit der sie zu identifizieren sind. Vor dem Aufruf des Software-Interrupts wird diese Nummer in das Prozessor-Register AH geladen.

B.3 Die Initialisierung der Karte

Vor der eigentlichen Ausgabe von Bildern, genauer gesagt vor dem Setzen von Bildpunkten, muß zuerst der gewünschte Video-Modus aktiviert und die Farbtabelle initialisiert werden.

B. Die VGA-Karte

Modus-Nr.	Typ	Farben	Auflösung	Bemerkung
0/1	Text	16	360x400	Standard
2/3	Text	16	720x400	Standard
04h	Graphik	4	320x200	Standard
05h	Graphik	4	320x200	Standard
06h	Graphik	2	640x200	Standard
07h	Text	mono	720x400	Standard
Dh	Graphik	16	320x200	Standard
Eh	Graphik	16	640x200	Standard
Fh	Graphik	mono	640x350	Standard
10h	Graphik	16	640x350	Standard
11h	Graphik	2	640x480	Standard
12h	Graphik	16	640x480	Standard
13h	Graphik	256	320x480	Standard

Tabelle B.2: Die Standardmodi der VGA-Karte.

Alle PC-C-Compiler enthalten entsprechende Funktionen, um die Register wie benötigt zu initialisieren und die Einstellungen abzufragen.

In der vordefinierten Struktur pc_cpu bedeutet der Vorsatz "x" vor dem Register, daß es sich um ein 16 Bit Register, der Vorsatz "h", daß es sich um ein 8 Bit Register handelt. Die Anweisung intdos() übernimmt dann den Aufruf des Interrupts. Ihr wird daher zuerst die Nummer des aufrufenden Interrupts, als zweiten Parameter die Inputregister und als dritten Parameter die Adresse der Strukturvariablen, in der die Ergebnisse zurückgeliefert werden sollen, übergeben.

```
void Init_Var(void)      /* Initialisierung der globalen Variablen */
{
  long Index;            /* Index fuer alle Bildpunkte           */
  int z, s;              /* Zeilen- und Spaltenzaehler fuer Icons */

  clrscr();              /* Bildschirm zuerst komplett loeschen  */

  /* Platz fuer benoetigte Bilder reservieren. Falls erfolglos, */
  /* dann Abbruch mit Fehlermeldung.                            */
  Pictures=farmalloc((long) (PIC_SIZE*MAX_PICTURE));
  if (Pictures == NULL) {
    WriteText(NO_CURS_POS, NO_CURS_POS,
            "Bilder konnten nicht angelegt werden. Abbruch!");
    exit(1);
  }
  /* Falls zu wenig freier Hauptspeicher fuer weitere Arbeiten, */
  /* dann ebenfalls Abbruch.                                    */
  if (farcoreleft()<2*PIC_SIZE) {
```

Modus-Nr.	Typ	Auflösung	Bemerkung
1Ch	Graphik	640x480	Tecmar VGA
1Dh	Graphik	800x600	Tecmar VGA
2Eh	Graphik	640x480	Orchid, Genoa, Sigma
			Tseng ET-3000/4000, VEGA
30h	Graphik	800x600	Orchid, Genoa, Sigma
			Tseng ET-3000/4000, VEGA
38h	Graphik	1024x768	Tseng ET-4000
62h	Graphik	1024x768	Trident, nur 8900-Chip
67h	Graphik	640x480	Video-7, VEGA
69h	Graphik	800x600	Video-7, VEGA
7Eh	Graphik	1024x768	CTI, nur 453-Chip
101h	Graphik	640x480	VESA
103h	Graphik	800x600	VESA
105h	Graphik	1024x768	VESA
107h	Graphik	1280x1024	VESA

Tabelle B.3: Einige Modi von VGA-Karten, die über die Standardauflösung hinausgehen und im Rahmen der Bildverarbeitung interessant sein können [Mei91a]. Es können jeweils 256 verschiedene Farben gleichzeitig dargestellt werden.

```
    WriteText(NO_CURS_POS, NO_CURS_POS,
                    "Zu wenig freier Hauptspeicher. Abbruch!");
    exit(1);
}
/* Alle Bildpunkte aller Bilder mit SCHWARZ initialisieren.    */
for (Index=0; Index<(PIC_SIZE*MAX_PICTURE); Index++)
    Pictures[Index]=SCHWARZ;

/* Alle Bildinformation zuruecksetzen.                         */
for (Index=0; Index<MAX_PICTURE; Index++) {
    Bild[Index].Zeilen =0;
    Bild[Index].Spalten=0;
    Bild[Index].Used   =FALSE;
    Bild[Index].Color  =FALSE;
    for (z=0; z<ICON_SIZE; z++)            /* Alle Icons loeschen. */
        for (s=0; s<ICON_SIZE; s++)
            Bild[Index].Icon[z][s]=SCHWARZ;
}
directvideo=FALSE;  /* Textausgabe ueber BIOS im Graphik-Modus */

Graph_Mode();       /* Graphik-Modus einschalten und ...        */
```

265

B. Die VGA-Karte

Funktionsnummer	Bedeutung
00h	Videomodus setzen
01h	Kursor-Größe festlegen
02h	Kursor-Position festlegen
03h	Kursor-Position lesen
04h	Lichtgriffel lesen
05h	Bildschirmseite wählen
06h	aufwärts rollen
07h	abwärts rollen
08h	Bildschirmzeichen lesen
09h	Bildschirmzeichen setzen 1
0Ah	Bildschirmzeichen setzen 2
0Bh	Farbe setzen
0Ch	Bildpunkt setzen
0Dh	Bildpunkt lesen
0Eh	Bildschirmzeichen setzen 3
0Fh	Status lesen
10h	Parameter lesen und setzen
13h	Zeichenkette ausgeben (ab AT)
1Ah	Graphikinformation

Tabelle B.4: Im VGA-BIOS sind sehr vielfältige Funktionen realisiert. Diese können einfach über die entsprechende Nummer aktiviert werden [Alt90], [Mei91b].

```
  Set_LUT();              /* ... Farbtabelle initialisieren.      */
}

void Graph_Mode(void)              /* Umschaltung auf Graphik     */
{
  pc_cpu.h.ah = 0;                 /* Neuer Video-Modus ueber     */
  pc_cpu.h.al = GRAPH_MODE;        /* Funktionsaufruf 00 setzen   */
  int86(0x10, &pc_cpu, &pc_cpu);   /* und durch Interrupt aktiv.  */

  vgaram = MK_FP(0xA000, 0);       /* Far-Pointer auf VGA-Segment */
}

void Text_Mode(void)               /* Umschaltung auf Text-Modus  */
{
  pc_cpu.h.ah = 0;                 /* Text-Modus ueber den        */
  pc_cpu.h.al = TEXT_MODE;         /* Funktionsaufruf 00 setzen   */
  int86(0x10, &pc_cpu, &pc_cpu);   /* und durch Interrupt 10 akt. */
}
```

```
void Set_LUT(void)                   /* Farbtabelle initialisieren */
{
  int i;
  RGB RGB_Tabelle[MAX_COLOR];        /* bis zu MAX_COLOR Eintraege */

  for (i=0; i<MAX_COLOR; i++) {      /* Zuerst Graukeil erzeugen   */
      RGB_Tabelle[i].Rot   = i >> 2; /* Da nur 6 Bit pro Farbe     */
      RGB_Tabelle[i].Gruen = i >> 2; /* ergeben sich max. 64       */
      RGB_Tabelle[i].Blau  = i >> 2; /* Graustufen                 */
  }

  RGB_Tabelle[0].Rot   =   0;        /* Index [0] = Schwarz        */
  RGB_Tabelle[0].Gruen =   0;
  RGB_Tabelle[0].Blau  =   0;
  RGB_Tabelle[1].Rot   =  63;        /* Index [1] = Rot            */
  RGB_Tabelle[1].Gruen =   0;
  RGB_Tabelle[1].Blau  =   0;
  RGB_Tabelle[2].Rot   =   0;        /* Index [2] = Gruen          */
  RGB_Tabelle[2].Gruen =  63;
  RGB_Tabelle[2].Blau  =   0;
  RGB_Tabelle[3].Rot   =   0;        /* Index [3] = Blau           */
  RGB_Tabelle[3].Gruen =   0;
  RGB_Tabelle[3].Blau  =  63;
  RGB_Tabelle[7].Rot   =  50;        /* Index [7] = ein Grauton    */
  RGB_Tabelle[7].Gruen =  50;
  RGB_Tabelle[7].Blau  =  50;

  pc_cpu.h.ah=0x10;                  /* Aktiviere Modus zum Setzen */
  pc_cpu.h.al=0x12;                  /* mehrerer Farb-Palettenreg. */
  pc_cpu.x.bx=0;                     /* Beginne bei Register Nr. 0 */
  pc_cpu.x.cx=MAX_COLOR;             /* aendere MAX_COLOR Register  */
  s_cpu.es   =FP_SEG(RGB_Tabelle);   /* Segmentadresse LUT-Tabelle */
  pc_cpu.x.dx=FP_OFF(RGB_Tabelle);   /* Offsetadresse im Segment   */

  int86x(0x10, &pc_cpu, &pc_cpu, &s_cpu); /* ueber Interrupt 10    */
}
```

Bei der Ausgabe von Bildern auf anderen Systemen, die nicht den Be-schränkungen der PC-Umgebung und der VGA-Karte unterliegen, sind diese Routinen entsprechend vereinfacht.

B.4 Die Graphik-Ausgabe

Ist die VGA-Karte in den Graphik-Modus umgeschaltet, so kann ein Bildpunkt gesetzt werden, indem das zugehörige Segment berechnet und das darin liegende Byte (bzw. die Bits) des Bildpunktes beschrieben wird.

B. Die VGA-Karte

Bei der Verwendung von 8 Bit Farbtiefe wird genau ein Byte für jeden Bildpunkt verwendet. Dies vereinfacht die Berechnung. Bei einer Auflösung von 640×480 Bildpunkten und einem Byte pro Bildpunkt werden genau 307 200 Byte für den Bildschirmspeicher benötigt.

Die genaue Adresse zu einem Bildpunkt P(s,z) (s=Spalte, z=Zeile), bestehend aus der Segmentnummer und dem Index in diesem Segment, berechnet sich bei dieser Auflösung

```
Segment_Nummer = (int)(z * 640 + s) / 65536
Segment_Index  = (z * 640 + s) modulo 65536
```

In C läßt sich diese Berechnung noch vereinfachen, wie die Prozedur PlotPixel() zeigt.

Das komplette Bild steht in dem Vektor Pictures[], indem sich auch die anderen verfügbaren Bilder befinden. Über die Bildnummer (BildNr), die maximale Bildgröße (PIC_SIZE), die Spaltengröße (Bild[BildNr].Spalten) sowie die Zeile und Spalte kann die genaue Adresse eines jeden Bildpunktes für jedes definierte Bild in dem Vektor berechnet, dieser Bildpunkt ausgelesen und auf dem Bildschirm ausgegeben werden (vergleiche Anhang B.5).

Da bei der gewählten Auflösung am Bildschirm kein Platz für die überdeckungsfreie Darstellung aller 4 verwendeten Bilder ist, werden nur zwei in der vollen Größe und zusätzlich alle verwendeten Bilder in einer verkleinerten Form (64×64 Pixel) als Icon angezeigt.

```
void Show_Pic(int BildNr, int Position)  /* Anzeige eines Bildes */
{
  unsigned char Color;              /* geklippter Grauwertindex   */
  long s, z;                        /* Variablen Spalten/Zeilen   */
  long Index, PositionOffset;

  /* Position = 1 : Bild wird links oben ausgegeben,              */
  /*          = 2 : Bild wird rechts oben ausgegeben.             */
  PositionOffset = (Position==1) ? 0:POS_OFFSET;

  /* Nur Bild 0 oder 1 werden komplett angezeigt. Alle anderen    */
  /* nur als Icon.                                                */
  if ((BildNr==0) || (BildNr==1)) {
    for (z=0; z<(long)Bild[BildNr].Zeilen; z++) {
      Index = z*(long)Bild[BildNr].Spalten +
              (long)BildNr*(long)PIC_SIZE;
      for (s=0; s<(long)Bild[BildNr].Spalten; s++) {
        Color = Pictures[Index+s];
        /* Grauwert-Klipping durchfuehren, d.h. falls keine */
        /* Farben gewuenscht werden, die unteren Grauwerte   */
        /* (=Farben) auf SCHWARZ abbilden.                   */
        Color = (Color<CLIP_COLOR) ? SCHWARZ:Color;
        /* Bildpunkt an der gewuenschten Position setzen     */
```

```
        PlotPixel(s+PositionOffset, z, Color);
    }
  }

  /* Bild-Platz loeschen falls neues Bild nicht max. Groesse */
  for (z=(long)Bild[BildNr].Zeilen; z<Z_RES_MAX; z++)
      for (s=0; s<S_RES_MAX; s++)
          PlotPixel(s+PositionOffset, z, SCHWARZ);
  for (s=(long)Bild[BildNr].Spalten; s<S_RES_MAX; s++)
      for (z=0; z<Z_RES_MAX; z++)
          PlotPixel(s+PositionOffset, z, SCHWARZ);
  }
  Show_Icon(BildNr);        /* Icon wird fuer jedes Bild angezeigt */
}


void PlotPixel(long Spalte, long Zeile, unsigned char Farbe)
{
  long Index;              /* Index bei der linearen Adressierung  */
  int  Segment;            /* Segment in dem der Pixel liegt < 5   */
  unsigned int SegIndex;   /* Index im berechneten 64k-Segment     */

  Index   = (long)(SCREEN_SIZE * (long)(Zeile) + Spalte);
  Segment = Index >> 16;        /* das betreffende 64k-Segment ber. */
  SegIndex = Index & 0xFFFF; /* High-Bits im Segment-Index ausbl.*/

  /* outport(0x3CD, Segment | 0x40);  Segment bei ET-3000         */
  outport(0x3CD, Segment);      /* Segment bei ET-4000 aktivieren...*/
  vgaram[SegIndex]=Farbe;       /* ...und betreffendes Pixel setzen */
}
```

B.5 Hinweise zur Portierung der Algorithmen

Alle in dem Bildverarbeitungsprogramm verwendeten Routinen sind möglichst systemunabhängig entwickelt worden. Die PC-VGA-spezifischen Eigenarten wurden in wenigen Routinen zusammengefaßt (Graph_Mode(), Text_Mode(), Set_LUT(), PlotPixel()). Ansonsten sind alle anderen Routinen hardwareunabhängig und laufen auf allen Rechnern mit einem C-Compiler und genügend nutzbarem Hauptspeicher.

Aufgrund der 64 KByte Segmentierung und des unter DOS auf 640 KByte beschränkten Hauptspeichers wurden die Bilder nicht als zweidimensionales Feld, sondern als Vektor realisiert. In einigen Fällen werden Daten sogar in temporären Feldern auf die Festplatte ausgelagert (z.B. bei der Fourier-Transformation). Bestehen diese einschränkenden Randbedingungen nicht, z.B. auf einem UNIX-System, so können die Bilder als Ergänzung der Struktur BildInfo definiert werden.

```
typedef struct                      /* Struktur fuer die Bilder      */
{
  int          Zeilen;              /* Aufloesung vertikal = Zeilen  */
  int          Spalten;             /* Aufloesung horizontal = Spalt.*/
  unsigned char Used;               /* Flag, ob Bild benutzt wird    */
  unsigned char Color;              /* Flag, ob Bild Farbe enthaelt  */
  unsigned char Bild[Z_RES_MAX][S_RES_MAX];        /* das Bild  */
  unsigned char Icon[ICON_SIZE][ICON_SIZE];        /* Bild-Icon */
} BildInfo;

#if !defined(MAIN)
    extern BildInfo  Picture[MAX_PICTURE];
#endif
```

Diese Art der Definition wurde schon bei den im Buch abgedruckten Algorithmen verwendet, was zusätzlich die Portierung erleichtern dürfte. Bei der Festlegung der Bildgröße sollte gleich ein entsprechender Rand (z.B. 10 Bildpunkte), der für alle Verfahren ausreichend ist, berücksichtigt werden.

```
   ...
   unsigned char Bild[Z_RES_MAX + RAND][S_RES_MAX + RAND];
   ...
```

Eine Zeile in der ursprünglichen Form für den PC unter DOS mit

```
Pixel = Pictures[ (long)BildNr*(long)PIC_SIZE    /* Bildnummer */
                + z*(long)Bild[BildNr].Spalten   /* Zeile      */
                + s ];                            /* Spalte     */
```

muß dann in das Format

```
Pixel = Picture[BildNr].Bild[z][s];
```

umgeändert werden. Sollen größere Bilder, mehr Bilder, mehr Icons usw. verwendet werden, so ist dies einfach durch Änderung der Konstanten in der Datei CONST.H (siehe unten) und Recompilierung möglich.

Auf verschiedenen Systemen sind einige der Konstanten bereits definiert oder überflüssig. Weitere Hinweise zur Portierung und Optimierung sind in den Kommentaren der einzelnen Programme zu finden.

```
/************* CONST.H fuer  DOS-PC mit  VGA-Graphik ***********/
#include <string.h>
#include <stdio.h>
#include <math.h>
#include <dos.h>
#include <dir.h>
#include <alloc.h>
#include <conio.h>
#include <stdlib.h>
```

```c
#include <stdarg.h>
#include <io.h>
#include <sys\stat.h>
#include <fcntl.h>
#include <graphics.h>


/************************* Konstanten-Definition ****************/
#define MAX_PICTURE      4          /* Maximale Anzahl von Bildern   */

#define S_RES_MAX      256          /* Maximale Spalten-Aufloesung   */
#define Z_RES_MAX      256          /* Maximale Zeilen-Aufloesung    */
#define PIC_SIZE     65536          /* =256x256; max. Bild-Groesse   */
#define REDUK_FAKT       4          /* Divisionsfaktor fuer Icons    */
#define ICON_SIZE       64          /* Groesse der Icons; 64x64      */

#define POS_OFFSET     320          /* horiz. Offset fuer Bild Nr. 1 */

#define GRAPH_MODE    0x2E          /* Graphik-Modus 640x480 / 256 F.*/
#define TEXT_MODE     0x03          /* Standard-Text-Modus 720x400   */
#define SCREEN_SIZE    640          /* horiz. Aufloesung Modus 0x2E  */

#define MAX_COLOR      256          /* max. Anzahl verschied. Farben */

#define ROT             0          /* Index fuer die Farben         */
#define GRUEN           1
#define BLAU            2
#define SCHWARZ         0
#define GRAU          128
#define WEISS         255
#define CLIP_COLOR      8

#define LINE_LENGTH   131

#define TRUE            1
#define FALSE           0

#define PCX_HEADERSIZE  128        /* Header-Groesse bei PCX-Bilder */

#define INT_NO_DEFAULT   -32760 /* "unbenutzter" int-Wert          */
#define FLOAT_NO_DEFAULT -1E+20 /* "unbenutzter" float-Wert        */

#define EPS_ERROR         1E-10 /* Genauigkeitsschranke float      */
#define PI        3.14159265359

#define _fmode    O_BINARY         /* Oeffnungs-Modus der Bilddatei */
```

B. Die VGA-Karte

```
#define NO_CURS_POS      0


/************************* Variablen-Definition *****************/
typedef struct                  /* Struktur fuer RBG-Farbanteile */
{
  unsigned char Rot, Gruen, Blau;
} RGB;

typedef struct                  /* Struktur fuer Bildinformation */
{
  int         Zeilen;           /* Aufloesung vertikal = Zeilen  */
  int         Spalten;          /* Aufloesung horizontal = Spalt.*/
  unsigned char Used;           /* Flag, ob Bild benutzt wird    */
  unsigned char Color;          /* Flag, ob Bild Farbe enthaelt  */
  unsigned char Icon[ICON_SIZE][ICON_SIZE];         /* Bild-Icon */
} BildInfo;

#if !defined(MAIN)
extern union  REGS  pc_cpu;     /* Strukturen zur Verwendung ... */
extern struct SREGS s_cpu;      /* ... der CPU-Register.         */
extern unsigned char far *vgaram;  /* Far-Pointer Bildschirmsp. */
extern unsigned char huge *Pictures;/* Huge-Pointer auf Bilder   */
extern BildInfo  Bild[MAX_PICTURE];
#endif
```

C. Das PCX-Format

Um für den Test der einzelnen Bildverarbeitungsroutinen einen Zugriff auf umfangreiches Bildmaterial zu gewährleisten, wurde das auf dem PC-Sektor sehr verbreitete PCX-Datei-Format zur Kodierung und Abspeicherung der Bilder gewählt.

Damit ist es möglich, Bilder aus vorhandenen Zeichen- oder Malprogrammen oder Aufnahmen von Scannern, die in der Regel auch das PCX-Datei-Format als Ausgabeformat anbieten, zu verwenden. Zusätzlich können somit auch bearbeitete Bilder mit entsprechenden Programmen nachträglich mit Texten versehen oder sogar in Desktop-Publishing-Programmen verwendet werden. Eine Vielzahl von Programmen erlauben die Konvertierung in andere Dateiformate (GIF, TIFF, GEM usw.).

Das PCX-Datei-Format wurde von der Firma Zsoft-Corporation aus Marietta, USA entwickelt. Es war ursprünglich nur zur Speicherung und Übertragung der mit PC-Paintbrush erzeugten Graphiken gedacht, hat aber in der Zwischenzeit eine weite Verbreitung in die unterschiedlichsten Programme gefunden. Es existieren momentan 5 verschiedene Datei-Formate mit der Versionsnummer 0, 2, 3, 4 und 5, die die historische Entwicklung wiederspiegeln.

Version 0 (PC-Paintbrush-Version 2.5) enthielt nur Monochrom- oder Vier-Farb-Bilder. Die Version 2 (PC-Paintbrush-Version 2.8) unterstützte die 16 Farben der EGA-Karte und die aktuelle Version 5 (PC-Paintbrush-Version 3.0 und höher sowie PC-Paintbrush IV Plus und Publisher's Paintbrush) kann jetzt 256 unterschiedliche Farben aus 16.7 Millionen oder sogar Echtfarben (24 Bit RGB; je 8 Bit für R,G und B) verarbeiten.

Da im Rahmen dieses Bildverarbeitungsbuches in der Regel nur Grauwertbilder mit bis zu 256 Graustufen Verwendung finden, wird die Version 5 mit 256 verschiedenen Farben (Grautönen) verwendet.

Bilder im PCX-Format können eine Größe von bis zu 65 536×65 536 Pixel haben. Aus Speicherplatz- und Geschwindigkeitsgründen werden hier nur Ausschnitte von bis zu 256×256 Pixel Größe verwendet. Korrekturfaktoren für die Gamma-Korrektur oder Farbinformationen für andere Farbmodelle außer dem RGB-Modell werden im PCX-Format nicht abgespeichert. Die verwendete Lauflängen-Kodierung kann bei gescannten Bildern unter Umständen eine Vergrößerung der Dateigröße bewirken und damit eine ineffiziente Speicherung der Bildinformation bedeuten.

C.1 Das PCX-Datei-Format

Ein Bild im PCX-Datei-Format kann man grob in drei unterschiedliche Bereiche einteilen:

- den 128 Byte großen Header,

C. Das PCX-Format

- das eigentliche Bild und

- die Farbpalette (256 Byte).

Im PCX-Datei-Header sind an fest definierten Stellen Angaben über Bildgröße, Bildart usw. zu finden. Das eigentliche Bild ist in einer Lauflängen-Kodierung abgelegt, wobei bei Echtfarbenbildern die drei Ebenen hintereinander folgen. Bei der 256-Farben-Palette endet das Bild 768 Byte vor Dateiende und die Farbpalette mit 256 RGB-Tripel folgt danach. Da die VGA-Graphik leider nur 64 Stufen für Rot, Grün und Blau unterstützt, müssen die Werte dieser Palette für die Ausgabe auf einer VGA-Graphikkarte durch 4 dividiert werden (vergleiche Anhang B).

Byte	Anzahl	Bezeichner	Bedeutung
0	1	Hersteller	immer 10 (0Ah) = Zsoft PCX
1	1	Versionsnr.	Version 0, 2, 3, 4 oder 5
2	1	Kodierung	1=Lauflängen-Kodierung (einzige Möglichkeit)
3	1	Bits pro Pixel	1, 2, 4 oder 8 Bit (256 Farben)
4	8	Bildgröße	X_Min, Y_Min, X_Max, Y_Max mit jeweils zwei Byte; horiz. Größe=X_Max-X_Min+1 vert. Größe=Y_Max-Y_Min+1
12	2	horiz. Aufl.	Punkte/Inch beim Ausdruck in horizontaler Richtung (ohne Bedeutung)
14	2	vert. Aufl.	Punkte/Inch beim Ausdruck in vertikaler Richtung (ohne Bedeutung)

Tabelle C.1: Der Aufbau des PCX-Datei-Headers, Teil 1. Werden für Zahlenangaben 2 Byte verwendet, so erfolgt zuerst immer die Angabe des High-Byte, dann das Low-Byte.

Aufgrund der Anzahl der Farbebenen läßt sich ablesen, ob eine Farbpalette verwendet wird oder nicht. Wird die Farbpalette verwendet, so kann mit Hilfe der Versionsnummer des PCX-Datei-Formats und der Anzahl der Bits pro Pixel die Art und Lage der Farbpalette (im Header oder am Dateiende) ermittelt werden.

Wird keine Farbpalette verwendet, stellen die Pixelwerte direkt die Farben dar. Setzt sich die Farbe eines Bildpunktes aus den drei Grundfarben Rot, Grün und Blau aus unterschiedlichen Ebenen zusammen, so erfolgt die Speicherung ebenenweise, zuerst die Rot-Ebene, dann die Grün-Ebene und zum Schluß die Blau-Ebene.

Byte	Anzahl	Bezeichner	Bedeutung
16	48	Header-Palette	Farbpalette falls weniger als 256 Farben verwendet werden
64	1	reserviert	immer 0
65	1	Farbebenen	Anzahl 1-4 möglich
66	2	Bytes/Zeile	Anzahl der Bytes/Zeile pro Farbebene
68	2	Interpretation der Palette	1 = Farbe oder s/w; 2 = Grauwerte
70	2	horizontale Bildschirmgröße	Anzahl horizont. Bildpunkte - 1
72	2	vertikale Bildschirmgröße	Anzahl vertik. Bildpunkte - 1
74	54	Leer	Leer bis Byte 128

Tabelle C.2: Der Aufbau des PCX-Datei-Headers, Teil 2. Werden für Zahlenangaben 2 Byte verwendet, so erfolgt zuerst immer die Angabe des High-Byte, dann das Low-Byte.

Bei zwei Ebenen sind die Farben willkürlich, bei vier Ebenen setzen sie sich aus den Grundfarben und einer zusätzlichen Intensitätsangabe zusammen.

Wie schon erwähnt, erfolgt die Speicherung der eigentlichen Bildinformation in einem Lauflängen-kodierten Format. Die Kodierung wird maximal für jeweils eine Zeile vorgenommen, wobei kein Trennzeichen zwischen den Zeilen angegeben wird. Als Kennzeichen, daß eine Lauflängen-Kodierung folgt, müssen die beiden höchsten Bits des Bytes gesetzt sein. Die unteren 6 Bit geben in diesem Fall die Anzahl und das nachfolgende Byte die Farbe an. Aus dieser Art der Kodierung folgt, daß Pixel mit einem Farbwert größer als 127 immer Lauflängen-kodiert werden müssen. Dabei

Bits/Pixel/Ebene	Anzahl Ebenen	Bedeutung
1	1	monochrom
1	3	8-Farben
1	4	16 Farben
2	1	4-Faben, CGA-Palette
4	1	16-Farben. EGA-Palette
8	1	256 Farben, Palette am Dateiende
8	3	16.7 Millionen Farben (Echtfarben)

Tabelle C.3: Nähere Erklärung zu der Bedeutung der Bytes 3 und 65 aus Tabelle C.1 anhand einiger Beispiele.

werden im ungünstigsten Fall pro Bildpunkt zwei Byte benötigt, was zu einer Vergrößerung der Bild-Datei im Vergleich zu einer unkodierten pixel- weisen Abspeicherung führt.

Weiterhin sollte beachtet werden, daß die Bildgrößenangabe aufgrund dieser Speicherung an Byte-Grenzen endet. Werden weniger als 8 Bit pro Pixel verwendet, kann es daher sein, daß die Bilder künstlich auf Byte- Grenze vergrößert werden müssen.

Nach der Bildinformation folgt bei den 256-Farben-Paletten die Palette mit 256 Farbtripeln (Rot, Grün, Blau). Diese Einträge beinhalten nicht nur den unterscheidbaren Bereich von jeweils 64 Stufen, sondern den kom- pletten Wertebereich von 0 bis 255.

C.2 Speicherung im PCX-Datei-Format

Da die Abspeicherung eines Grauwertbildes im PCX-Datei-Format ein- facher ist als das Einlesen, soll zuerst diese Routine beschrieben werden.

Bei der Abspeicherung wird nur die PCX-Version 5 mit 256 Farben (Graustufen) verwendet. Der Header wird mit den Daten aus der Struktur BildInfo gefüllt oder mit entsprechenden Default-Werten belegt. Der Bild- Dateiname ist frei wählbar. Die Lauflängen-Kodierung (RLC) wird immer durchgeführt. Da die obersten beiden Bits als Kennzeichnung für die Ko- dierung auf 1 gesetzt werden müssen, kann das Vorkommen von maximal 63 identischen aufeinanderfolgenden Bildpunkten kodiert werden. Einzelne Bildpunkte mit einem Grau-/Farbwert größer als 191 müssen nach dieser Formatdefinition immer im RLC-Format kodiert werden.

```
int Save_PCX_Picture()
{
    int Z_Index, S_Index;                  /* PCX-Groessenangaben*/
    int Anzahl;
    unsigned char PCXHeader[PCX_HEADERSIZE]; /* PCX-Bild-Header    */
    unsigned char RLC[2];                  /* Hilfsvektor f. RLC */
    unsigned char LUT[768];                /* Grauwert-Tabelle   */
    unsigned char Pixel;
    int PCX_fd;                            /* File-Descriptoren  */
    int i, j, z, s, BildNr;
    long Index;                            /* Adresse des Bildes */
    char Filename[LINE_LENGTH];            /* Name Ziel-Datei    */
    char *PCX_Ext =".pcx";                 /* Extension immer PCX*/

    /*---------------------- Dateiname eingeben ------------------*/
    ClearTextWindow(35,18,80,25);
    WriteText(35,18,"* Bild im PCX-Format speichern *");

    gotoxy(35,20);
    BildNr=Read_Int("Welches Bild Nr. (0=Abbruch): ", 1, ' ');
```

```
/* Gueltige Bild-Nummer eingegeben? - Und Bild auch vorhanden? */
if ((BildNr<=0) || (BildNr>MAX_PICTURE)) return(FALSE);
BildNr--;                      /* die Zaehlung faengt immer bei 0 an */
if (!Bild[BildNr].Used) {
   ShowError("Kein Bild vorhanden.");
   return(FALSE);
}
gotoxy(35,22);
Read_String("Bitte Dateinamen eingeben: ", Filename);
if (!Add_Extension(Filename, PCX_Ext)) {
   ShowError("Fehler beim Anhaengen der PCX-Extension.");
   return(FALSE);
}
/* PCX-Datei neu erzeugen oder alte ueberschreiben.            */
if ((PCX_fd = open(Filename, O_CREAT | O_BINARY |
                   O_TRUNC | O_RDWR, S_IREAD | S_IWRITE)) < 0) {
   ShowError("Fehler beim Erzeugen der PCX-Datei.");
   return(FALSE);
}


/*---------------------- PCX-Header erzeugen -----------------*/
/* Erzeuge PCX-Header mit insgesamt 128 Bytes                 */
/* Bei PCX wird nicht die Anzahl der Bildpunkte sondern der   */
/* Index von ... bis verwendet.                               */
S_Index = Bild[BildNr].Spalten-1;
Z_Index = Bild[BildNr].Zeilen-1;

PCXHeader[ 0] = 10;        /* 10=0Ah = Zsoft PCX file           */
PCXHeader[ 1] = 5;         /* Versionsnr; 256 Farben / 16.7 Mio */
PCXHeader[ 2] = 1;         /* Encoding; 1=PCX-run-length-encod. */
PCXHeader[ 3] = 8;         /* Bits pro Pixel und Ebene          */
PCXHeader[ 4] = 0;         /* Bildgr.: Xmin = Low-/High-Byte     */
PCXHeader[ 5] = 0;
PCXHeader[ 6] = 0;         /* Bildgr.: Ymin = Low-/High-Byte     */
PCXHeader[ 7] = 0;
PCXHeader[ 8] = S_Index-256*(S_Index/256); /* Bildgroesse: Xmax*/
PCXHeader[ 9] = S_Index/256;
PCXHeader[10] = Z_Index-256*(Z_Index/256); /* Bildgroesse: Ymax*/
PCXHeader[11] = Z_Index/256;
                          /* Aufloesung S_Res = Xmax - Xmin + 1*/
                          /*            Z_Res = Ymax - Ymin + 1*/
PCXHeader[12] =  0;        /* Aufloesung beim Drucken; dpi in X */
PCXHeader[13] =150;        /* 150dpi; oft steht hier 300dpi     */
PCXHeader[14] =  0;        /* Aufloesung beim Drucken; dpi in Y */
PCXHeader[15] =150;        /* 150dpi; oft steht hier 300dpi     */
```

```
/* Farbtabelle fuer 16 oder weniger Farben initialisieren.     */
for (i=16; i<64; i++) PCXHeader[i] = 0;


PCXHeader[64] =  0;         /* Reserviert; immer 0              */
PCXHeader[65] =  1;         /* Anzahl der Ebenen                */
PCXHeader[66] = S_Index+1-256*((S_Index+1)/256); /* Bytes/Zeile*/
PCXHeader[67] = (S_Index+1)/256;
PCXHeader[68] =  2;         /* Farbtabelle als Grauton interpr. */
PCXHeader[69] =  0;
PCXHeader[70] =  0;         /* Aufloesung des Bildschirms: unben.*/
PCXHeader[71] =  0;
PCXHeader[72] =  0;
PCXHeader[73] =  0;
/* unbenutze Bytes auf 0 setzen                                 */
for (i=74; i<128; i++) PCXHeader[i] = 0;


for (i=0; i<256; i++)
    for (j=0; j<3; j++) LUT[i*3+j]=i;  /* hier: immer Graukeil */


/* zuerst den zusammengestellten PCX-Header rausschreiben       */
write(PCX_fd, PCXHeader, PCX_HEADERSIZE);


/*--------------------- Bild-RLC berechnen ------------------*/
for (z=0; z<=Z_Index; z++) {
    Index = (long)z * (long)Bild[BildNr].Spalten +
                      (long)BildNr*(long)PIC_SIZE;
    s=0;
    while (s<=S_Index) {
        Pixel=Pictures[Index+s]; /* erstes Vorkommen der Farbe */
        s++;
        Anzahl=1;
        while ((s<=S_Index) && (Pixel==Pictures[Index+s]) &&
               (Anzahl<63)) {
            Anzahl++;
            s++;
        }
        /* Anzahl>1 oder Farbe>192, dann RLC durchfuehren      */
        if ((Anzahl>1) || (Pixel>=192)) {
            RLC[0] = 0xC0 + Anzahl;/* RLC-Kennung 2-High-Bit=11 */
            RLC[1] = Pixel;        /* danach folgt der Grauwert */
            write(PCX_fd, RLC, 2);
        }
        else {
            RLC[0] = Pixel;        /* ein Pixel mit Grauwert<192 */
            write(PCX_fd, RLC, 1);
```

```
         }
      }
   }
/*---------------------- LUT noch herausschreiben -----------*/
RLC[0]=12;        /* Kennzeichen fuer Bild-Ende und LUT-Beginn */
write(PCX_fd, RLC, 1);
write(PCX_fd, LUT, 768);          /* Farbtabelle (LUT; Graukeil) */
close(PCX_fd);

   return(TRUE);
}
```

C.3 Einlesen des PCX-Dateiformats

Das Einlesen eines Bildes im PCX-Datei-Format gestaltet sich kompli-
zierter als das Herausschreiben, da die möglichen unterschiedlichen PCX-
Formate mit der unterschiedlichen Anzahl von Farben berücksichtigt werden müssen.

```
int Read_PCX_Picture()
{
   int Anzahl;
   unsigned char PCXHeader[PCX_HEADERSIZE]; /* PCX-Bild-Header   */
   unsigned char RLC[2];                /* Hilfsvektor fuer RLC   */
   unsigned char Pixel;
   int PCX_fd;                          /* File-Descriptor        */
   int i, j, z, s, Bild_Nummer;
   long Index;
   char Filename[LINE_LENGTH];          /* Name Ziel-Datei (.PCX) */
   char *PCX_Ext =".pcx";
   int NoFileFound;
   int Z_Reduktion, S_Reduktion, Z_Res, S_Res;
   int Spaltenzahl, S_Cut, Z_Cut;       /* Begrenzung der Bildgr. */
   unsigned char Temp_Buff[1300];       /* Hilfspuffer f. Einlesen */
   struct ffblk File_Blk;               /* Struktur des DIR-Blocks */

   ClearTextWindow(35,18,80,25);
   WriteText(35,18,"* Bild im PCX-Format einlesen *");

   gotoxy(35,20);
   Bild_Nummer=Read_Int("In welches Bild Nr. (0=Abbruch): ",1,' ');

   /* Gueltige Bild-Nummer eingegeben?                         */
   if ((Bild_Nummer<=0) || (Bild_Nummer>MAX_PICTURE)) {
      return(FALSE);
   }
```

C. Das PCX-Format

```
Bild_Nummer--;                       /* die Zaehlung faengt bei 0 an */

/* Der Name aller im Verzeichnis vorhandenen .PCX-Dateien ausg.*/
ClearTextWindow(35,20,80,25);
i=35;
j=20;
NoFileFound = findfirst("*.pcx", &File_Blk, 0);
while (!NoFileFound) {
   WriteText( i, j, File_Blk.ff_name);
   NoFileFound=findnext(&File_Blk);
   j++;
   if (j==24) {
      j=20;
      i=i+15;
      if (i>70) NoFileFound=TRUE;
   }
}


/*---------------------- Dateiname eingeben ------------------*/
gotoxy(35,25);
Read_String("Bitte Dateinamen eingeben: ", Filename);
if (!Add_Extension(Filename, PCX_Ext)) return(FALSE);

if ( (PCX_fd=open(Filename, O_RDONLY | O_BINARY)) == -1) {
   ShowError("Fehler beim Oeffnen der Datei.");
   return(FALSE);
}

/* PCX-Header einlesen, auf Datenformat 5 testen und ...        */
read(PCX_fd, PCXHeader, PCX_HEADERSIZE );
if ( (PCXHeader[0]!=10) || (PCXHeader[1]!=5) ||
     (PCXHeader[2]!= 1) || (PCXHeader[3]!=8) ) {
   ShowError("Falsches Datenformat.");
   return(FALSE);
}

/* ... die Bildmasse berechnen. Byte-Folge: High-Low-Byte       */
S_Res = 256*(int)PCXHeader[ 9]+(int)PCXHeader[ 8]+1;
Z_Res = 256*(int)PCXHeader[11]+(int)PCXHeader[10]+1;

/* Klipping der Zeilen und Spalten auf die max. verf. Groesse */
if (S_Res>S_RES_MAX) S_Cut=S_RES_MAX;
else                 S_Cut=S_Res;
S_Reduktion=S_Res/S_Cut;
Spaltenzahl=S_Res;
if (S_Reduktion == 1) Spaltenzahl=S_Cut;
```

```
if (Z_Res>Z_RES_MAX) Z_Cut=Z_RES_MAX;
else                  Z_Cut=Z_Res;
Z_Reduktion=Z_Res/Z_Cut;


/*---------------------- RLC-Bild einlesen -------------------*/
Index = (long) (Bild_Nummer) * PIC_SIZE;
z=0;
while (z<Z_Res) {
      s=0;
      j=0;
      while (s<S_Res) {
            read(PCX_fd, RLC, 1);
            Anzahl=RLC[0];
            if (Anzahl > 192) {
                Anzahl=Anzahl-192;
                read(PCX_fd, RLC, 1);
                Pixel=RLC[0];
                for (i=0; i<Anzahl; i++) {
                    Temp_Buff[j++]=Pixel;
                    s++;
                }
            } else {
                Temp_Buff[j++]=Anzahl;
                s++;
            }
      }
      /* Ist das Originalbild doppelt so gross wie das        */
      /* darstellbare Bild, so wird ueber zwei Punkte gemittelt*/
      if ((z % Z_Reduktion) == 0) {
          if (S_Reduktion==2)
              for (j=0; j<Spaltenzahl; j+=S_Reduktion)
                  Pictures[Index++]=(Temp_Buff[j]+Temp_Buff[j+1])/2;
          else
              for (j=0; j<Spaltenzahl; j+=S_Reduktion)
                  Pictures[Index++]=Temp_Buff[j];
      }
      z++;
}
close(PCX_fd);

/* Genaue Bildabmessungen in Struktur speichern              */
Bild[Bild_Nummer].Zeilen =Z_Cut;
Bild[Bild_Nummer].Spalten=S_Cut;
Bild[Bild_Nummer].Used    =TRUE;
Bild[Bild_Nummer].Color   =FALSE;
```

```
  Make_Icon(Bild_Nummer);
  Show_Pic(Bild_Nummer, Bild_Nummer+1);

  return(TRUE);
}
```

D. Musterlösungen

Kapitel 3

Aufgabe 1

Zu berechnen ist der Winkel α (=Sehwinkel). Um über trigonometrische Funktionen diesen Winkel zu bestimmen, wird er halbiert, so daß ein rechtwinkliges Dreieck mit dem Durchmesser als Ankathete und dem Zapfenradius als Gegenkathete entsteht.

Mit dem Augendurchmesser von 20 mm und dem Zapfenradius von 2.5 μm ergibt sich für $\alpha/2$

$$\frac{\alpha}{2} = \arctan(\frac{0.0025}{20})$$
$$= 0.00716°$$
$$\alpha = 0.01432°$$
$$\cong 0.86'$$

Das menschliche Auge hat demnach eine Winkelauflösung von rund einer Bogenminute (daß einzelne Zapfen einen etwas geringeren Durchmesser haben können, sei hier vernachlässigt).

Wenn ein Bild eines Objektes auf der Retina einen Zapfen am Rand gerade noch reizt (analoges Signal), so kann durch eine leichte Verschiebung des Objektes dieser Reiz stärker oder schwächer werden (sakkadische Augenbewegung). Mit dieser "zeitlichen" Information kann das Auge somit solche kleinen Verschiebungen auflösen, die wesentlich geringer als die theoretische Auflösung sind.

Aufgabe 2

Das menschliche Auge kann im Durchschnitt (in Einzelfällen kann dies stark variieren)

- 30 Graustufen und

- 160 Farben

unterscheiden. Mit Variationen der Helligkeit, Sättigung und Graustufen sind es ca. 7 Millionen Farbtöne.

Bei Grauwert-Bildern ist eine Reduktion auf 32 (2er-Potenz) Graustufen zulässig, ohne daß die optische Qualität leidet. Bei kontinuierlichen Grauwertverläufen (z.B. Graukeil) kann eventuell eine etwas höhere Anzahl notwendig sein.

Bei der Farbwiedergabe genügen maximal 7 Millionen Farbtöne. In der Praxis wird hier noch eine weitere Reduktion möglich sein, ohne daß der

Betrachter Unterschiede zu einem entsprechenden Bild mit Echtfarben erkennt. Die Beschränkung des darzustellenden Grauwert-/Farbbereiches dient letztlich zur Reduktion der anfallenden Datenmenge.

Aufgabe 3

1. Die Größe des Originaltextes kann nach dem Strahlensatz einfach durch das Verhältnis

$$\frac{0.8}{20} = \frac{x}{500}$$
$$x = 20 \text{ mm}$$

berechnet werden. Als Textfläche ergibt sich 314 mm².

2. Auf 1 mm² befinden sich $\approx$ 160 000 Zapfen. Die Fovea hat aber nur eine Gesamtfläche von rund 0.5 mm². Dort befinden sich also etwa 80000 Zapfen, auf die der Text abgebildet wird.

$$\text{Auflösung} = \frac{80\,000 \text{ Zapfen}}{314 \text{ mm}^2}$$
$$\approx 255 \text{ Zapfen } \frac{1}{\text{mm}^2}$$
$$\approx 164\,516 \text{ Zapfen } \frac{1}{\text{Inch}^2}$$
$$\Rightarrow \approx 406 \text{ dpi}$$

3. Damit ist das menschliche Auge bei diesem Betrachtungsabstand um den Faktor $\frac{406}{300} \approx 1.3$ besser als übliche Laserdrucker. Aufgrund der nicht immer optimalen Kontrastverhältnisse ist die praktische Auflösung etwas geringer (vergleiche Kapitel 6).

Kapitel 4

Aufgabe 1

Unter der Annahme, daß die lichtempfindlichen Bildpunkte der CCD-Kamera ohne Zwischenräume aneinandergrenzen ergibt sich damit eine minimale Objektgröße von

$$\text{Kleinstes Objekt} = 3\,000 \text{ cm}/512 \approx 5.86 \text{ cm}.$$

Aufgrund von Linsenfehlern (Unschärfe, Dispersion) und da die effektive Sensorgröße kleiner ist, d.h. zwischen den Zellen existieren größere Zwischenräume, ist die Ortsauflösung in der Praxis wesentlich geringer.

Aufgabe 2

Die Chipfläche des CCD-Sensors ist 18.4 mm² groß. Die aktive Sensorfläche hingegen ist nur

$$\text{Aktive Fläche} = 2\,048 * 2\,048 * 9 \ \mu m * 9 \ \mu m \approx 0.339 \ mm^2$$

Die aktive Fläche ist also nur ca. 2% der realen Fläche. Hochfrequente Bildanteile können daher zwischen den einzelnen Sensorelementen verloren gehen. Dies entspricht einer Tiefpaßfilterung.

Aufgabe 3

Die optische Dispersion beruht auf der Tatsache, daß Linsen Lichtstrahlen verschiedener Wellenlängen nicht gleich stark brechen, wodurch weißes Licht beim Durchgang durch eine Linse in seine Spektralfarben aufgeteilt wird. Die Stärke des Effektes hängt von der Größe des Winkels ab, um den das Licht gebrochen wird.

Unter Farbfehler wird die unterschiedlichen Durchlässigkeit des Linsenmaterials für verschiedene Spektralfarben verstanden. Die Linsen wirken somit wie ein "Farbfilter". Farbfehler treten bei jedem Winkel gleich stark auf.

Aufgabe 4

1. Das digitalisierte Dia besteht aus $\frac{24\,000}{25} = 960$ Zeilen und $\frac{36\,000}{25} = 1440$ Spalten.

2. Insgesamt sind dies somit $960 * 1\,440 = 1\,382\,400$ Bildpunkte.

3. Ein Bildpunkt besteht aus einem RGB-Tripel. Da für die Information zu jeder Farbe ein Byte benötigt wird, belegt der Farbbildpunkt 3 Byte.

4. Zur Speicherung des kompletten Bildes werden $3 * 1\,382\,400 = 4\,147\,200$ Byte benötigt.

Kapitel 5

Aufgabe 1

Zwischen dem Schreiben zweier aufeinanderfolgender Bilder muß der Bildpunkt aus dem ersten Bild verloschen sein, bevor der neue Bildpunkt geschrieben wird. Unter "verloschen" wird hier die Unterschreitung der 10%-Leuchtdichte-Schwelle verstanden.

Damit darf die Persistenzzeit 1/Bildwiederholfrequenz, das ist gleich 1/70 Sekunden $\approx$ 14 ms nicht überschreiten.

D. Musterlösungen

Aufgabe 2

Die Bandbreite des Systems berechnet sich aus der Anzahl übertragener Bildpunkte pro Sekunde.

$$\text{Bandbreite} = 4\,096 * 3\,300 * 25 \text{ Hz} = 337.92 \text{ MHz}$$

Alle Bildpunkte müssen 25 Mal pro Sekunde aus dem Bildschirmspeicher ausgelesen werden. Daher ist die maximale Zeit

$$\text{Auslesezeit} < 1/\text{Bandbreite} \approx 3 \text{ ns}$$

Aufgabe 3

Die Größenangabe 14″ des Monitors ist die Angabe über die Bildschirmdiagonale. Die maximal sinnvolle Auflösung berechnet sich aus der maximal unterscheidbaren Anzahl von Bildpunkten. Diese Größe ist durch den Loch-Abstand der Lochmaskenröhre festgelegt.

Aus den Angaben berechnet sich die Breite und Höhe des Monitors wie folgt:

$$(4a)^2 + (3a)^2 = (14 \cdot 25.4 \text{ mm})^2.$$

Als Grundgröße a ergibt sich somit

$$a \approx 71.12 \text{ mm}$$

und dadurch für die Breite 284.48 mm und die Höhe 213.36 mm. Mit diesen Abmessungen werden bei einem Loch-Abstand von 0.28 mm maximal $1\,016 \times 762$ Bildpunkte unterschiedlich dargestellt. Wird eine höhere Auflösung verwendet, so fallen bei der Wiedergabe Bildpunkte zusammen.

Da in sich die Größenangabe von Monitoren auf die maximale Bildschirmdiagonale und nicht auf den geringeren effektiv nutzbaren Bereich beziehen, ist in der Praxis die maximal sinnvolle Auflösung noch geringer als hier berechnet.

Aufgabe 4

Die Gamma-korrigierten Grauwerte sind über die bekannte Formel zu berechnen. Die Tabelle D.1 zeigt den interessanten Anfangs- und Endteil der neuen LUT.

Aufgabe 5

Der Grauwert eines Bildpunktes berechnet sich aus allen sichtbaren Teilen von Objekten, die diesen Bildpunkt überdecken. In dieser Aufgabe also von dem Flächenanteil des Grauwertes der Linie (Objekt) und vom Grauwert der verbleibenden Fläche des Bildpunktes (Grauwert des Bildpunktes oder des Hintergrund).

Da eine exakte Berechnung der Flächenanteile in der Praxis zu aufwendig ist, wird das Verhältnis über sogenannte Subpixelmasken angenähert. Alle die Subpixel, deren Mittelpunkt durch ein Objekt bedeckt ist, erhalten den Grauwert des Objekts. Die Verhältnisse der Häufigkeiten geben die Verhältnisse zur Mischung des neuen Grauwertes des Bildpunktes wieder. Je feiner die Unterteilung in Subpixel ist, desto genauer werden die einzelnen Flächenanteile approximiert.

Beispiel: Ein quadratisches Pixel wird in vier quadratische Subpixel unterteilt. Eine Linie mit dem Grauwert G_1 verläuft durch das Pixel mit dem Grauwert G_2 und bedeckt die Mittelpunkte von 3 Subpixeln. Der neue Grauwert G zur Vermeidung von sichtbaren Alias-Effekten setzt sich dann zusammen aus $G = 0.75\,G_1 + 0.25\,G_2$.

Original-Intensität	Gamma-LUT-Eintrag
0	0
1	25
2	34
3	40
4	45
5	50
6	53
7	57
8	60
9	63
...	...
50	129
51	130
...	...
251	253
252	254
253	254
254	255
255	255

Tabelle D.1: In der neuen LUT stehen statt 256 nur noch 180 unterschiedliche Graustufen zur Verfügung.

Kapitel 6

Aufgabe 1

1. Bei dem einfachen Schwellwertverfahren wird der Grauwert eines jeden Bildpunktes mit der Schwelle T (T=127) verglichen. Ist er größer, so

wird der Punkt auf Weiß (=255), ansonsten auf Schwarz (=0) gesetzt. Es ergibt sich dann

255	0	0	255	0	0	255	0	255
255	0	0	255	0	0	255	0	255
255	0	0	255	0	0	255	0	0
255	255	255	255	255	255	255	255	255

2. Bei der Error-Diffusion wird die Dithermatrix über das gesamte Bild geschoben, der Binärwert aufgrund der Schwelle T ($T=127$) berechnet und der dabei gemachte Fehler mit der entsprechenden Gewichtung durch die Dithermatrix auf die nachfolgenden (vier Nachbar-) Pixel verteilt. Das Ergebnis ist dann

255	0	0	255	0	0	255	0	255
255	0	0	255	0	0	255	0	255
255	0	0	255	0	0	0	0	0
0	255	0	0	255	0	255	255	0

3. Am linken, rechten und unteren Rand kann der Fehler nicht auf 4 Nachbarn, sondern nur auf drei bis ein Nachbar(n) verteilt werden. Entweder wird er so verteilt, als ob immer 4 Nachbarn vorhanden wären, oder die Gewichtung des Fehlers wird am Rand derart geändert, daß immer 100% des Fehlers verteilt werden.

4. Das Element oben links in der Dithermatrix ist ausgespart, da eine Änderung des vorigen Elements keinen Sinn macht. Außerdem sind die horizontalen und vertikalen Elemente (7 & 5) stärker gewichtet als die diagonalen, so daß sich in diese Richtungen früher eine Änderung ergibt, wenn die Original-Grauwerte in der Nähe des Schwellwertes sind. Dadurch wird die Entstehung von horizontalen/vertikalen Strukturen, die das menschliche Sehsystem bevorzugt wahrnimmt, etwas vermindert.

Aufgabe 2

Bei der Konstruktion von Grautonmustern sollten folgende Randbedingungen beachtet werden:

- Mit den Grautonmustern sollen unterschiedliche Punktgrößen simuliert werden. Daher müssen die Muster dicht zusammenhängend sein.

- Es sollten möglichst keine regelmäßigen Strukturen durch die Muster entstehen.

- Diagonale Strukturen werden vom menschlichen Sehsystem mit geringerer Intensität wahrgenommen als horizontale/vertikale Strukturen. Es sollten daher möglichst die diagonal liegenden Punkte zur Erzeugung der Muster verwendet werden.

- Beim Ausdruck überlappen sich die einzelnen Pixel. Der Schwärzungsgrad ist daher nicht linear.

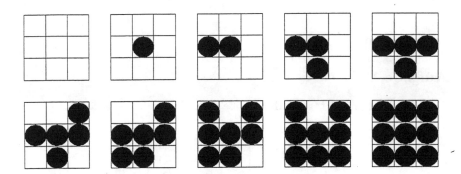

Abbildung D.1: Beispiel für ein Grautonmuster mit 10 Stufen.

Kapitel 8

Aufgabe 1

Eine Drehung des Objekts im Ortsraum bewirkt eine Drehung des Fourier-Spektrums im Frequenz-Raum in derselben Richtung und um denselben
Winkel.

Aufgabe 2

Die Fourier-Transformierte von $f(x)$:

$$
\begin{aligned}
F(u) &= \int_{-\infty}^{+\infty} f(x)e^{-i2\pi ux}dx \\
&= \int_{0}^{X} Ae^{-i2\pi ux}dx \\
&= -\frac{A}{i2\pi u}\left[e^{-i2\pi ux}\right]_{0}^{X} \\
&= -\frac{A}{i2\pi u}\left[e^{-i2\pi uX} - 1\right] \\
&= \frac{A}{i2\pi u}\left[e^{i\pi uX} - e^{-i\pi uX}\right]e^{-i\pi uX} \\
&= \frac{A}{\pi u}\sin\left(\pi uX\right)e^{-i\pi uX}
\end{aligned}
$$

D. Musterlösungen

Das Fourier-Spektrum berechnet sich dann aus:

$$|F(u)| = \left|\frac{A}{\pi u}\right| |\sin(\pi u X)| \underbrace{\left|e^{-i\pi u X}\right|}_{=1}$$

$$= AX \left|\frac{\sin(\pi u X)}{\pi u X}\right|$$

Kapitel 9

Aufgabe 1

1. Die Hadamard-Matrix der Größe 4 hat folgendes Aussehen:

$$H_4 = \begin{bmatrix} 1 & 1 & 1 & 1 \\ 1 & -1 & 1 & -1 \\ 1 & 1 & -1 & -1 \\ 1 & -1 & -1 & 1 \end{bmatrix}$$

2. Die Hadamard-Transformation einer Folge $f(i), i = 0, 1, 2, 3$ berechnet mit der Matrix als

$$H(0) = f(0) + f(1) + f(2) + f(3)$$
$$H(1) = f(0) - f(1) + f(2) - f(3)$$
$$H(2) = f(0) + f(1) - f(2) - f(3)$$
$$H(3) = f(0) - f(1) - f(2) + f(3)$$

Für die Berechnung werden 12 Additionen benötigt. Durch das paarweise Zusammenfassen von Werten bei der Berechnung läßt sich die Anzahl der Additionen auf 8 erniedrigen.

$$h_0 = f(0) + f(2)$$
$$h_1 = f(0) - f(2)$$
$$h_2 = f(1) + f(3)$$
$$h_3 = f(1) - f(3)$$

Mit diesen Zwischenwerten werden im zweiten Schritt die endgültigen Werte berechnet:

$$H(0) = h_0 + h_2$$
$$H(1) = h_0 - h_2$$
$$H(2) = h_1 + h_3$$
$$H(3) = h_1 - h_3$$

In beiden Stufen wird dasselbe Verknüpfungsschema verwendet. Das zugehörige Netzwerk ist im folgenden Bild dargestellt. Durchgezogene Linien bedeuten eine Addition der Elemente, gestrichelte Linien eine Subtraktion.

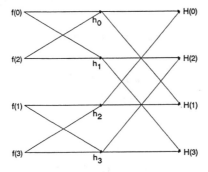

Abbildung D.2: Netzwerk für die Verknüpfung bei der Hadamard-Transformation.

Kapitel 10

Aufgabe 1

Die folgende Tabelle zeigt die Lösungen zu dieser Aufgabe. Verschiedene Punkte können nicht klar zur einen oder anderen Gruppe zugeordnet werden.

Verfahren	lokal	global	linear	nicht l.	Ortsr.	Frequ.r.
GW-Verschiebung	(x)	(x)	x		x	
GW-Änderung LUT		x		x	x	
GW-Quantisierung	(x)	(x)	(x)	(x)	x	
Histogrammeinebn.		x		x	x	
Adaptive Histogr.	(x)	(x)		x	x	
Mittelwertfilter	x		x		x	
Medianfilter	x			x	x	
Tiefpaßfilter	x		x		(x)	(x)
Hochpaßfilter	x		x		(x)	(x)
Kantenverstärkung	x		x		x	

(Die Abkürzung GW steht für Grauwert)

Aufgabe 2

1. Bei dem Filter handelt es sich um die Maske des Mittelwertfilters. Damit werden Störungen durch Mittelung der Grauwerte vermindert.

2. Der Vorfaktor $\frac{1}{9}$ dient zur Normierung. Ohne diesen Faktor würden ansonsten Werte außerhalb des zur Verfügung stehenden Bereiches entstehen.

3. Die Summe aller Koeffizienten ist bei jeder Glättungsmaske 1, damit der mittlere Grauwert im Bild erhalten bleibt.

D. Musterlösungen

Aufgabe 3

Durch einfache Berechnung kann bewiesen werden, daß der Medianfilter nicht linear ist. Es ist

$$f = \{0,7,8,2,1\} \qquad g = \{6,7,6,4,8\}$$
$$\Rightarrow \quad \mathrm{med}(f) = 2 \quad \mathrm{med}(g) = 6$$

jedoch ergibt sich

$$f + g = \{6,14,14,6,9\}$$
$$\Rightarrow \mathrm{med}(f+g) = 9 \neq \mathrm{med}(f) + \mathrm{med}(g) = 8.$$

Aufgabe 4

Median-Filter	Mittelwertfilter
+ keine neuen Grauwerte	− erzeugt neue Grauwerte
+ Kanten bleiben erhalten	− Kanten verwischen ("unscharf")
− feine Strukturen gehen verloren	− feine Strukturen gedämpft
− hohe Rechenzeit	+ kurze Rechenzeit
+ Störimpulse gut unterdrückt	− Störimpulse werden gedämpft
− Bildverschiebung um 1 Pixel	
	− wirkt optisch schlechter
Mittlerer Grauwert ändert sich	Mittlerer Grauwert bleibt gleich
+ Einfluß durch Filterform mögl.	+ Einfluß durch Filterform mögl.

Aufgabe 5

Der neue Grauwert G' berechnet sich nach

$$G' = \begin{cases} 3\,G & 0 \leq G < 50 \\ G + 100 & 50 \leq G < 100 \\ \frac{55}{70}(G - 100) + 200 & 100 \leq G < 170 \end{cases}$$

Aufgabe 6

Das Aussehen der Masken ist:

horizontale Lücken detektieren / schließen:

$$\frac{1}{4}\begin{array}{|c|c|c|} \hline 0 & 0 & 0 \\ \hline 1 & -2 & 1 \\ \hline 0 & 0 & 0 \\ \hline \end{array} \qquad \frac{1}{2}\begin{array}{|c|c|c|} \hline 0 & 0 & 0 \\ \hline 1 & 0 & 1 \\ \hline 0 & 0 & 0 \\ \hline \end{array}$$

vertikale Lücken detektieren / schließen:

$$\frac{1}{4}\begin{array}{|c|c|c|} \hline 0 & 1 & 0 \\ \hline 0 & -2 & 0 \\ \hline 0 & 1 & 0 \\ \hline \end{array} \qquad \frac{1}{2}\begin{array}{|c|c|c|} \hline 0 & 1 & 0 \\ \hline 0 & 0 & 0 \\ \hline 0 & 1 & 0 \\ \hline \end{array}$$

Kapitel 11

Aufgabe 1

Die Form des Sobel-Operators reagiert auf vertikale Kanten. Da es sich hier aber um eine horizontale 1-Pixel breite Linie handelt, wird diese durch den symmetrischen Gradienten in dem Operator nicht erfaßt. Das Ergebnis lautet:

0	0	0	0
0	0	0	0
0	0	0	0
0	0	0	0

Der zweite Operator ist eine Variante des Laplace-Operators. Dieser Operator ist näherungsweise isotrop und reagiert daher auf alle Richtungen von Kanten mit einem entsprechenden Ergebnis:

-510	-510	-510	-510
510	510	510	510
-510	-510	-510	-510
510	510	510	510

Aufgabe 2

Der Laplace-Operator liefert für eine beliebig geneigte Ebene (Graukeil) an allen Stellen den Wert Null.

Aufgabe 3

Aufgrund des eng begrenzten Grauwertbereiches für die einzelnen Bildanteile ergeben sich auch begrenzte, sich nicht überlappende Antwortbereiche bei der Filterung mit dem Laplace-Operator.

Unter der Filtermaske	Antwortbereich
nur Hintergrund	-60 ... +60
nur Text	-80 ... +80
Text und Hintergrund	-315 ... -160
	-550 ... -400
	-785 ... -640
	235 ... 300
Hintergrund und Störung	-1 020 ... -910

Sobald also als Filterantwort ein Wert im Bereich -1 020 ... -910 berechnet wird, ist der mittlere Bildpunkt eine Störung und kann z.B. durch den Mittelwert der anderen 4 berücksichtigten Bildpunkte ersetzt werden.

Aufgabe 4

Die erste Filtermaske liefert bei vertikalen Linien der Breite 1 als Ergebnis 2, sofern die Linie komplett durch die Maske geht, ansonsten den Wert 1. Bei horizontalen Linien wird als Antwort -2 oder -1 erzeugt. Bei diagonalen Linien bleibt das Ergebnis immer gleich Null.

Die zweite Filtermaske erzeugt bei horizontalen und vertikalen Linien als Antwort 0, 2 oder -2, je nachdem wieviele Pixel der Maske durch die Linie bedeckt sind. Bei diagonalen Linien wird als Ergebnis 1, 5 oder 6 erzeugt.

Kapitel 12

Aufgabe 1

Aufgrund der Definition ist das ideale Skelett eines Kreises genau der Mittelpunkt und das Skelett eines Quadrates ein großes "X". Das nachfolgende Bild zeigt das Ergebnis.

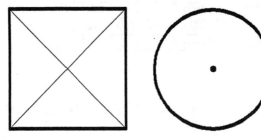

Abbildung D.3: Das Aussehen des Skeletts eines Kreises und eines Quadrats.

Aufgabe 2

Bei dem Verfahren von Zhang/Suen werden gleichmässig von allen Seiten die Randpunkte abgetragen, bis nur noch das Skelett übrig bleibt. In jedem Durchlauf werden Punkte von links oben und rechts unten her abgetragen. Die maximale Anzahl der Durchläufe ist daher

$$\text{Anzahl Durchläufe} = \lfloor \text{maximale Objektdicke}/2 \rfloor.$$

Dies ist auch genau die maximale Verkürzung. Die Dicke des Buchstaben "H" ist 5 und somit beträgt die Verkürzung 2 Bildpunkte.

Aufgabe 3

Die Anzahl der Bildpunkte ist $f = 4$, die Anzahl der Kanten $k = 14$ und

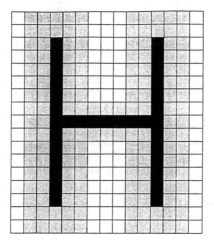

Abbildung D.4: Verkürzung des Buchstabens "H" bei der Skelettierung.

die Anzahl der Ecken $e = 11$. Somit ergibt sich für die Euler-Charakteristik

$$E = 11 - 14 + 4 = 1$$

Wird der mittlere Punkt entfernt, so ändern sich die Werte in $f = 3$, $k = 11$ und $e = 10$. E ist dann

$$E = 10 - 11 + 3 = 2$$

Somit handelt es sich bei dem mittleren Punkt um einen Skelettpunkt und darf daher nicht entfernt werden.

Kapitel 13

Aufgabe 1

1. Dieser Kettenkode beschreibt ein gleichschenkliges, rechtwinkliges Dreieck.

2. Mit dem differentiellen Kettenkode (nicht variablen) wird die Kurve durch 000000-300-200 beschrieben. Im Bit-kodierten variablen Kettenkode lautet die Beschreibung 00000001111110000111.

3. Achsenparallele Rechtecke werden durch folgende Formel für den Kettenkode charakterisiert:

$$\text{Kettenkode} = 0a\, 6b\, 4a\, 2b \text{ oder } = 0a\, 2b\, 4a\, 6b$$

wobei der Schreibweise $0a$ besagt, daß die Richtung 0 a-mal wiederholt wird. Bei diesem Kode kommen nur die Richtungen 0, 2, 4 und 6 vor. Die Gesamtzahl der Kettenelemente ist geradzahlig.

Aufgabe 2

Bei dem beschriebenen Verfahren zur direkten Vektorisierung werden einzelne Punkte nicht berücksichtigt. Diese einzelnen Punkte stellen nur Störungen (Rauschen) dar. Das Weglassen führt somit zu einer Herausfilterung der Störungen.

Aufgrund eines Fehlerterms e wird bei der Vektorisierung entschieden, ob ein neuer Punkt als Verlängerung des bisher berechneten Vektors angesehen werden kann oder nicht. Der maximal zulässige Fehler ist so festgelegt, daß Schwankungen von ± 1 Pixel erlaubt sind. Solche Schwankungen führen also nicht zum Abbruch der Vektorisierung. Eine vertikale Linie, die vereinzelt einen Bildpunkt nach rechts oder links versetzt hat, wird als eine einzige vertikale Linie vektorisiert. Damit ist eine Glättung durchgeführt worden.

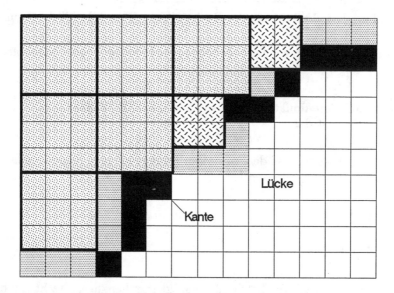

Abbildung D.5: Durch das stufenweise Füllen mit immer kleineren Füllelementen wird ein Auslaufen bei Lücken verhindert. In dem hier gezeigten schlechtesten Fall enstehen nur kleine Auswüchse.

Kapitel 14

Aufgabe 1

Um Lücken in Konturen beim Füllen zu schließen, muß das Füllelement für den Füllalgorithmus mindestens ein Pixel größer sein als die größte Lücke. In dieser Aufgabe muß das Füllelement demnach mindestens die

Größe 3×3 haben. Größere Elemente wären zwar auch möglich, würden aber auch zu größeren Ungenauigkeiten führen.

Nachdem ein Objekt nun mit dem Grundelement "gefüllt" wurde, ist das nächstkleinere Element zu verwenden. Dies ist hier ein Füllelement der Größe 2×2. Dieses muß immer direkt an ein bereits vorhandenes größeres Element angelagert werden. Die Fläche kann sich damit maximal um zwei Pixel in allen Richtungen ausdehnen.

Zum Schluß muß dann mit dem kleinsten Füllelement, dem einzelnen Pixel, der Rest ausgefüllt werden. Diese einzelnen Pixel dürfen sich wiederum nur direkt an die nächstgrößeren Füllelemente anlagern.

Aufgrund dieser Vorgehensweise kann bei Lücken die Füllfläche maximal drei Pixel weit auslaufen (siehe Abbildung D.5).

Aufgabe 2

(siehe Abbildung D.6)

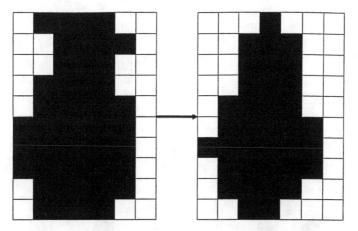

Abbildung D.6: Durch die Erosion mit einer geringeren Schwelle T werden nicht soviele Pixel gelöscht. Die Ergebnisstruktur ist größer.

Aufgabe 3

(siehe Abbildung D.7)

Aufgabe 4

Da die Verbindungen nur bei dicht beieinanderliegenden Kanten auftritt, könnten die entstandenen kleinen Flächen mit Hilfe einer Dilatation komplett gefüllt werden. Die Schwelle T ist dazu entsprechend zu setzen. Die dadurch entstandenen flächenhaften Strukturen sind durch eine Skelettierung wieder auf 1-Pixel Breite zu verdünnen.

D. Musterlösungen

Nachteilig bei dieser Vorgehensweise ist das Verschmelzen von zwei Kanten zu einer und die Verschiebung der resultierenden Kante zur Mitte zwischen den beiden Ursprungskanten. Eine größere Ungenauigkeit entsteht. An anderen Stellen können unter Umständen ebenfalls falsche Verbindungen und Verschiebungen entstehen.

Kapitel 15

Aufgabe 1

Da nur 8 unterschiedliche Werte vorkommen, können die Grauwerte über einen Index mit 3 Bit kodiert werden.

Grauwert	Index	Bit-Kodierung
0	0	000
46	1	001
50	2	010
120	3	011
128	4	100
177	5	101
193	6	110
255	7	111

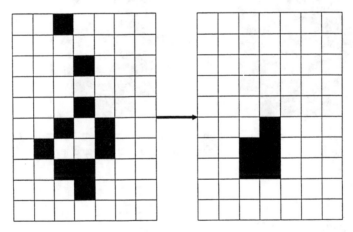

Abbildung D.7: Durch die Dilatation mit einer höheren Schwelle T werden nicht soviele Pixel übernommen. Die Ergebnisstruktur ist kleiner.

Für die Huffman-Kodierung sollten die Werte nach der Wahrscheinlichkeit sortiert sein. Der Aufbau des Kodebaums geschieht dann nach den allgemeinen Regeln. Das folgende Bild zeigt zwei Arten des Aufbaus. Ein Ast nach links wird dabei mit "0", einer nach rechts mit "1" kodiert.

Die mittlere Kodelänge berechnet sich dann aus

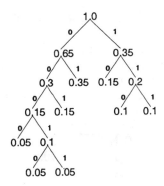

Abbildung D.8: Kodierung mit dem Huffman-Kode durch den Aufbau eines Kodebaums.

$$
\begin{aligned}
\text{Mittlere Kodelänge} \quad &= \quad 0.35*2+0.15*2+0.15*3+0.1*3+0.1*3+ \\
& \quad\ \ 0.05*4+0.05*5+0.05*5 \\
&= \quad 2.75
\end{aligned}
$$

Für die Entropie H ergibt sich nach der Formel ein Wert von $H \approx 2.66$. Da die Differenz zwischen mittlerer Kodelänge und Entropie relativ gering ist $(2.75 - 2.66 = 0.09)$, handelt es sich bei dieser Kodierung um eine gute Komprimierung.

Aufgabe 2

Bei einer zeilenorientierten Lauflängen-Kodierung wird am Zeilenende der Kode abgebrochen, egal ob in der nächsten Zeile derselbe Wert sich fortsetzt oder nicht. Zur besseren Übersicht werden Anzahl und Farbe jeweils durch Komma getrennt in Klammern geschrieben.

$$
\begin{aligned}
&(5, 100)\ (5, 80) \\
&(5, 100)\ (1, 128)\ (4, 92)\ (1, 255) \\
&(2, 255)\ (2, 100)\ (1, 128)\ (3, 92)\ (2, 80) \\
&(3, 255)\ (2, 100)\ (2, 70)\ (1, 60)\ (2, 50)
\end{aligned}
$$

Bei der dritten und vierten Zeile ergibt sich keine Einsparung durch diese Kodierung. Insgesamt werden für das kodierten Bild 32 Bytes und für das Original-Bild 40 Byte benötigt.

Aufgabe 3

Das Echtfarben-Bild der Größe 256×256 belegt 196 608 Byte. Bei der JPEG-Kodierung (4:1:1) und der Quantisierung der DCT-Koeffizienten auf

9 Stufen mit einem Wertebereich von jeweils 12-Bit werden für ein $8{\times}8$-Feld noch

$$9 * 12 \text{ Bit} + 1 * 12 \text{ Bit} + 1 * 12 - Bit = 132 \text{ Bit} = 16.5 \text{ Byte}$$

benötigt, gegenüber 192 im unkomprimierten Bild.

Werden die 9 DCT-Koeffizienten noch Huffman-kodiert, der Originalwert nur einmal am Bildanfang mitgeteilt und ansonsten nur der Huffman-Kode der Stufe, so ergibt sich eine weitere Datenkompression.

Stufe	Wahrscheinlichkeit	Huffman-Kode
1	0.4	0
2	0.2	100
3	0.08	1010
4	0.08	1100
5	0.06	1101
6	0.05	1110
7	0.05	1111
8	0.04	10110
9	0.04	10111

Die mittlere Kodelänge ist dabei 2.68, die Entropie ≈ 2.62. Für jedes $8{\times}8$-Feld werden je 12-Bit für den Cb- und den Cr-Wert und im Mittel $9*2.68$ Bit $= 24.12$ Bit für die quantisierten und Huffman-kodierten DCT-Koeffizienten. Als durchschnittliche obere Grenze pro Feld ergibt sich damit ein Speicherbedarf von 25+12+12=49 Bit. Das Bild besteht insgesamt aus $32{\times}32$-Feldern, so daß sich mit den 9 unkodierten DCT-Koeffizienten als Kodetabelle für die Huffman-Kodierung der Gesamtspeicherbedarf für das JPEG-komprimierte Bild als

$$\text{Gesamtspeicherbedarf} = 9*12 \text{ Bit} + 32*32*49 \text{ Bit} = 50\,284 \text{ Bit} \approx 6\,286 \text{ Byte}$$

berechnet. Der Kompressionsfaktor ist ≈ 31.27.

Kapitel 16

Aufgabe 1

Alle aufgelisteten Merkmale sind lageunabhängig.

Aufgabe 2

Der Umfang des Rechtecks beträgt 6, der Flächeninhalt 2. Die Kompaktheit K ist somit

$$K = \frac{6^2}{4\pi 2} \approx 1.43.$$

Aufgabe 3

Der Zähler einer Akku-Zelle im Hough-Raum gibt theoretisch genau die Anzahl der Punkte an, die im Bild-Raum auf der durch die Koordinaten der Akku-Zelle definierten Geraden liegen.

Ist der Hough-Raum nicht fein genug unterteilt, so korrespondieren unterschiedliche Geraden im Bild-Raum mit derselben Akku-Zelle im Hough-Raum. Dadurch ist der Zähler der Akku-Zelle größer als theoretisch erwartet.

Ein kleiner Zahlenwert in der Akku-Zelle kann nur durch Ungenauigkeiten beim Berechnen der Geraden im Hough-Raum, entlang derer inkrementiert wird, entstehen.

Kreise werden durch drei Parameter bestimmt, den Koordinaten (x, y) des Mittelpunktes und den Radius r. Demnach lautet die Parametrisierung bei Kreisen

$$(x - y)^2 + (y - b)^2 = r^2$$

Der Parameterraum muß bei drei Parametern dreidimensional sein.

Aufgabe 4

In dem Ausschnitt treten nur die Grauwertübergänge 15-1, 1-10, 10-15 auf. Demnach werden in der Cooccurrenz-Matrix nur an drei Stellen von Null verschiedene Einträge zu finden sein.

	0	1	2	...	10	...	15	...
0	0	0	0	0	0	0	0	...
1	0	0	0	0	0	0	14	...
2	0	0	0	0	0	0	0	...
...								...
10	0	14	0	0	0	0	0	...
...								...
15	0	0	0	0	14	0	0	...
...	0	0	0	0	0	0	0	...

Die Anzahl der belegten Stellen in dieser Matrix gibt die Anzahl der unterschiedlichen Grauwertübergänge im Bild an, die Anzahl der unterschiedlichen Koordinaten der Einträge entspricht der Anzahl der Graustufen im Bild. Je weiter die Einträge von der Diagonalen wegliegen, desto kontrastreicher ist das Bild. Je mehr Einträge in dem unteren oder rechten Bereich der Cooccurrenz-Matrix liegen, desto heller ist das Bild.

Da der Ausschnitt nur 42 Bildpunkte (7×6) für die Berechnung enthält und jeder der drei Grauwertübergänge gleich oft vorkommt, ist auf ein regelmäßiges Muster im Originalbild zu schließen, bei dem die Grauwerte abwechselnd vorkommen. Aufgrund der Größe des Bildausschnitts können nur 7 Grauwertübergänge pro Zeile berücksichtigt werden. Die Anzahl der Zeilen des Ausschnittes ist ein Vielfaches der Anzahl der vorkommenden Grauwerte. Die Kenntnis über die Anzahl der Grauwertübergänge und die

D. Musterlösungen

Anzahl der Zeilen erlaubt die Aussage, daß die Muster einer Zeile in der nächsten zyklisch verschoben auftauchen.

E. Beispiel für ein Mustererkennungssystem

Als Abschluß soll an einem Beispiel verdeutlicht werden, wie die einzelnen in diesem Buch vorgestellten Bildverarbeitungsroutinen im Zusammenhang mit einem Mustererkennungssystem kombiniert und über die Zwischenergebnisse gesteuert werden können.

Das Beispiel ist aus dem Bereich der Medizin gewählt. Im ärztlichen Bereich gehören Blutbilduntersuchungen zur täglichen Routine. Diese monotone Arbeit soll nun durch ein Mustererkennungssystem unterstützt und erleichtert werden.

Die Bilddaten werden von einer auf einem Mikroskop befestigten CCD-Kamera geliefert, digitalisiert und dem Rechner als Grauwertbilder (Größe 512×512 Bildpunkte, 256 Graustufen) zugeführt. Mit Hilfe der Bildverarbeitung soll das Bild soweit aufbereitet werden, daß möglichst genaue Angaben über die Anzahl der roten und weißen Blutkörperchen, die relative Größe der roten Blutkörperchen und eventuell vorhandene unbekannte Zellarten gemacht werden.

Je nach Untersuchung sind verschiedene Vergrößerungsstufen am Mikroskop notwendig. Damit die aktuelle Vergrößerung nicht dem Mustererkennungssystem mitgeteilt werden muß, sollte sich dieses über einen festen Bereich automatisch anpassen. Die Größe der roten Blutkörperchen liegt daher in den Aufnahmen zwischen 5% und 25% der Gesamtbildgröße.

Die einzelnen Blutbestandteile sind so auf dem Objektträger verteilt, daß es zu möglichst wenigen Überlappungen kommt. Jedoch ist diese Vereinzelung nicht immer gewährleistet. Eine weitere Schwierigkeit ist die nicht ganz gleichmäßige Ausleuchtung des Bildes (am Rand dunkler als in der Bildmitte; siehe Abbildung E.1).

E.1 Vorwissen - Merkmale

Für eine gute Mustererkennung muß möglichst viel Vorwissen in das System eingearbeitet oder in Datenbanken abgelegt werden. Gleichzeitig sollte aber möglichst wenig Information verwendet werden, damit das System möglichst universell einsetzbar ist.

Die bei diesem Beispiel der Blutbilduntersuchung vorhandene Information beschränkt sich daher auf folgende Punkte:

- der Aufnahmehintergrund ist hell;

- in den Aufnahmen ist eine repräsentative Anzahl von roten Blutkörperchen vorhanden (mindestens 10 Stück);

- rote Blutkörperchen sind annähernd kreisförmig, durch die Aufnahmeverzerrung hier leicht ellipsoid;

E. Beispiel für ein Mustererkennungssystem

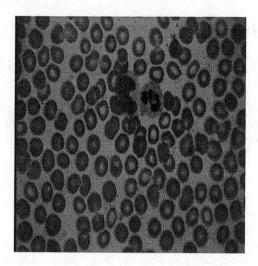

Abbildung E.1: Ein Beispiel für eine Aufnahme des Blutbildes mit einer Größe von 512×512 Bildpunkten. In der Bildmitte sind weiße Blutkörperchen zu erkennen. Ansonsten sind nur rote Blutkörperchen und einige kleinere Störungen in der Aufnahme enthalten. In der Mitte ist die Aufnahme etwas heller als am Rand. Die verwendete Kamera liefert keine quadratischen, sondern rechteckige Bildpunkte (Verhältnis 4:3), so daß das Bild leicht vertikal gestreckt ist.

- die Größenstreuung der roten Blutkörperchen ist gering;

- rote Blutkörperchen haben gut definierte Kanten, d.h. sie heben sich gegenüber dem Hintergrund deutlich ab.

Weitere, von der speziellen Aufnahme abhängige Informationen müssen während der Verarbeitung automatisch gewonnen und eventuell zur Steuerung der Verarbeitungsschritte verwendet werden.

E.2 Bildvorverarbeitung

Aufgrund des geringen Vorwissens über die Aufnahme und die Bildbestandteile müssen zuerst sichere Referenzobjekte im Bild gesucht werden. Diese kann man dann zur Erzeugung standardisierter Bedingungen für die weiteren Analysen verwenden.

Da die roten Blutkörperchen sich relativ gut vom Hintergrund abheben, kann eine einfache Kantendetektion die gewünschte Separation der Referenzobjekte bewirken.

Die Spreizung der im Bild vorkommenden Grauwerte auf den gesamten zur Verfügung stehenden Grauwertbereich ermöglicht in etwa konstante Gradientenwerte an den Kanten der Blutkörperchen. Damit diese Kanten

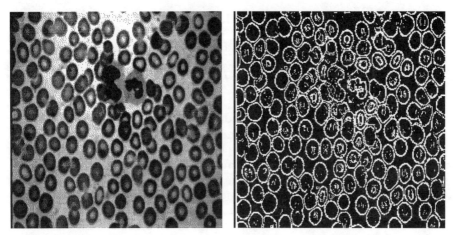

Abbildung E.2: Die Grauwertspreizung auf den verfügbaren Grauwertbereich ergibt in etwa konstante Bedingungen für die spätere Kantendetektion. Die Medianfilterung beseitigt kleine Störungen und vermindert somit die Fehlerquote. Die Gradientenwerte aus der Kantendetektion werden auf ein festes Intervall skaliert, so daß eine konstante Schwelle für die Binärisierung verwendet werden kann.

möglichst ohne Störungen, vor allem ohne Lücken berechnet werden, wird vorher eine Medianfilterung mit einem 3×3-Filter durchgeführt. Nachfolgend wird das Gradientenbild mit dem Prewitt-Operator berechnet. Der maximal vorkommende Betrags-Gradientenwert ist aufgrund der Maske des Prewitt-Operators und des Grauwertbereichs bekannt.

Um für die Binärisierung auch in etwa konstante Verhältnisse zu haben, wird das kumulative Histogramm der Betrags-Gradientenwerte aufgestellt und die unteren 95% der Werte auf ein festes Intervall $[0, GRAD\_MAX]$ skaliert. Alle größeren Werte werden auf $GRAD\_MAX$ gesetzt. Als Schwelle für das Binärbild wird der relativ hohe Wert von $0.75\,GRAD\_MAX$ verwendet. Dies soll bewirken, daß in diesem ersten Schritt auch wirklich nur echte rote Blutkörperchen gefunden werden.

E.3   Lernphase

Das Binärbild ist Ausgangpunkt für den zweiten Schritt, die Lernphase. Mit einem Füllalgorithmus werden die einzelnen umschlossenen Flächen im Bild gefüllt und gleichzeitig dabei die relative Größe (in Bildpunkten) sowie die Extrempunkte berechnet. Über die Extrempunkte kann automatisch das umschließende Rechteck und somit die "Kompaktheit" als

$$\text{Kompaktheit} = \text{Rechteck-Fläche}/\text{Füll-Fläche}$$

bestimmt werden. Die Kompaktheit beträgt nach dieser vereinfachten Definition bei einem Kreis etwa 1.27.

E. Beispiel für ein Mustererkennungssystem

Alle gefüllten Flächen,

- deren umschließendes Rechteck fast quadratisch ist und deren

- Kompaktheit zwischen 1.1 und 1.35 liegt,

sind potentielle rote Blutkörperchen. Die Mittelwerte für Größe, Ausdehnung sowie Kompaktheit können mit diesen Daten berechnet werden. Eventuelle Ausreißer, d.h. in einem oder mehreren Merkmalen stark vom Mittelwert abweichende Objekte, werden gelöscht und die jeweiligen Mittelwerte neu berechnet. Selbstverständlich muß dazu eine repräsentative Anzahl von roten Blutkörperchen vorhanden sein. Dies ist aber in den Vorbedingungen schon festgelegt. Wird trotzdem eine zu geringe Anzahl gefunden, so muß diese Lernphase abgebrochen und eventuell mit einem geringeren Schwellwert das Betrags-Gradientbild binärisiert werden. Sollte auch dies nicht zu einem eindeutigen Ergebnis führen, muß die weitere Untersuchung abgebrochen werden.

Die doppelte mittlere Größe der roten Blutkörperchen wird als Fenstergröße für eine adaptive Histogrammeinebnung des Median-gefilterten Bildes verwendet. Diese Histogrammeinebnung soll die unterschiedliche Beleuchtung im Bild ausgleichen.

E.4 Identifizierung

Im Bild sind durch Vorverarbeitung und Lernphase gleichmäßige Bedingungen geschaffen worden. Die in diesen Schritten berechneten bildabhängigen Größen für die roten Blutkörperchen werden nun zur Identifizierung aller Objekte im Bild verwendet.

Die genaue Identifikation geschieht in einer adaptiven Vorgehensweise. Aus dem jetzt gleichmäßig ausgeleuchteten Bild wird über den Prewitt-Operator wieder das normierte Betrags-Gradientenbild berechnet und mit einer hohen Schwelle ($0.75\,GRAD\_MAX$) das Binärbild erzeugt. In diesem werden durch Füllalgorithmen die einzelnen komplett umschlossenen Gebiete gefüllt und gleichzeitig daraufhin untersucht, ob diese Gebiete die in der Lernphase berechneten Merkmale der roten Blutkörperchen besitzen.

Sind noch relativ viele Bildteile unerkannt geblieben, so wird mit einer geringeren Schwelle (z.B. $0.6\,GRAD\_MAX$) eine Binärisierung des Betrags-Gradientenbilds vorgenommen und alle neu umschlossenen Gebiete werden auf die Merkmale hin untersucht. Diese Binärisierung mit der verminderten Schwelle wird solange durchgeführt, bis entweder keine neuen Objekte in einem Schritt erkannt werden oder eine Mindestschwelle (z.B. $0.2\,GRAD\_MAX$) unterschritten wird.

Neben der einfachen Bewertung der Merkmale mit "vorhanden" – "nicht vorhanden" kann auch eine zahlenmäßige Gewichtung erfolgen. Diese drückt dann die Wichtigkeit eines Merkmals aus und zeigt, wie gut es ausgeprägt ist. Die Gesamtsumme ($>MINDESTSUMME$) der Bewertung

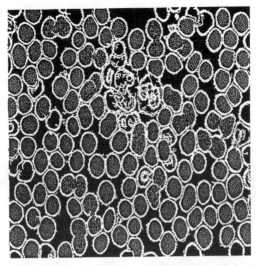

Abbildung E.3: Ergebnis am Ende der Identifizierung. Der Hintergrund ist schwarz. Dunkel gefüllte Objekte sind als einzelne rote Blutkörperchen, grau gefüllte als doppelte identifiziert worden. Alle verbleibende Objekte sind Teile von Blutkörperchen (am Bildrand), mögliche weiße Blutkörperchen (Bildmitte) oder Störungen bzw. unbekannte Bestandteile.

der einzelnen Merkmale entscheidet dann über die Akzeptanz als rotes Blutkörperchen.

Wegen der guten Bildqualität war diese Art der Bewertung in diesem hier beschriebenen System nicht notwendig. In Abbildung E.3 ist das Ergebnis dargestellt. Bei allen dunkel gefüllten Objekten handelt es sich um einwandfrei erkannte rote Blutkörperchen. Grau gefüllte Bestandteile sind zwei sich überlappende rote Blutkörperchen. Die Differenzierung erfolgt hier in der Hauptsache aufgrund der Abmessungen des umschließenden Rechtecks. Nicht gefüllte Teile sind entweder unerkannte rote Blutkörperchen (unerkannt wegen der Form oder weil sie am Rand nur teilweise im Bild liegen), Störungen oder weiße Blutkörperchen (Bildmitte).

Die gewünschten Angaben über die Absolutzahl der roten Blutkörperchen und ihre relativen Abmessungen können schon jetzt gemacht werden. Zur Detektion der weißen Blutkörperchen werden alle eindeutig identifizierten Bildbestandteile mit einer Umrandung von zwei Bildpunkten aus dem Binärbild gelöscht. Ebenfalls werden die Teile gelöscht, die direkt mit dem Bildrand verbunden sich. Hierbei handelt es sich in der Regel um Teile von Blutzellen. Für die Analyse sind aber nur vollständig sichtbare Bestandteile sinnvoll. Zurück bleibt ein Binärbild, das im wesentlichen die in den weißen Blutkörperchen aufgrund deren Texturierung detektierten Kanten und einige kleinere Störungen enthält. Nach einer Skelettierung werden die Störungen durch Erosion (Schwelle $T = 7$) beseitigt. Im Bereich der weißen Blutkörperchen bleiben aufgrund der feinen Verästelung der Kanten noch

Bestandteile bestehen. Eine Mehrfachanwendung der Dilatation ergibt eine Maske (Abbildung E.4 links), die die weißen Blutkörperchen komplett überdeckt. Aus dem Binärbild oder dem Originalbild wird jetzt der Teil mit den weißen Blutkörperchen extrahiert. Diese können gezählt und weiter analysiert werden. Im Bildbeispiel hat das Mustererkennungssystem zwei weiße Blutkörperchen detektiert.

Die Berechnung der Größe der weißen Blutzellen sowie die relative Häufigkeit der Bestandteile und die Markierung eventuell nicht interpretierbarer Teile schließt die automatische Analyse ab.

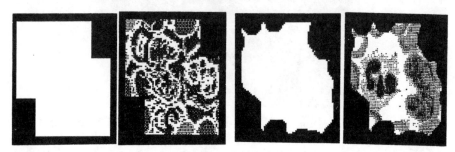

Abbildung E.4: Das linke Bild zeigt die Maske, die durch die Dilatation entstanden ist. Diese kann als Schablone zum Ausstanzen der relevanten Bereiche aus dem markierten Binärbild (Mitte, links) verwendet werden. Das Entfernen der bereits erkannten Bestandteile innerhalb dieser groben Schablone liefert eine Form (Mitte, rechts), die die gesuchten Bildteile relativ gut beschreibt (rechts).

E.5 Schlußbemerkung

Obwohl die Gesamtbeschreibung dieses Systems relativ komplex wirkt, sind die verwendeten Verfahren einfach und können schnell abgearbeitet werden. Ein Gesamtdurchlauf ist auf einem PC-basierten System innerhalb 1-2 Minuten möglich.

Die Berührung einzelner Blutbestandteile ist durch das Füllen komplett umschlossener Flächen kein Problem. Überlappen sich mehr als zwei Blutkörperchen, so kann es eventuell zu falschen Ergebnissen kommen. Fehler können auch die am Bildrand liegenden Objekte, die nur teilweise sichtbar sind, verursachen. Abhilfe kann hier das Löschen aller Objekte am Rand schaffen, die nicht komplett umschlossen sind.

Können die Randbedingungen verbessert werden (z.B. gleichmäßige Ausleuchtung), so können einzelne Schritte übersprungen werden. Die Abarbeitungsgeschwindigkeit wird erhöht. Ist die Auflösung des Mikroskops bei der Aufnahme bekannt und somit auch die relative Größe der einzelnen Blutbestandteile, so kann die Lernphase verkürzt und die Identifizierung bezüglich der Objektgröße konkretisiert werden.

Literaturverzeichnis

[AH77]   H.C. Andrews and B.R. Hunt. *Digital Image Restoration*.
          Prentice-Hall Inc., 1977.

[Alt90]   Martin Althaus. *Power-Grafik - mit EGA und VGA. DOS*, (Num-
          mer 6-10):170–173, 88–98, 138–150, 148–156, 178–189, 1990.

[AP79]   Ikram E. Abdou and William K. Pratt. *Quantitative Design and
          Evaluation of Enhancement/Thresholding Edge Detectors*. Pro-
          ceedings of the IEEE, 67(5):753–763, Mai 1979.

[Bö87]   Klaus D. Bösing. *Über Aspekte der visuellen Wahrnehmung und
          der optischen Eigenschaft idealer Oberflächen*. Technischer Be-
          richt 87/12, Technische Universität Berlin; Institut für Technische
          Informatik; Computer Graphics & Computer Vision, 1987.

[Bau91]   Frank Bauernpöppel. *Imploding ... freeezing ... done*.   c't,
          (10):278–286, Oktober 1991.

[BB82]   Dana H. Ballard and Christopher M. Brown. *Computer Vision*.
          Prentice-Hall Inc., Englewood Cliffs, NJ 07632, 1982.

[BB91]   H. Bässman and Ph. W. Besslich. *Bildverarbeitung Ad Oculos*.
          Springer, 1991.

[BD90]   Sabine Behrens and Joachim Dengler. *Analysing the Structure of
          Medical Images with Morphological Size Distributions*. In 10th
          International Conference on Pattern Recognition, Seite 886–890.
          IEEE Computer Society Press, Juni 1990.

[Ber84]   Valdis Berzins. *Accuracy of Laplacian Edge Detector*. Computer
          Vision, Graphics, and Image Processing, 27:195–210, 1984.

[Bil87]   Hans Peter Biland. *The Recognition and Volumetric Description
          of Three-Dimensional Polyhedral Scenes by Analysis of Hough-
          Space Structures*. Dissertation, Swiss Federal Institute of Tech-
          nology Zurich, ETH Zürich, 1987.

[Bli89a] James F. Blinn. *Dirty Pixels*. IEEE Computer Graphics and
          Applications, Seite 100–105, Juli 1989.

[Bli89b] James F. Blinn. *Return of the Jaggy*. IEEE Computer Graphics
          and Applications, Seite 82–89, März 1989.

Literaturverzeichnis

[Bli89c] James F. Blinn. *What We Need Around Here Is More Aliasing.* *IEEE Computer Graphics and Applications,* Seite 75–79, Januar 1989.

[Bri89]   E. Oran Brigham. *FFT Schnelle Fourier-Transformation.* R. Oldenbourg, 4. Auflage, 1989.

[BW84]   Hans Peter Biland and Friedrich M. Wahl. *Understanding Hough Space for Poylhedral Scene Decomposition.* Technischer Bericht, IBM Zurich Research Laboratory, 8803 Rüschlikon, März 1986.

[Can83]   John Francis Canny. *Finding Edges And Lines In Images.* Technical Report 720, MIT Artificial Intelligence Laboratory, May 1983.

[Can86]   John Francis Canny. *A Computational Approach to Edge Detection.* *IEEE Transactions on Pattern Analysis and Machine Intelligence,* PAMI-8(6):679–698, November 1986.

[CF*84]   U. Cugini, G. Ferri, P. Mussio, and M. Protti. *Pattern-Directed Restoration and Vectorization of Digitized Engineering Drawings.* *Computers & Graphics,* 8(4):337–350, 1984.

[CH89]   Yung-Sheng Chen and Wen-Hsing Hsu. *A Systematic Approach for Designing 2-Subcycle and Pseudo 1-Subcycle parallel Thinning Algorithms.* *Pattern Recognition,* 22(3):267–282, 1989.

[CM87]   Fergus W. Campbell and Lamberto Maffei. *Kontrast und Raumfrequenz.* In Manfred Ritter, *Wahrnehmung und visuelles System,* Seite 132–139. Spektrum der Wissenschaft, 1987.

[CM92]   Christoph Cavigioli and Gerhard Moosburger. *Weniger ist oft mehr. Elektronik,* (24):32–43, 1992.

[Coo86]   R. L. Cook. *Stochastic Sampling in Computer Graphics.* *ACM Transactions in Graphics,* 5(1):51–72, Januar 1986.

[DH72]   Richard O. Duda and Peter E. Hart. *Use of the Hough Transformation To Detect Lines and Curves in Pictures. Communications of the ACM, Graphics and Image Processing,* 15(1):11–15, Januar 1972.

[ES87]   J. Encarnação and W. Straßer. *Computer Graphics,* R. Oldenbourg, 1987.

[FD77]   Herbert Freeman and Larry S. Davis. *A Corner-Finding Algorithm for Chain-Coded Curves. IEEE Transactions on Computers,* Seite 297–303, März 1977.

[FvD84]   J.D. Foley and A. van Dam. *Fundamentals of Interactive Computer Graphics.* Addison Wesley, 1984.

[FvD*90] J.D. Foley, A. van Dam, S.T. Feiner, and J.F. Hughes. *Computer Graphics - Principles and Practice*. Addison Wesley, 1990.

[Gal91] Didier Le Gall. *MPEG: A Video Compression Standard for Multimedia Applications*. Communications of the ACM, 34(4):46–58, April 1991.

[Gen86] Michael A. Gennert. *Detecting half-edges and vertices in images*. In Conference on Computer Vision and Pattern Recognition, Seite 552–557. IEEE, 1986.

[Gru91] Thomas Grunert. *Untersuchung, Klassifizierung und Bewertung von Kantendetektoren zur Segmentierung, im besonderen Kontext von NMR-Bildern*. Diplomarbeit, Universität Tübingen, Auf der Morgenstelle 10, C9, Mai 1991. WSI/GRIS.

[GW81] Neal C. J.R. Gallagher and Gary L. Wise. *A Theoretical Analysis of the Properties of Median Filters*. IEEE Transactions on Acoustics, Speech, and Signal Processing, ASSP-29(6):466–471, Dezember 1981.

[GW87] Rafael C. Gonzalez and Paul Wintz. *Digital Image Processing*. Addison-Wesley, 2. Auflage, 1987.

[Har84] Robert M. Haralick. *Digital Step Edges from Zero Crossing of Second Directional Derivatives*. IEEE Transactions on Pattern Analysis and Machine Intelligence, PAMI-6(1):58–68, Januar 1984.

[HB*92] Axel Hildebrand, Christof Blum, Georg Rainer Hofmann, and Rüdiger Strack. *Verarbeitung und Visualisierung von multispektralen Satellitendaten*. Informatik Forschung und Entwicklung, 7:106–114, 1992.

[Hec82] Paul Heckbert. *Colot Image Quantization for Frame Buffer Display*. Computer Graphics, 16(3):297–307, Juli 1982.

[Hed88] K.H. Hedengren. *Decomposition of Edge Operators*. In 9th International Conference on Pattern Recognition, Seite 963–965. IEEE, November 1988.

[Hil83] Ellen C. Hildreth. *The Detection of Intensity Changes by Computers and Biological Vision Systems*. Computer Vision, Graphics, and Image Processing, 22:1–27, 1983.

[Hof91] Josef Hoffmann. *Redundanz raus*. c't, (6):126–132, Juni 1991.

[Hor86] Berthold Klaus Paul Horn. *Robot Vision*. McGraw-Hill Book Company, New York, 1986.

[Hou62] P.V.C. Hough. *Methods and Means for Recognizing Complex Patterns*. U.S. Patent 3069654, 1962.

[HYY79] Thomas S. Huang, Goerge J. Yang, and Tang Gregory Y. *A Fast Two-Dimensional Median Filtering Algorithm*. IEEE Transactions on Acoustics, Speech, and Signal Processing, ASSP-27(1):460–465, Februar 1979.

[Jä89] Bernd Jähne. *Digitale Bildverarbeitung*. 2. Auflage. Springer, 1991.

[Jer77] Abdul J. Jerri. *The Shannon Sampling Theorem - Its Various Extensions and Applications: A Tutorial Review*. Proceedings of the IEEE, 65(11):1565–1596, November 1977.

[JF90] H. G. Jansen and G. Fingerlin. *Geomagnetische Prospektion an einem ungewöhnlichen Holzbau römischer Zeit in Hüfingen, Schwarzwald-Baar-Kreis*. In Archäologische Ausgrabungen in Baden-Württemberg 1990, Seite 97–101, Theiss.

[Ji89] Yu Ji. *Ein neues Verfahren zur Verdünnung von Binärbildern*. In Mustererkennung 1989, Seite 72–76. GI, Springer, Oktober 1989.

[JN82] Javier Jimenez and Jose L. Navalon. *Some Experiments in Image Vectorization*. IBM Journal of research and development, 26(6):724–734, November 1982.

[JR76] J.F. Jarvis and C.S. Roberts. *A New Technique for Displaying Continous Tone Images on a Bilevel Display*. IEEE Transactions on Communications, Seite 323–330, August 1976.

[KF90] Uwe Kloos and Jürgen Fechter. *Optical Character Recognition*. Praktikums Mustererkennung, 1990. WSI/GRIS, Tübingen.

[KFJ85] James T. Kuehn, Jeffrey A. Fessler, and Siegel Howard Jay. *Parallel Image Thinning and Vectorization on PASM*. In IEEE, computer vision and pattern recognition, Seite 368–374. IEEE Computer Society Press/North-Holland, Juni 1985.

[KL92] David C. Kay and John R. Levine. *Graphics File Formats*. Windcrest / McGraw-Hill, 1992.

[Knu87] Donald E. Knuth. *Digitale Halftones by Dot Diffusion*. ACM Transactions on Graphics, 6(4):245–273, Oktober 1987.

[Kol91] Rupert Kolb. *Computergestützter Mustervergleich von digitalisierten Bildern am Beispiel von Muschelkrebsen (Ostrakoden)*. Diplomarbeit, Universität Tübingen, Auf der Morgenstelle 10, C9, April 1991. WSI/GRIS.

[Kor88] Axel F. Korn. *Toward a Symbolic Representation of Intensity Changes in Images*. IEEE Transactions on Pattern Analysis and Machine Intelligence, PAMI-10(5):610–625, September 1988.

[Kre77]   Thomas Kreifelts. *Skelettierung und Linienverfolgung in Raster-Digitalisierten Linienstrukturen.* In H.-H. Nagel, *Digitale Bildverarbeitung,* Seite 223–231. Gesellschaft für Informatik, Springer. GI/NTG 28.-30. März 1977, München.

[KS90]   M. Kirby and L. Sirovich. *Application of the Karhunen-Loeve Procedure for the Characterization of Human Faces. IEEE Transactions on Pattern Analysis and Machine Intelligence,* 12(1):103–108, Januar 1990.

[Kwo88]   Paul C.K. Kwok. *A Thinning Algorithm by Contour Generation. Communications of the ACM,* 31(11):1314–1324, November 1988.

[Lac88]   Vinciane Lacroix. *A Three-Module Strategy for Edge Detection. IEEE Transactions on Pattern Analysis and Machine Intelligence,* PAMI-10(6):803–810, November 1988.

[LB86]   Wolfram H. H. Lunscher and Michael P. Beddoes. *Optimal Edge Detector Design I: Parameter Selection and Noise Effects. IEEE Transactions on Pattern Analysis and Machine Intelligence,* PAMI-8(2):164–177, März 1986.

[Len89]   Reimar Lenz. *Digitale Kamera mit CCD-Flächensensor und programmierbarer Auflösung bis zu 2994x2320 Bildpunkten pro Farbkanal.* In *Mustererkennung 1989,* Seite 52–59. GI, Springer, Oktober 1989.

[Lio91]   Ming Liou. *Overview of the px64 kbits/s Video Coding Standard. Communications of the ACM,* 34(4):59–63, April 1991.

[Liu77]   Hsun K. Liu. *Two- and Three-Dimensional Boundary Detection. Computer Graphics and Image Processing,* 6:123–134, 1977.

[LW85]   H.E. Lü and P.S.P. Wang. *An Improved Fast Parallel Thinning Algorithm for Digital Patterns.* In *IEEE, computer vision and pattern recognition,* Seite 364–367. IEEE, Computer Society Press/North-Holland, Juni 1985.

[MBM81]   Klaus D. Mörike, Eberhard Betz, and Walter Mergenthaler. *Biologie des Menschen.* Quelle & Meyer, 1981.

[MC*89]   E. De Micheli, B. Caprile, P. Ottonello, and V. Torre. *Localization and Noise in Edge Detection. IEEE Transactions on Pattern Analysis and Machine Intelligence,* PAMI-11(10):1106–1117, Oktober 1989.

[MD86]   Olivier Monga and Rachid Deriche. *A new three dimensional boundary detection.* In *8. International Pattern Recognition Conference,* Seite 739–740. IEEE, Paris, 27.-31. Oktober 1996

[Mei91a] Peer Meier. *Modus-Kennung der Super-VGAs*. c't, (6):249–252, Juni 1991.

[Mei91b] Peer Meier. *Schöne bunte Welt – Hardwarenahe Programmierung von VGA-Karten*. c't, (5+6):338–346, 292–302, April, Juni 1991.

[MH80] D. Marr and E. Hildreth. *Theory of edge detection*. In *Proceedings of Royal Society of London*, Seite 187–217, Great Britain, 1980. The Royal Society. Volume 207.

[NB80] Ramakant Nevatia and K. Ramesh Babu. *Linear Feature Extraction and Description*. Computer Vision, Graphics, and Image Processing, 13:257–269, 1980.

[NB86] Vishvjit S. Nalwa and Thomas O. Binford. *On Detecting Edges*. IEEE Transactions on Pattern Analysis and Machine Intelligence, PAMI-8(6):699–714, November 1986.

[Nel91] Mark R. Nelson. *LZW-Datenkompression*. PC+Technik, (2):76–80, 1991.

[Ner81] Patrenahalli M. Nerendra. *A Separable Median Filter for Image Noise Smoothing*. IEEE Transactions on Pattern Analysis and Machine Intelligence, PAMI-3(1):20–29, Januar 1981.

[Nie82] Klaus Niederdrenk. *Die endliche Fourier- und Walsh-Transformation mit einer Einführung in die Bildverarbeitung*. Friedr. Vieweg & Sohn, 1982.

[NO90] Christian Neusius and Jan Olszewski. *Verdünnisierung*. c't, (10):396–402, Oktober 1990.

[NS81] William M. Newman and Robert F. Sproull. *Principles of Interactive Computer Graphics*. McGraw-Hill, 1981. 10. Auflage.

[O'G88] Lawrence O'Gorman. *A Note on Histogram Equalization for Optimal intensity Range Utilization*. Computer Vision, Graphics and Image Processing, 41:229–232, 1988.

[O'G90] Lawrence O'Gorman. *k x k Thinning*. Computer Vision, Graphics and Image Processing, 51:195–215, 1990.

[PAA*87] Stephen M. Pizer, E. Philip Amburn, John D. Austin, Robert Cromartie, Ari Geselowitz, Trey Greer, Bart ter Haar Romeny, John B. Zimmerman, and Karel Zuiderveld. *Adaptive Histogram Equalization and Its Variations*. Computer Vision, Graphics, and Image Processing, Seite 355–368, 1987.

[Par88] J.R. Parker. *Extracting Vectors From Raster Images*. Computers & Graphics, 12(1):75–79, 1988.

[Pav82]   Theo Pavlidis. *Algorithms for Graphics and Image Processing.* Springer, 1982.

[Pet91]   Wolfgang Petersen. *Videokompression konkret. PC+Technik,* (3):34–37, 1991.

[Pra78]   William K. Pratt. *Digital Image Processing.* John Wiley & Sons, 1978.

[Rü89]   Bodo Rüscamp. *Datenkonzentrat - Arbeitsweise der LZW-Daten-kompression. ix - UNIX Computer Magazine,* (3):53–55, Mai 1989.

[Ris88]   Thomas Risse. *Yet Another Line Parametrization for Hough Transform.* In H. Bunke, O. Kübler, and P. Stucki, *Proceedings of the 10th DAGM Symposium on pattern recognition, September 1988, Informatik Fachberichte 180,* Seite 142–150. Springer.

[Ris89]   Thomas Risse. *Hough Transform for Line Recognition: Complexity of Evidence Accumulation and Cluster Detection. Computer Vision, Graphics and Image Processing,* 46:327–345, 1989.

[RK76]   Azriel Rosenfeld and Avinash C. Kak. *Digital Picture Processing.* Computer Science and Applied Mathematics. Academic Press, 1976.

[RS88]   Thomas Risse and Rainer Steinbrecher. *Bewertung der Hough-Transformation als Hilfsmittel zur Objekt-Erkennung.* Technischer Bericht, WSI/GRIS, Auf der Morgenstelle 10, C9, 7400 Tübingen, März 1988.

[RW89]   Cl. Romanova and U. Wagner. *A VLSI Architecture for Anti-Aliasing.* In *Proceedings of the Fourth Eurographics Workshop on Graphics Hardware.* Eurographics, Springer, 1989.

[SB89]   G. E. Sotak and K. L. Boyer. *The Laplacian–of–Gaussian Kernel: A Formal Analysis and Design Procedure for Fast, Accurate Convolution and Full–Frame Output. Computer Vision, Graphics, and Image Processing,* 48:147–189, 1989.

[Sch89]   Robert J. Schalkoff. *Digital Image Processing and Computer Vision.* John Wiley & Sons, 1989.

[SG79]   J. Sklansky and V. Gonzales. *Fast Polygonal Approximation of Digitized Curves.* In *Pattern Recognition and Image Processing,* Seite 604–609. IEEE Computer Society, 1979. 6.-8. August, Chicago, Illinois.

[SR71]   R. Stefanelli and A. Rosenfeld. *Some Parallel Thinning Algorithms for Digital Pictures. Journal of the ACM,* 18(2):255–264, April 1971.

Literaturverzeichnis

[SS87]   Rod Salmon and Mel Slater. *Computer Graphics, System & Concepts*. Addison-Wesley, 1987.

[Ste89]   Rainer Steinbrecher. *Vektorisierung von Rasterbildern*. Technischer Bericht, WSI/GRIS, 7400 Tübingen, Januar 1989.

[Str87]   Frank Streichert. *Informationsverschwendung - Nein danke. c't*, (1):90–97, Januar 1987.

[Stu81]   P. Stucki. *Image Processing for Documentation*. Technical Report, IBM Zurich Research Laboratory, 8803 Rüschlikon, September 1981.

[TO92]   Erwin M. Thurner and Monika Otter. *Komprimieren ohne Datenverlust. Elektronik*, (23+25):134–137, 38–44, 1992.

[TP86]   Vincent Torre and Tomaso A. Poggio. *On Edge Detection. IEEE Transactions on Pattern Analysis and Machine Intelligence*, PAMI-8(2):147–163, März 1986.

[VSM88]   Albert M. Vossepoel, Berend C. Stoel, and A. Peter Meershoek. *Adaptive Histogram Equalization Using Variable Regions*. In *9th International Conference on Pattern Recognition*, Seite 351–353. IEEE, November 1988.

[Wah84]   F.M. Wahl. *Digitale Bildsignalverarbeitung*. Nachrichtentechnik 13. Springer, 1984.

[Wal91]   Gregory K. Wallace. *The JPEG Still Picture Compression Standard. Communications of the ACM*, 34(4):31–44, April 1991.

[WB86]   Friedrich M. Wahl and Hans-Peter Biland. *Decomposition of Polyhedral Scenes in Hough Space*. In *International Conference on Pattern Recognition*, Seite 78–84. IEEE, Oktober 1986.

[WS90]   Donna J. Williams and Mudarak Shah. *Normalized Edge Detector*. In *10th. International Conference on Pattern Recognition*, Seite 942–946. IEEE, 6.-21. Juni 1990.

[Xia88]   Yun Xia. *Minimizing the Computing Complexity of Iterative Sequential Thinning Algorithm*. In *9th International Conference on Pattern Recognition*, Seite 721–723. IEEE, November 1988.

[ZS84]   T.Y. Zhang and C.Y. Suen. *A Fast Parallel Algorithm for Thinning Digital Patterns. Communications of the ACM*, 27(3):236–239, März 1984.

[ZW88]   Y.Y. Zhang and P.S.P. Wang. *A Maximum Algorithm for Thinning Digital Patterns*. In *9th International Conference on Pattern Recognition*, Seite 942–944. IEEE, November 1988.

Stichwortverzeichnis

Stichwortverzeichnis

Bildverarbeitung in der Praxis

Die Diskette zum Buch

Die hier im Buch angesprochenen Routinen zu den Halbtonverfahren und zur Bildverarbeitung sind auf einer Diskette im MS/PC-DOS-Format auf 3.5″ (1.4 MB) oder 5.25″ (1.2 MB) zum Preis von DM 30.- inklusiv Porto und Verpackung erhältlich.

Die Diskette enthält

- die kommentierten C-Programme zum Thema Halbtonverfahren,

- die kommentierten C-Programme zum Thema Bildverarbeitung,

- alle benötigten Zusatzdateien (Makefile, Header-Files usw.),

- je ein ausführbares Programm für den VGA-Graphik-Modus 12h und 2Eh

- und diverse Bilder im PCX-Format zum Test der Programme.

Zusätzlich wird eine erweiterte Anleitung speziell zur Programmierung der PC-VGA-Graphikkarte und zur Portierung der Programme auf andere Systeme mitgeliefert.

Alle Routinen sind modular gehalten, so daß durch einfache Kombination ein eigenes spezielles Bildverarbeitungssystem für eine bestimmte Anwendung erstellt werden kann.

Bestellungen richten Sie bitte nur schriftlich an:

Firma Dr. R. Steinbrecher
– Softwareentwicklung –
Am Hofacker 7
36329 Romrod